21世纪 经济管理精品教材 国际贸易系列

International Trade Practice

新编国际贸易实务

（第3版）

华欣　张雪莹 ◎编著

清华大学出版社

北京

内 容 简 介

本书介绍了国际贸易实务的相关内容。全书共分11章,论述国际货物贸易的特点,进出口贸易的一般程序和履行,商品的品名、品质、数量和包装,国际贸易术语,国际贸易货物运输,国际货物运输保险,国际贸易支付工具,国际贸易主要支付方式——商业信用证及其他支付方式,进出口商品的价格与核算,索赔、不可抗力和仲裁等内容。在前版的基础上,本书根据《国际贸易术语解释通则 2020》(INCOTERMS 2020)进行了修订,有针对性地拓宽了知识领域,对案例、引用资料等进行了更新,反映了国际贸易惯例和我国涉外经济贸易法规、条例的最新发展和变化。

本书各章以开篇导读开始,以引导案例展开学习内容,以案例回放结合理论与实践,以篇末点述归纳要点,并提供专业术语的英文译文,章末提供习题,供学生课后练习或检验自学成果。本书为教师提供教学课件和习题答案,便于教学。另外本书还有配套的英文版教材。

本书可作为高等院校学生的教材,还可供企业经营管理人员的外贸业务培训参考。对参加国际商务师、外销员、报关员以及其他相关资格考试的人员也大有裨益。

本书封面贴有清华大学出版社防伪标签,无标签者不得销售。

版权所有,侵权必究。举报:010-62782989,beiqinquan@tup.tsinghua.edu.cn。

图书在版编目(CIP)数据

新编国际贸易实务/华欣,张雪莹编著.—3 版.—北京:清华大学出版社,2020.3(2024.2重印)
21 世纪经济管理精品教材.国际贸易系列
ISBN 978-7-302-53996-4

Ⅰ.①新… Ⅱ.①华… ②张… Ⅲ.①国际贸易－贸易实务－高等学校－教材 Ⅳ.①F740.4

中国版本图书馆 CIP 数据核字(2019)第 230684 号

责任编辑:高晓蔚
封面设计:李召霞
责任校对:宋玉莲
责任印制:刘海龙

出版发行:清华大学出版社
　　　网　　　址:https://www.tup.com.cn,https://www.wqxuetang.com
　　　地　　　址:北京清华大学学研大厦 A 座　　　　　邮　　编:100084
　　　社 总 机:010-83470000　　　　　　　　　　　　邮　　购:010-62786544
　　　投稿与读者服务:010-62776969,c-service@tup.tsinghua.edu.cn
　　　质量反馈:010-62772015,zhiliang@tup.tsinghua.edu.cn
　　　课件下载:https://www.tup.com.cn,010-83470332
印 装 者:三河市龙大印装有限公司
经　　销:全国新华书店
开　　本:185mm×260mm　　　印　　张:16　　　字　　数:370 千字
版　　次:2009 年 7 月第 2 版　2020 年 3 月第 3 版　　印　　次:2024 年 2 月第 3 次印刷
定　　价:49.00 元

产品编号:082590-02

前言

　　国际贸易实务是高等院校国际经济与贸易类专业的核心课程,也是获得外经贸从业资格的必修课程。改善我国对外贸易增长方式,营造有利于我国经济发展的国际环境,是国家经济发展战略的重要内容。提升我国对外贸易水平的关键在于培养大量既具有理论知识,又具有实践技能的复合型外经贸人才,应对激烈的国际市场竞争,促进我国外经贸事业持续、科学发展,提高外贸工作的水平和效益。本书第 1 版的出版正值国家"十一五"规划的开局之年,我们根据国际最新修订、颁布的有关法规和条例,并结合国际贸易中现行的惯例和习惯做法,编写了这部实用性和理论性并重的教材。本书第 1 版和第 2 版出版以来,国际贸易惯例又出现了新的发展,而我国经济水平和经济地位也发生了变化。本书即将完成之时,国际商会颁布了《国际贸易术语解释通则 2020》(INCOTERMS 2020)。为此,我们在原教材基础上,根据国际贸易新惯例和做法,结合教学中的经验体会,修订了本教材。

　　在保持第 1 版和第 2 版教材内容新、实用性强、案例教学、双语教学等特点的基础上,有针对性地拓宽了知识领域,对案例、引用资料等进行了更新,反映了国际贸易惯例和我国涉外经济贸易法规、条例的最新发展和变化。如:增加了 INCOTERMS 2020 贸易术语的介绍;根据《跟单信用证统一惯例》(UCP 600)修改了"支付"部分的内容,补充了 UCP 600 关于电子交单的补充规则(E-UCP 1.1 版);增加了目前使用日益广泛的铁路运输实务和进口贸易实务的相关内容等。另外,我们丰富了章后习题的内容和形式,供学生练习或检验自学成果使用。此外,本书还提供拓展阅读、习题答案、教师授课课件等辅助资源,便于读者使用。请按照书后教学支持说明获取。

　　本书可作为高等院校学生的教材,还可以供企业经营管理人员的外贸业务培训参考。参加国际商务师、外贸业务员、报关员以及其他相关资格考试的人员,选用本书也大有裨益。

　　本书由华欣、张雪莹主编。第 1 版与第 2 版得到了 陈国武 教授的悉心指导。在本书修订过程中 ,天津科技大学经济管理学院张意参与了相关资料的搜集与整理以及课件的设计。此外,为了加强教材的理论联系实际性,邀请启晟融通有限公司张磊指导了国际运输与保险以及国际结算的编写,并提供了相关的实际业务操作案例。

　　本书的修订和出版得到了清华大学出版社的大力协助,同时也得到了天津科技大学经济与管理学院领导的鼓励和支持,在此深表谢意。本书在编写与修订的过程中,借鉴和吸收了国内外专家、学者的大量研究成果,在此一并致谢。

由于时间仓促,加之编者水平有限,书中的疏漏、不足甚至错误在所难免,敬请读者批评指正。

编　者
2020 年 1 月

目 录

绪　　论

开篇导读

国际贸易实务课程研究国际间货物交换的具体过程和商务运作规范,是具有涉外商务活动特点的实践性很强的综合性应用学科。国际经济贸易类专业都把本课程作为必修的专业基础课程。绪论的主要目的是介绍国际货物贸易的特点和国际贸易实务课程体系及其学习方法,学习目标是了解国际货物贸易概况、国际货物贸易的一般程序以及基本概念,以便为日后深入学习各章节的内容打下牢固基础。

一、国际货物贸易的特点

(一)国际货物贸易的特点

国际货物贸易具有时间长、地区广、环节多、难度大以及情况多变的特点,相比国内贸易要复杂得多。具体说来,其复杂性表现在以下几个方面。

1. 法律法规的复杂性

因交易双方处在不同国家和地区,洽商交易和履约过程中会涉及各自不同的制度、政策措施、法律法规和惯例,情况错综复杂,难以预测。交易双方稍有疏忽,经济利益就可能受到影响。

2. 交易过程的复杂性

国际贸易的中间环节多,涉及面广。除交易双方当事人外,还涉及商检、运输、保险、金融、车站、港口和海关等部门以及各种中间商与代理商。另外,国际贸易的成交量通常较大,商品在运输过程中遭遇自然灾害、意外事故和其他外来风险的概率也较大。这些都增加了国际贸易商品交易的难度,一旦某个环节出问题,就会影响整笔交易的正常进行,并有可能引起贸易纠纷。

3. 经营环境的复杂性

因国际贸易的交易双方相距遥远,对彼此的资信情况和经营作风不容易做到相互了解,加之国际贸易从业机构和人员情况复杂,所以就为欺诈行为提供了方便。一些国际骗子利用贸易双方沟通不利的漏洞,诱使经营人员上当受骗,致使交易落空。

4. 政治经济环境的复杂性

国际政治和经济形势的变化直接影响国际贸易发展。在国际局势动荡不定、国际市场竞争和贸易摩擦加剧以及国际市场汇率浮动频繁的情况下,国际贸易的不稳定性更为明显,从事国际贸易的难度也会更大。

(二)国际货物贸易的风险

同各种经济贸易活动一样,国际货物贸易的风险是客观存在的。交易双方需要做到的是正视风险、承认风险并尽力规避风险或降低风险造成的损失。国际贸易中通常出现的风险主要有以下几种。

1. 交易双方的信用风险

在法律意义上,所谓信用(Credit),是指一种建立在授信人(债权人)对受信人(债务人)偿付承诺的信任基础上,使受信人可以在延期支付的条件下,即时获取商品、服务或货币的能力。信用是现代市场发育的基本条件,守信行为是确保商品交易正常进行、国家经济健康发展的重要条件。但是,当授信人授信失当或受信人逃避自己的偿付责任时,信用风险就发生了。信用风险也称为违约风险。

在国际贸易中,如果交易一方在对另一方的经营情况、财务状况等信息没有充分了解的情况下,就向对方提供了商业信用,就有可能出现信用风险。例如,卖方向买方承诺在收到预付货款后履行发货义务,或是买方向卖方承诺在收到卖方的货物后再履行付款义务,如果受信人道德不良,或是偿付能力出现问题,或者是市场变化不利于受信人,受信人就有可能违反合同。

合理规避或降低信用风险的方法是加强对市场行情的研究分析,并通过信用调查选择识别信用良好的客户,对客户进行信用评估,科学地确定信用条件并严格执行信用政策,同时需加强对应收账款的监控,对拖欠的货款应尽早催收。

规避信用风险的另一种方法是投保出口信用险。出口信用险是我国为鼓励对外贸易开办的用于防范进口商商业风险(破产、拖欠和拒收)而引起收汇损失的保险险别。出口商投保该险别后,一旦遇到进口方出现信誉问题或是进口方无力偿还债务等类似情况,可向保险公司索赔,减少利益损失。

2. 货物的运输风险

国际贸易的货物在从卖方所在地到买方所在地的运输、装卸和储存过程中,可能会遇到各种难以预测和回避的风险,如遭遇恶劣气候、海啸、地震,运输工具相撞、沉没、失火或因战争、罢工而损失等。

防范运输风险的方法就是为货物投保运输保险,将风险转嫁给保险公司。而保险公司为进出口货主提供保险服务,收取保险费作为报酬。国际货运保险历史悠久,保险业务发展成熟,能够较好地保障货物在运输过程中的安全,如果货物遇险受损,被保险人能得到部分或全部的经济补偿。目前,我国许多保险公司均可办理国际货物运输保险。

需要指出的是,保险只是转移和分散风险,并不能消除风险。而风险和损失发生后,被保险人在保险索赔过程中同样要花费一定的人力和物力。因而,外贸人员需提高预防运输风险的意识,例如,尽量选择实力强、信誉好的运输公司装运货物,从源头上降低运输风险,提高货物运输的安全性。

3. 汇率波动的风险

在国际交易中,对商品和服务的支付常常涉及不止一个国家的货币。使用哪国货币便成为签订交易合同时的一个重要问题。如果总能以固定不变的价格用买方国家的货币购进或卖出卖方国家的货币就不会有外汇风险的问题了。然而在大多数情况下,各国货币的相对价格总是在不断上下波动,从而增加了安全收汇的风险。汇价的变化会给交易的收益带来影响。币值上升,对出口方有利,而进口方就会额外支付;若币值下降,则对进口方有利,而出口方的收益减少。

防范外汇风险的方式有很多。对于卖方来说,最简单的方法是坚持在支付时使用本国货币(如果是可以自由兑换的),这种策略将风险转移至买方。但实际上这种方法行不通,因为买方一般不会同意。通常的做法是买卖双方相互协商,或在成交前就将汇率变动因素考虑在内,在合同中订立有关汇率的条款。

4. 政治风险

由于国际贸易涉及不同国家之间的交易,特别是在同政治经济形势不稳定国家的客户进行交易时,政局变化导致贸易政策、外汇转移政策、商品进口的限制的变化,会给国际货物贸易带来不确定性。而货币政策导致的货币贬值,暴乱和政局不稳引致的商品毁损,一般都在保险承保范围之外,对此,进出口商需具备敏锐的洞察力,提前防范这些风险。

我国为促进出口,指定专门机构承保"出口信用险",为出口商承担由于进口国政治风险(包括战争、外汇管制、进口管制和实施延期付款政策等)而引起的收汇损失。

5. 贸易欺诈风险

欺诈是国际贸易中的一方故意告知对方虚假情况,或者故意隐瞒真实情况,诱使对方作出错误的意思表示,并已经或必将造成受欺诈者的财产损害的行为。国际贸易欺诈风险是指由欺诈事故所导致的国际贸易风险。

欺诈性风险是国际贸易中的最大风险,可能发生于国际货物买卖合同、国际货物运输、国际货款结算等贸易的不同阶段。欺诈人可能是进出口商人中的一方或双方,或贸易商与船东共谋,或船东自谋;其欺诈的目标可能是订金、货款、货物、保险金等。由于国际贸易欺诈的贸易标的额通常数额巨大,加上国际司法救济的难度极大,成本极高,所以贸易欺诈会给贸易商或贸易国带来极大的财产损失或社会危害。

国际贸易欺诈通常由高智能、精通国际贸易知识的诈骗分子所为,所以要想防范欺诈,外贸人员必须提高自身素质。

6. 由于法律体系不同而产生的风险

买卖双方在国际贸易中还面临法律风险。由于目前各国法律体系不同,特别是英美法系与大陆法系国家之间的法律分歧很大,导致贸易中的买卖当事人对合同的条款理解不一致而产生争议,甚至可能由于法律冲突而使某方当事人有机可乘。尽管联合国国际贸易法委员会在国际贸易合同方面起草了《联合国国际货物销售合同公约》,国际商会在国际结算方面制定了《跟单信用证统一惯例》和《托收统一规则》,在国际货物运输上有《联合国 1978 年海上货物运输公约》等国际公约与贸易惯例,但鉴于上述国际公约的缔约国及参加国并没有涵盖所有参与国际贸易的国家,国际贸易惯例建立在当事人意思自治的基础上,因此,在国际贸易中不可避免地会遇到法律与惯例的适用问题。另外,法律适用的争议还有可能导致国际贸易中的法律风险。

从事国际贸易的人员必须对各国的法律以及国际贸易方面的公约与惯例有正确的掌握,才能避免由于法律知识不足带来的贸易损失。

二、有关国际贸易的法律与惯例

国际贸易中,买卖双方订立、履行合同和处理合同争议时,应遵循相关的法律和惯例。由于交易双方所处国家不同,其所在国的法律体系和法律制度也不同,他们对外缔结或参加的国际条约与协定以及对国际贸易管理的选择和运用情况也有所差异。因此,每笔交易、每份合同和每个争议的处理所适用的法律与惯例也各有不同。一般说来,国际货物贸易所适用的法律与惯例,有下列三种类型。

(一)适用合同当事人所在国的国内法

国内法是指由国家制定或认可并在本国主权管辖范围内生效的法律。首先,国际货物买卖合同必须符合国内法,即符合某个国家制定或认可的法律。

链 接

我国的有关规定

《中华人民共和国民法通则》第六条和第一百五十条规定:订立合同,包括涉外合同,都必须遵守中华人民共和国法律,即使依照法律规定适用外国法律或者国际惯例的,也不得违反中华人民共和国的社会公共利益。

由于国际货物买卖合同的当事人所在的国家不同,而不同的国家往往对同一问题的有关法律规定不一致,因而一旦双方发生争议引起诉讼,就会产生究竟应适用哪一国法律,即以哪一国法律处理相关争议的问题。为解决冲突以便正常开展国际贸易,通常的规则是在国内法中列举冲突规范的办法。我国法律对涉外经济合同的冲突规范也采用这种国际上的通用规则。

知识卡

我国《合同法》的有关规定

我国《合同法》第一百二十六条中规定:涉外合同的当事人可以选择处理合同争议所适用的法律,但法律另有规定的除外。涉外合同的当事人没有选择的,适用与合同有最密切联系的国家的法律。

依照我国《合同法》第一百二十六条的规定,除非另有规定,我国当事人与国外当事人签订协议,可以在合同中选择处理合同争议所适用的法律或国际条约,既可选择按我国法律,也可选择按对方所在国法律或双方同意的第三国法律(或者有关的国际条约)来处理所产生的合同争议;如果当事人没有在合同中作出选择,那么在发生争议时,由受理合同争议的法院或仲裁机构依照交易的具体情况来认定"与合同有最密切联系的国家"的法律进行处理。

（二）适用国际公约或条约

国际公约是两个或两个以上主权国家为确定彼此的政治、经济、贸易、文化、军事等方面的权利和义务而缔结的诸如公约、协定、议定书等各种协议的总称。其中调整国际货物买卖合同的国际公约主要是《联合国国际货物销售合同公约》（以下简称《公约》）。

何谓《联合国国际货物销售合同公约》

《联合国国际货物销售合同公约》（简称《公约》）于 1980 年在维也纳外交会议上通过，1988 年 1 月 1 日生效。《公约》分别对合同的定义、合同的发价和接受的条件、货物销售总则、买卖双方的义务、风险转移、一般规定以及公约的批准和生效程序作了较为全面的规定。我国于 1986 年 12 月 11 日加入该《公约》。

截至 2002 年 6 月 15 日，核准、参加或继承《公约》的国家有 61 个，其中包括阿根廷、澳大利亚、奥地利、荷兰、比利时、保加利亚、加拿大、智利、中国、芬兰、法国、德国、意大利、希腊、瑞典、瑞士、俄罗斯、新加坡、哥伦比亚等。

我国在加入《公约》时提出了以下两项重要保留：第一，关于国际货物买卖合同书面形式的保留。《公约》规定，国际货物买卖合同无须以书面订立或书面证明，在证明方面也不受任何其他条件的限制，各国可以用包括人证在内的任何方法证明，即国际货物买卖合同可以用口头或书面方式成立。而我国从买卖关系的复杂性及解决纠纷的原则性方面考虑，认为国际货物买卖合同必须采用书面形式，故《公约》关于合同形式的规定对我国不适用。第二，关于《公约》适用范围的保留。公约第一条（一）款（a）项规定，如果合同双方当事人的营业地点处于不同的缔约国，该公约就适用于他们之间订立的货物买卖合同；该款（b）项还规定，双方当事人的营业地处于不同的国家，即使他们的营业地所在国都不是该公约的缔约国，或一方所在国是该公约的缔约国，另一方所在国不是该《公约》的缔约国，如果按照国际私法规则导致适用某一缔约国的法律，则该公约也将适用于这些当事人之间订立的国际货物买卖合同。我国对（a）项的规定完全同意，但对（b）项的规定提出了保留，这是因为这一规定扩大了《公约》的适用范围，更容易使《公约》的适用产生不确定性。我国只承认《公约》的适用范围限于营业地分处于不同缔约国的当事人之间所订立的货物买卖合同。

（三）适用国际贸易惯例

国际贸易惯例（International Practice and Custom）是指在国际贸易实践中经反复使用可以确定国际货物买卖合同双方当事人权利义务的习惯性行为规则。

国际贸易惯例是长期的贸易实践中逐步形成的较为明确和内容固定的一些习惯做法，它既不是国家间缔结的条约，也不是某个国家的国内法，但通过各国的立法和国际立法可以赋予惯例以法律效力。比如，许多国家在国内立法中明文规定了国际贸易管理的效力。国际立法中，《公约》对国际贸易惯例的作用进行了充分肯定。根据《公约》的规定，当事人在合同中没有排除使用的惯例,或当事人已经知道或理应知道的惯例,以及在国际贸易中被人们经常使用和反复遵守的惯例,即使当事人未明确表示同意采用,也可作为当事人默示同意惯例,对双方都有约束力。如我国《民法通则》第一百四十二条规定:"中华人民共和国法律和中华人民共和国缔结或者参加的国际条约没有规定的,可以适用国际惯例。"

互动演练

　　我国上海的一家外贸公司与一家设在汉堡的德国企业在北京签订了一项买卖合同,交货地点为上海港船上交货,合同未规定处理争议所适用的法律,但在履行合同时买卖双方发生纠纷。如果由你来处理该纠纷,你会不会由于该合同的缔约地在北京和履行交货的地点在上海,认为与该合同有最密切联系的国家是中国,应当适用中国的法律?

三、国际贸易应遵循的准则

　　为保证国际贸易的顺利进行,维护我国进出口商和国家的利益,在对外订立、履行合同和处理合同争议的过程中,应当遵循下列准则。

(一)当事人法律地位平等

　　我国《合同法》第三条明确规定:"合同当事人的法律地位平等,一方不得将自己的意志强加给另一方。"这一规定的精神主要表现为:第一,交易条件必须由交易双方当事人平等地协商确定,合同的内容的确是双方真实意思的表现;第二,合同一旦依法成立,交易双方当事人都必须严格履行约定的义务,未经双方协商一致,任何一方不得擅自变更或解除合同;第三,任何一方当事人违约,都必须承担相应的违约责任,并在追究违约责任时都使用统一法律,不得区别对待。

(二)缔约自由

　　缔约自由是国际上一般通行的准则,是指根据当事人意思自治的原则订立合同。我国《合同法》第四条规定:"当事人依法享有自愿订立合同并确定合同的权利,任何单位和个人不得非法干预。"需要注意的是,缔约自由,并不意味着当事人可以随意订立合同,而是要依法订立合同,即合同订立的程序和合同的内容都应遵守有关法律法规。

(三)公平平等

　　公平交易是国际公认的一项通行准则。我国《合同法》第五条规定:"当事人应当遵循公平原则确定各方的权利和义务。"也就是说,当事人约定履行的义务和享受的权利应当对等,应当公正合理。否则,受损害一方有权请求法院或仲裁机构予以纠正。

（四）诚实信用

《联合国国际货物销售合同公约》和《国际统一司法协会国际商事合同通则》都强调，国际贸易必须遵循诚实信用的原则。我国《合同法》第六条规定："当事人行使权利、履行义务应当遵循诚实信用原则。"由此可见，诚实信用原则是一项强制性国际贸易规范，它将道德规范与法律规范融为一体，当事人不可以排除使用该原则，也不得有任何违反此项准则的行为。

知识卡

国际商事合同通则

《国际商事合同通则》(*Principles of International Commercial Contracts*)是国际统一私法协会 1994 年编纂、2004 年修订的一部具有现代性、广泛代表性、权威性与实用性的商事合同统一法。它可为各国立法参考，为司法、仲裁所适用，是起草合同、谈判的工具，也是合同法教学的参考书。

从统一法分类角度看，《国际商事合同通则》可以被称为示范法、统一规则，也可被称为国际惯例。从实用角度看，一国在制定或修订合同法时可以把它作为示范法，参考、借鉴其条文；合同当事人可以选择它视为合同的准据法（适用法），作为解释合同、补充合同、处理合同纠纷的法律依据。由于它不带国籍、法系特色，内容又翔实具体，易于为各当事人接受作为合同的适用法律。此外，法院或仲裁庭还把它的相关条文视为法律的一般原则或商人习惯法，作为解决问题的依据，起到对当事人的意思以及适用法律的补充作用。

2004 年版《国际商事合同通则》有十章，包括总则，合同的订立与代理的权限，合同的效力，合同的解释，合同的内容，第三方权利、履行、不履行、抵消，权利的转让，债务的转让，合同的转让，时效期，共 185 项条文及相关注释。

（五）恪守合同

进出口合同订立后，交易双方应严格履行约定的义务，任何一方不得擅自单方面变更或终止合同，如一方不履行合同或违反约定条件，即构成违约，须承担法律责任。若当事人因不可抗力等原因不能履行或不能按期履行合同，应及时向对方通报。一方当事人如因故想要变更或解除合同，也应和对方进行协商，求得对方同意。总之，我们在履约过程中要严肃对待合同条款，切实遵守合同规定，真正做到我国贸易中经常倡导的"重合同，守信用"。

（六）遵守法律

遵守法律是一项最基本的强制性规范，同样是国际上公认的准则。在订立、履行合同和处理合同争议时，都必须符合法律规定。因为，订立合同本身是一种法律行为，要经过一定的法律程序；履行合同同样是法律行为，要遵守所在地的有关法律。在我国境内履行进出口合同,应适用我国法律。争议的处理要以法律为依据,它同合同订立和履行一样,还是法律行为。总之,进行国际贸易时必须严格遵守有关法律规定,否则,不仅不能得到法律保护,还要承担违法的后果。

四、国际贸易实务课程的主要内容和学习方法

国际贸易实务课程的主要任务是,针对国际贸易的特点和要求,从实践和法律的角度,分析研究国际贸易适用的有关法律与惯例和国际商品交换过程的各种实际运作,总结国内外实践经验和吸收国际上一些行之有效的贸易习惯做法,以便掌握从事国际贸易的"生意经",学会在进出口业务中既能正确贯彻我国对外贸易的方针政策和经营意图,确保最佳经济效益,又能按国际规范办事,使我们的贸易做法能为国际社会普遍接受,做到同国际做法接轨。

(一)国际贸易实务课程的主要内容

本课程研究的中心课题在于,面对各国贸易习惯与法律的差异,如何协调中外贸易双方利害关系,在平等互利、公平合理的基础上达成交易,完成约定的进出口任务。为此,本书的基本框架由四方面构成:国际贸易法律和惯例、国际货物买卖合同条款、合同的商订和履行以及国际贸易方式。

1. 有关国际货物贸易的法律与惯例

国际货物贸易必须遵照国际货物买卖的有关法律与惯例进行,在合同商订和履行的各环节,都离不开国际货物买卖的有关法律和惯例,如《联合国国际货物销售合同公约》、国际商会制定的《国际贸易术语解释通则》《托收统一规则》和《跟单信用证统一惯例》等文件。这些法律和惯例是构成本课程内容的原则和依据,将分别在本书的各章节结合具体内容加以介绍和说明。

2. 合同条款

合同条款是交易双方当事人交接货物、收付货款和解决争议等方面的权利和义务的具体体现,也是交易双方履行合同的依据和调整双方经济关系的法律依据。因此,研究合同中各项条款的法律含义及其所体现的权利和义务关系,构成本课程的基本内容。

3. 合同的商订和履行

合同的商订和履行是国际货物贸易的实现过程,它既包括订立合同的过程,又包括履行合同的过程。履约过程中的主要环节和程序涉及合同成立、商品名称、质量、数量、包装、货物装运与保险、货款支付、贸易争议的处理等方方面面。因此,掌握各种业务程序,学习处理国际贸易实际问题是本课程的根本目的和任务。

4. 贸易方式

随着经济全球化的不断深化,国际贸易的方式和渠道日益向多样化和综合化发展。除传统的逐笔售定的贸易方式外,还出现了融货物、技术、劳务和资本移动于一体的新型国际贸易方式,主要包括经销、代理、寄售、展卖、招标投标、拍卖、加工贸易、补偿贸易以及易货贸易等。介绍和阐述这些贸易方式的性质、特点、作用和做法以及适用范围,也属于本课程内容的一个重要方面。

（二）国际贸易实务课程的学习方法

根据本课程的性质特点、学习目的和基本内容,在学习过程中,应当掌握正确的方法并注意下列事项。

1. 贯彻理论联系实际的原则

在学习本课程时,要以国际贸易基本原理和国家对外方针政策为指导,将"国际贸易""中国对外贸易概论"等先行课程中所学到的基础理论和基本政策加以具体运用,力求做到理论与实践、政策与业务有效地结合起来,提高分析与解决实际问题的能力。

2. 注意业务同法律的联系

本课程同国际贸易法律课的有关内容关系密切,因为,国际货物买卖合同的成立,必须经过一定的法律步骤,国际货物买卖合同是对合同当事人双方有约束力的法律文件。履行合同是一种法律行为,处理履约中的争议实际上是解决法律纠纷问题。而且,不同法系的国家,具体裁决的结果也不一样。这就要求从实践和法律两个侧面来研究本课程的内容。

3. 加强英语技能训练

对于外贸专业人员而言,不仅要掌握一定的专业知识,而且必须会用英语与外商交流、谈判及起草传真、书信。如果专业英语知识掌握不好,就很难胜任工作,甚至会影响业务的顺利进行。因此,要求学生加强英语学习和训练,掌握外贸专业术语。

4. 注意本课程同其他相关课程的联系

国际贸易实务是一门综合性的学科,与其他课程内容紧密相关。在教与学的过程中,应该将各门知识综合运用。比如讲到商品的品质、数量和包装内容时,就应去了解商品学科的知识;讲到商品的价格时,就应去了解价格学、国际金融及货币银行学的内容;讲到国际货物运输、保险内容时,就应去了解运输学、保险学科的内容;讲到争议、违约、索赔、不可抗力等内容时,就应去了解有关法律的知识,等等。

5. 坚持学以致用原则

本课程是一门实践性很强的应用学科。在学习过程中,要重视案例、实例分析和平时的操作练习,并结合校外参观、实习,以增加感性知识,加强基本技能的训练,注重学生能力培养。在培养方法上突出应用性,加强实践性,注意灵活性。

📑篇末点述

国际贸易实务是一门研究国际货物贸易具体过程及相关活动内容与商业运作规范的学科,具有很强的实践性、涉外性和综合性。由于国际贸易是跨国交易,其市场环境、交易对象、交易条件、贸易做法以及涉及的政治、经济、法律和文化背景等,都有别于国内贸易,所以,了解国际贸易的特点是我们学习的前提条件。而世界各国的法律制度、贸易惯例互不相同,为便于依法订立合同、履行合同和妥善处理合同争议,我们必须了解和执行国际贸易适用的法律和惯例。同时,为了更为有效地达到学习目的,我们还要明确本课程的性质特点和研究对象、内容框架,采取正确的学习方法,才能达到预期的效果。

专业词汇

Buyer 买方   Seller 卖方

Consulate 领事馆   Exporter 出口商

Importer 进口商   Supplier 供货商

Customs 海关   International Practice and Custom 国际贸易惯例

Import or Export License 进出口许可证

The International Chamber of Commerce, ICC 国际商会

Contracts for International Sale of Goods 国际货物销售合同

Commodity Inspection and Quarantine Bureau 检验检疫局

China Council for the Promotion of International Trade, CCPIT 中国国际贸易促进
　委员会

第一章

出口贸易的一般程序及履行

开篇导读

在国际贸易中,买卖合同的订立只表达了当事人的经济目的,只有双方当事人严格按照合同规定履行各自的义务,双方期望达到的经济目的才能实现。履行合同既是经济行为又是法律行为,如造成违约,违约方应承担相应的经济责任和法律责任。在进出口合同履行的具体过程中,究竟需要经历哪些基本环节,各个环节需要注意哪些问题,这是本章介绍的主要内容。

引导案例

3月15日,A公司向新加坡客户G公司发盘:报童装兔毛衫200打,货号CM034,每打CIF新加坡100美元,8月份装运,即期信用证付款,25日复到有效。3月22日收到G公司答复如下:你方15日发盘收到。你方报价过高,若降至每打90美元可接受。A公司次日复电:我方报价已是最低价,降价之事歉难考虑。3月26日G公司又要求航邮一份样品以供参考。29日,A公司寄出样品,并函告对方:4月8日前复到有效。4月3日,G公司回函表示接受发盘的全部内容,4月10日送达A公司。经办人员视其为逾期接受,故未作任何表示。

7月6日,A公司收到G公司开来的信用证,并请求用尽可能早的航班出运。此时因原料价格上涨,公司已将价格调整至每打110美元,故于7月8日回复称:我公司与你方此前未达成任何协议,你方虽曾对我方发盘表示接受,但我方4月10日才收到,此乃逾期接受,无效。请恕我方不能发货。信用证已请银行退回。如你方有意成交,我方重新报价每打CIF新加坡110美元,9月份交货,其他条件不变。

7月12日G公司来电:我方曾于4月3日接受你方发盘,虽然如你方所言,4月10日才送达你方,但因你我两地之邮程需两三天时间,尽管我方接受在传递过程中出现了失误,你我两国均为《联合国国际货物销售合同公约》的缔约国,按《公约》第21条第(2)款规定,你方在收到我方逾期接受后未作任何表示,这就意味着合同已经成立,请确认你方将履行合同,否则,一切后果将由你方承担。

第一节　出口交易前的准备工作

外贸出口公司出口商品到一个新市场，首先要进行市场调研，选择交易对象并制定出口经营方案。

一、市场调研

对国际市场的调研，主要包括以下几个方面。

（一）国别（地区）调研

这是对某一个国家（地区）的一般情况作广泛了解，尤其是对同贸易有关的情况作重点调查研究，目的是选择适宜的市场，并在交易磋商中更好地贯彻对外方针政策，为我国对外贸易的发展创造有利条件。国别（地区）调研一般包括以下方面：

1. 政治情况。包括政治制度、对外政策、政党活动、对我国的态度等。
2. 经济情况。包括财政政策、货币政策、失业情况、自然资源等。
3. 文化情况。包括风俗习惯、商业习惯、消费习惯等。
4. 对外贸易情况。包括进出口商品结构、数量、金额、贸易对象、外汇管制、关税和商检情况以及与我国的贸易关系等。

（二）对目标市场的调研

1. 调查目标市场对产品的质量要求。包括国外产品的质量性能和品质公差的范围、长效品种的特点等。
2. 调查目标市场的供求关系。包括供大于求、供不应求和供求平衡等。
3. 调查目标市场的销售价格。包括通常的交货条件、进口价格结构、现金支付的价格折扣及每一笔交易的数量折扣、每笔交易的利润额、价格趋势、进口代理佣金、对进口产品征收的消费税和营业税等。
4. 调查目标市场的法律规定及贸易壁垒。包括反倾销法、工业产权法、原产地证明法、检验法及非正当竞争法等；是否有进口配额、进口许可证的申领规定等市场准入条件。
5. 调查目标市场的文化背景、风俗习惯。包括消费者个人偏好、贸易习惯等。
6. 调查目标市场的外汇管制。包括进口商惯常使用的支付方式、外汇管制是否严格、是否需要对进口商提供信贷等。

（三）对国外客户的调研

1. 了解客户的支付能力。包括注册资本的大小、营业额、潜在资本、资产负债和借贷能力等。
2. 了解客户的经营能力。包括客户的购销区、联系网络、贸易关系、经营做法以及在新市场维持信誉的能力等。

3. 了解客户的经营范围。包括经营的性质、经营品种和经营的区域范围等。

4. 了解客户的经营作风。包括客户的商业信誉、商业道德和服务态度等。

（四）掌握竞争者的情况

1. 知道谁是竞争对手。

2. 掌握竞争者的产品特性（包括优势和劣势），特别是与自己产品的最大差别何在（销售量、市场占有率、销售价格、交货期及销售趋势）。

3. 掌握竞争者的经营策略、经营方法、促销手段、销售渠道以及是否有不正当竞争行为。

4. 掌握竞争者对自己产品的评价。

（五）对销售渠道的调研

销售渠道是产品由生产者到消费者所必须经历的通道。销售渠道具体表现为销售机构和个人，它是架在生产者和消费者之间的一座桥梁，统称为中间商（包括批发商和零售商两类）。是否需要中间商，取决于商品价格高低、商品消费面是否广泛、商品自身特性以及生产者是否具有销售经验等。因此，结合自身产品的特点，了解不同国家和地区销售渠道的特点和规律，合理选择中间商，利用其在当地市场的销售实力，打开国外市场，必然是每一位出口商都极为关心的重要内容。

二、制定出口经营方案

（一）出口经营方案的概念、作用及制定原则

出口经营方案是在广泛、深入的市场调研基础上，对市场信息进行筛选、分析、归纳，结合本企业的经营战略目标、企业本身的特点，综合内外可控制与不可控制因素制定的行动方案。

出口经营方案是企业出口经营的行动指南，是对外洽商交易、推销商品和安排出口业务的依据，可以帮助企业人员执行和落实自己的义务和责任。对于大宗商品或重点推销的商品通常是逐个制定出口经营方案；对于中小商品，则制定内容简单的价格方案。出口经营方案有文字叙述和表格两种形式。

（二）出口经营方案的内容

出口经营方案的内容主要包括计划概要、市场现状分析、机会与问题分析、目标、市场营销策略、行动方案、预计盈亏核算和控制措施等项内容。

1. 计划概要。计划概要是在经营方案中扼要阐明预计的目标和建议，它可使管理部门迅速了解计划的主要内容。

2. 市场现状分析。主要包括五种情况。一是市场情况：分析市场规模与增长情况（以数量单位或以金额计算），按照市场细分与地区细分列出，掌握市场需求情况和价格变

动趋势。二是产品情况：列出过去几年来主要产品的销售、价格、收益和利润的资料,国内生产能力、可供出口的数量、商品的品质、规格和包装等,确定产品在目标市场上的竞争地位。三是竞争情况：分析自己的主要竞争对手,并对他们的规模、目标、市场份额、产品质量及市场营销战略加以阐述。四是分销情况：提供在各个分销渠道中相关产品的销售数量,每个分销渠道重要地位的变化(它反映了分销商能力上的变化)以及为鼓励他们多销售所必要的鼓励措施和贸易条件。五是宏观环境情况：主要阐述影响这一产品线未来的宏观环境趋势,即人口统计、经济、技术、政法及社会文化的趋向。

3. 机会与问题分析。机会与问题实际就是企业进入海外市场给其带来的具体利益和面临的障碍。对这两方面的问题进行客观分析研究,发挥优势,避免劣势,才能找出企业面临的主要机会与威胁,对本企业进行定位,有的放矢地制定企业的目标、策略和战术。

4. 目标。在出口经营方案中,目标制定要清楚,要有一个规定的完成期限;要注意各种目标保持内在的一致性;要能反映较低目标是如何从较高目标中引申出来的。同时,目标应是可以达成的,并能最大限度地调动各层次人员的工作积极性。出口经营方案中的目标一般有两类：一个是财务目标,另一个是市场目标。

5. 市场销售策略。企业在制定市场销售策略时,将面对多种可能的选择,每个目标可以各种不同的方式来实现。

6. 预计盈亏核算。预计盈亏核算包括出口换汇成本、出口盈亏率、出口创汇率等的核算。

7. 行动方案。行动方案是指对于计划要做的事情按照时间顺序安排好,合理选派人员,将预计的开支安排到位。

8. 控制措施。控制措施是出口经营方案的最后部分,它是用来监督整个计划的进程的。通常,目标和预算是按月或季度来制定的,以便检查各阶段的执行情况,及时发现问题。哪个部门出现问题哪个部门进行解释,并说明完成计划应采取的行动。在有些方案的控制措施部分还包括意外应急计划,扼要列出可能发生的罢工、价格战以及政府的临时禁止进口的规定,管理部门应采取的应急措施。

第二节　交易磋商的一般程序

交易磋商在进出口贸易中起着非常重要的作用,是达成一笔进出口交易所不可缺少的重要环节。因此,凡是有关交易的各项条件、买卖双方在一笔交易中的权利和义务均需通过磋商来加以确定。经磋商达成的有关货物买卖的协议(即合同),对买卖双方均具有法律约束力,任何一方不得擅自变更或取消。所以,磋商的结果如何,直接关系到交易的成败和企业的利益。

一、交易磋商的形式

交易磋商从形式上可以分为口头磋商和书面磋商两种。

（一）口头磋商——商务谈判

口头磋商主要是指在谈判桌上面对面的谈判,如参加各种交易会洽谈,贸易小组出访及邀请客户来洽谈等。在口头谈判之前应结合客户的特点,设定几种在谈判中可能出现的情况,并在谈判方案中针对这几种情况制定解决的措施,这样就可以保证商务谈判的顺利进行。

（二）书面磋商

书面磋商是指洽谈交易是通过信件、电话、电传或电子邮件等方式来进行,双方不见面的间接谈判。书面磋商一般是在有潜在交易意向、已经有过贸易往来或是需要寻求新的可交易对象时采用。

此外,书面磋商已经形成了一定的模式,有关的国际公约或各国的法律对书面也有一定的约定。书面磋商有文字记载作为记录并可以长期保存,书面磋商的费用也比较低,因此,在国际贸易中普遍使用这种方式。

在实际业务中,一般采用其中的一种方式,但有时也可以将两种方式结合起来。

二、交易磋商的内容

交易磋商的内容是围绕合同条款进行的。这些条款包括商品的品质、数量、包装、价格、装运期、保险、支付、商检、索赔与争议、仲裁与不可抗力等。只有双方对所磋商的条款都无异议,销售合同才能签订。在实际操作中,书面磋商方式使用得最为广泛。

在国际货物买卖合同商订过程中,磋商程序主要包括四个环节:询盘、发盘、还盘和接受。其中,发盘和接受是必不可少的两个基本环节。

（一）询盘

询盘(Inquiry),又称询价或邀请发盘,是指买方为了购买或卖方为了销售货物而向对方提出有关交易条件的询问。询盘在法律上称为要约邀请(Invitation to offer)。我国《合同法》规定:要约邀请是希望他人向自己发出要约的意思表示。询盘的主要目的是诱使对方发盘。其内容可以是只询问价格,也可询问其他一项或几项交易条件,以至要求对方向自己发盘。虽然,询盘对于询盘人和被询盘人均无法律上的约束力,且不是交易磋商的必经步骤,但是它往往是一笔交易的起点,所以作为被询盘的一方,应对接到的询盘给予重视,并作及时和适当的处理。

询盘中应注意以下事项。首先,询盘在法律上对于询盘人和被询盘人来说,都无约束力。进口方询盘后,没有必须购买的义务;出口方也没有必须出售的责任。但在商业习惯上,被询盘的一方接到询盘后应尽快给予答复。询盘虽是交易的第一步,但不是每笔交易磋商中必不可少的步骤。有时可以未经对方询盘而直接向对方发盘。另外,不要滥发询盘,若让对方知道,会引起不良后果。对初次接触的交易对象询盘,要做一些自我介绍,让对方了解自己的企业,这样有利于建立自己企业的信誉,为交易打好基础。

怎样有效地询盘

初始询盘——第一封给你以前没有贸易往来的供货商的询盘应包括：

1. 简介你是如何得到未来的供货商的姓名的。你的信息来源可能是大使馆、领事馆或商会；或者在交易会或展示会上见过此商品；或者是由于商业公会的推荐；或者是从日报、周刊或贸易杂志上的广告得到的信息。

2. 指出你所在的地区需要供货商经销的商品。

3. 详细说明你所要供货商寄给你的东西。通常你感兴趣的是商品目录、价格单、折扣、付款方式、发货日期，如可能的话，还有样品。

4. 写好询盘的结尾句。

怎样有效地回复询盘

对老客户询盘的回复通常相当简洁，直截了当，没有必要过分礼貌。如果供货商能够满足来信者的要求，他的回复将主要包括：

1. 感谢询盘者的询盘。

2. 提供所有要求的信息，说明附件、样品、商品目录和其他的东西将分开邮寄。

3. 提供额外信息，并不一定是顾客要求的，但只要它是相关的信息。

4. 结尾时写上一两句鼓励客户订购的话，向其保证良好的服务。

（二）发盘

发盘又称发价或报价，在法律上称为要约。根据《联合国国际货物销售合同公约》（以下简称《公约》）第十四条(1)款对发盘作了如下定义："向一个或一个以上特定的人提出的订立合同的建议，如果十分确定并且表明发价人在得到接受时承受约束的意旨，即构成发价。"发盘(Offer)在法律上称为"要约"，是买方或卖方向对方提出各项交易条件，并愿意按照这些条件达成交易、订立合同的一种肯定的表示，是交易磋商的必需环节，具有法律约束力。发盘一经对方在有效期内表示接受，发盘人将受其约束，并承担按发盘条件与对方订立合同的法律责任。

"发盘"和"发盘邀请"的区别

"发盘"是一项肯定的建议，它具备构成发盘的条件。而"发盘邀请"则是不肯定的订约建议，虽然也是向特定的人发出并送达受盘人，但无订约意旨，也无十分确定的内容，其交易条件不完整、不明确或不终局。我国有时使用"实盘"(To Offer Firm；To Make a Firm Offer)表示发盘，用"虚盘"(To Hold an Offer，To Keep an Offer Open)表示发盘邀请。

（三）还盘

还盘（Counter-offer），又称还价，还盘在法律上称为反要约，是受盘人对发盘内容不完全同意而提出修改或变更的表示。还盘既是受盘人对发盘的拒绝，也是受盘人以发盘人的地位所提出的新发盘。一方的发盘经对方还盘以后即失去效力，除非得到原发盘人同意，受盘人不得在还盘后反悔，再接受原发盘。

一方发盘，另一方如对其内容不同意，可以进行还盘。同样，一方的还盘，另一方如对其内容不同意，也可以再进行还盘。一笔交易有时不经过还盘即可达成，有时要经过还盘，甚至往返多次的还盘才能达成。

还盘不仅可以对商品价格，也可以对交易的其他条件提出意见。在还盘时，对双方已经同意的条件一般无须重复列出。与发盘一样，还盘也有实盘和虚盘之分。实还盘应该清楚、完整和具有终局性。它同实盘一样对还盘的发出者具有约束力。

还盘是对发盘中的条件进行添加、限制或其他更改的还盘的法律效力签复，属于新的发盘，对原发盘人无约束力，双方也不能据此成立合同。受盘人的答复，在实质上若变更了原发盘的条件，就构成还盘，原发盘失效。《联合国国际货物销售合同公约》规定：有关货物价格、付款、货物的质量和数量、交货的地点和时间、一方当事人对另一方当事人的赔偿责任范围或解决争端等条件作了添加或修改，则构成实质上变更发盘的内容。我国《合同法》规定：有关合同标的、数量、质量、价款或者报酬、履行期限、履行地点和方式、违约责任和解决争议等的变更，是对要约内容的实质性变更。

（四）接受

接受（Acceptance）是指交易的一方无条件地同意对方在发盘（或还盘）中提出的各项交易条件，并愿意按这些交易条件达成交易，订立合同的表示。法律上称之为承诺。我国《合同法》规定：承诺是受要约人同意要约的意思表示。《联合国国际货物销售合同公约》规定：受盘人声明或作出其他行为表示同意一项发盘，即为接受。缄默或不行动本身不等于接受。接受如同发盘一样，既属商业行为，也属于法律行为。发盘一经接受，合同即告成立，对买卖双方都产生了法律上的约束力。

对发盘（或还盘）一旦表示接受，合同即告成立，发盘中的交易条件不仅对发盘人，而且对接受人都构成法律约束力。接受可由出口方作出，也可由进口方作出。在交易磋商中，表示接受一般用接受、同意和确认等术语。

拓展阅读

第三节　买卖合同的订立

在国际贸易中，买卖双方通过反复磋商，就各项交易条件达成一致协议后，交易即告达成，买卖合同成立，双方即存在合同关系。

一、国际货物买卖合同的特点

在国际贸易中，国际货物买卖合同的当事人处于不同的国家，因此国际货物买卖合同与国内货物买卖合同相比，具有不同的特点。

1. 国际性。即订立国际货物买卖合同的当事人的营业地在不同的国家，不管合同当事人的国籍是什么。如果当事人的营业地在不同的国家，其签订的合同即为"国际性"合同；反之，合同被称为"国内"合同。如果当事人没有营业地，则以其长期居住所在地为"营业地"。

2. 合同的标的物是货物。国际货物买卖合同的标的物是货物，即有形动产，而不是股票、债券、投资证券、流通票据或其他财产，也不包括不动产和提供劳务的交易。

3. 国际货物买卖合同的货物必须由一国境内运往他国境内。国际货物买卖合同的订立可以在不同的国家完成，也可以在一个国家完成，但履行合同时，卖方交付的货物必须运往他国境内，并在其他境内完成货物交付。

4. 国际货物买卖合同具有涉外因素，调整国际货物买卖合同的法律涉及不同国家的法律制度、适用的国际贸易公约或国际贸易惯例。

二、国际货物买卖合同有效成立的条件

国际货物买卖合同必须符合有关法律规范，才能构成有效的合同，不具有法律效力的合同是不受法律保护的。但国际货物买卖合同的有效成立的条件，各国民法典、商法的规定不尽相同。综合起来看，国际货物买卖合同有效成立的条件主要有以下几个方面。

1. 合同双方当事人必须具有签订合同的行为能力。签订合同的当事人主要是自然人和法人，其必须具备法律行为资格和能力。如果合同当事人是"自然人"，则他首先必须是公民，然后必须具有签订合同的行为能力，即自然人必须是精神正常的成年公民。未成年人、精神病人在发病期间、醉汉在神志不清时，其所签订的合同无效，可以免去合同的法律责任。如果合同当事人是"法人"，则其行为人应是企业的全权代表；如果签订行为人不是全权代表，要订立合同时，一般应有全权代表的授权证明书、委托书或类似的文件。在我国，只有经过政府批准的有外贸经营权的企业，才能从事对外贸易活动，才能在经营商品的范围内对外订立国际货物买卖合同。

2. 合同当事人必须在自愿和真实的基础上达成一致协议。各国法律都认为，合同当事人的意思表示必须是真实的，其所签订的合同才成为一项有约束力的合同，否则合同无效或可以撤销。与此同时，根据"契约自由"的原则，合同订立必须建立在双方当事人自愿的基础上，双方自愿表示达成协议，承诺履行合同所规定的责任与义务。这样签订的合同才能成为有法律约束力的合同，如果一方当事人在受到强制、威胁、暴力或欺诈的情况下订立了合同，则订立的合同在法律上视为无效合同。

3. 合同必须有对价或约因。国际货物买卖合同涉及有偿的交换。英美法系对有偿交换称为"对价"（Consideration），法国法对此称为"约因"（Cause）。所谓"对价"，是指当事人为了取得合同利益所付出的代价；所谓"约因"，是当事人签订合同所追求的直接目的。因此，合同中的对价和约因，是指在合同中一方所享有的权利以另一方所负有的义务

为基础,卖方负有交付约定货物的义务和享有取得买方货款的权利,而买方负有支付货款的义务和取得卖方货物的权利。如果买卖双方违反了对价或约因,不按合同条款交货或付款,都负有赔偿对方损失的责任。

4. 合同的标的内容必须合法。所有的国家法律对订立合同都有一定的限制,即合同必须合法。一般包括三项内容:第一,合同标的内容不得违反有关国家法律强制规定,即不得违法;第二,不得违反公共秩序或损害公共利益;第三,合同标的内容的确定应遵循公平原则。凡是违反上述规定的合同一律无效。货物必须是政府允许进出口的商品;政府管制的商品,必须先取得进出口许可证或配额;外汇的收付必须符合国家规定。有些国家的法律还把限制价格、限制销售地区、限制竞争等的合同视为非法。

5. 合同必须符合法律规定的形式。世界各国对合同采取怎样的形式构成有效成立,有不同的规定。有些国家法律规定允许使用口头形式;有些国家则规定必须采用书面形式,或是超过一定金额的合同必须采用书面形式,而不承认口头合同的有效性。《联合国国际货物销售合同公约》则允许采用书面形式、口头形式和其他形式。我国新颁布实施的《中华人民共和国合同法》也与国际贸易公约接轨,规定合同可以采用书面形式、口头形式和其他形式。

我国的外贸合同必须采用书面形式

　　我国《合同法》第十条虽然允许合同的订立可采用口头形式和其他形式,但同时规定:"法律、行政、法规规定采用书面形式的,应当采用书面形式。"

　　我国《合同法》第十一条规定,书面形式是指合同书、信件和数据电文(包括电报、电传、传真、电子数据交换和电子邮件)等可以有形地表现所载内容的形式。

上述五个方面构成了国际货物买卖合同有效性的基本条件。有效的合同具有法律效力,受到法律的保护。合同当事人任何一方都无权单方面变更、终止合同;如果在履行过程中产生合同纠纷和争议,有效的合同是解决纠纷和争议的法律依据,司法机关或仲裁机构审理合同纠纷和争议时,将根据合同规定的条款按照法律和国际惯例判定双方应尽的责任、义务或赔偿损失,并在必要时强制执行。

三、国际货物买卖合同的形式

在国际贸易中,买卖双方既可采用正式的合同(Contract)、确认书(Confirmation)、协议(Agreement),也可采用备忘录(Memorandum)等多种形式。

在我国进出口业务中,书面合同主要采用"合同"和"确认书"两种形式。从法律效力来看,这两种形式的书面合同没有区别,所不同的只是格式内容的繁简差异。合同或确认书通常都制作一式两份,由双方合法代表分别签字后各执一份,作为合同订立的证据和履行合同的依据。

四、国际货物买卖合同的结构

国际货物买卖合同通常由"约首""基本条款"和"约尾"三部分构成,有时合同还载有附言。

1. 约首。约首是合同的开头部分,一般包括合同的名称、编号、买卖双方名称和地址、通信联系方式(如电报挂号、电子信箱地址)等项内容。双方当事人的名称和地址要求写明全称。此外,在合同约首部分常常写明双方订立合同的意愿和执行合同的保证。

2. 基本条款。基本条款是合同的主体和核心,体现了双方当事人的权利和义务。它包括合同的主要交易条件和一般交易条件,即品名、品质、规格、数量(重量)、包装、价格、交货条件、运输、保险、支付、检验、索赔、不可抗力、仲裁等项内容。在正式的合同中,应至少包括以上各项交易条件,确认书以列明主要交易条件为主。

3. 约尾。这是合同的结尾部分,一般包括订约日期、合同的份数、使用的文字及其效力、订约地点及生效时间和双方当事人签字等项内容。也有的合同将订约时间和地点在约首部分列明。

第四节　出口合同的履行

进出口贸易的过程非常复杂,往往要花很长一段时间才能完成一笔交易。在一宗出口或进口贸易中,要经历各种各样复杂的程序。

我国对外签订的出口合同,大多数按 CFR 或 CIF[①] 成交,并按信用证方式收款。在履行这类合同时,以货(备货)、证(催证、改证)、船(租船订舱)、款(制单结汇)四个环节的工作最为重要。只有做好每个环节的工作,环环紧扣,井然有序,才能提高出口合同的履约率。

一、出口贸易的操作流程及要求

(一)备货和报验

1. 备货。备货是指出口人根据合同规定的品质、规格、数量、包装等条件准备好货物,以便按质、按量、按时地完成交货义务。需要进行检验的出口商品,还应及时向出入境检验检疫机构报验。

备货一般在合同签订后开始进行,外贸公司首先向生产或供货单位下达联系单,安排生产或催交货物,并要求后者按联系单的内容对货物进行加工、整理、刷制唛头,再由外贸公司对货物进行核实、验收,以便货物提前验收入仓。有的商品进仓后,尚需根据出口合同规定对入库货物再进行加工整理或重新包装并刷好唛头,才能使货物符合合同中规定的要求。然后,填制货物出仓申请单,待得到储运部货物出仓通知单后,即可办理其他手续。备货应符合下列基本要求。

☆ 保证货物的品质、规格、花色与合同和信用证规定相符;

☆ 货物的数量与合同和信用证的规定相符;

☆ 货物的包装方式、包装材料必须符合合同和信用证的规定和运输要求;

☆ 应按照合同和信用证的规定刷制唛头;

---

① 国际贸易术语,见第四章。CFR 指成本加运费,CIF 指成本加保险费、运费。

☆ 备货时间应与合同和信用证规定的装运期限以及船期紧密衔接,防止船货脱节,同时又要注意适当地留有余地,以免造成延误。

2. 报验。针对不同商品的情况和出口合同的规定,对出口货物进行检验,也是备货工作的重要内容。出口商在货物备齐后,就应向出入境检验检疫机构申请检验。只有取得出入境检验检疫机构发给的合格的检验证书,海关才准放行;凡经检验不合格的货物,一律无法出口。出口人在向商检机构报验时,应按照商检机构的要求,真实、准确地填写申请单并签名盖章。它是出口人报请商检机构检验的正式文件,也是商检机构进行检验的一种原始凭证。一般对于不同合同、不同发票、不同提单或装运单的商品应分别填写申请单。报验时除了提交申请单外,还应根据不同的情况分别提供各种单证。

(二)落实信用证

在凭信用证支付的交易中,落实信用证是履行出口合同至关重要的环节,因为它将直接关系到出口商能否安全、顺利地结汇。落实信用证通常包括催证、审证和改证三项内容。

1. 催证。催证是指卖方催促买方按照合同规定的开证时间及时开立信用证,并送达卖方,以便卖方按时将货物装运交付。按信用证方式付款时,按合同规定及时开立信用证本来是买方的主要义务之一,但买方往往因市场行情变化或资金周转困难、进口国外汇管制加强、商品市场行情发生不利于买方的变化等原因而拖延开证。这可能会使出口方错过船期,不能按时履约。在这种情况下,出口方应催请买方尽快开证,并在对方仍不开证时声明保留索赔权,或拒绝交货。出口商可以信函、电子邮件、电传、传真等方式直接向国外客户催证,必要时还可请银行或我国驻外商务机构或代理商等给予协助、配合,代为催证。

2. 审证。审证是指卖方对国外买方通过开证银行开来的信用证内容进行全面审查,以确定是否接受或向买方提出需要其修改某些内容。信用证是依据合同开立的,信用证内容应该与合同条款一致。但在实际工作中,由于工作的疏忽、电文传递的错误或者进口商故意加列对其有利的附加条款等因素,往往会出现信用证条款和合同条款不符的情况。此时,如果卖方按信用证条款发货,在买方国家市场行情不好的情况下,很容易被其以货物不符合合同为由拒绝收货,从而造成损失;如果以合同条款发货,由于信用证的"独立性",在卖方凭单索汇时银行经常会拒付,从而无法顺利结汇。所以,出口商在接到对方开来的信用证时,一定要严格审证,以便在信用证存在问题时及时通知对方改证。审核信用证的基本原则就是要求信用证条款与合同中的规定相一致,除非事先征得我方出口企业的同意,否则在信用证中不得增减和改变合同条款的内容。

在实际业务中,审核信用证是银行与进出口公司的共同责任。由于银行与出口企业的分工不同,因而在审核内容上各有侧重。银行着重负责审核有关开证行的政治背景、资信能力、付款责任以及索汇路线等方面的条款和规定,进出口公司着重审核信用证的条款是否与买卖合同的规定相一致。

3. 改证。在审核信用证中发现属于不符合我国对外贸易政策,影响合同履行和安全收汇等情况,我们必须要求国外客户修改信用证,并坚持在收到银行修改信用证通知书后才能装运。修改信用证流程通常是:卖方审证—函电要求买方修改—买方通知开证银行改证—开证行改证并转交通知行—通知行再将改证转交卖方。

(三) 执行合同

各出口企业在备货的同时,还应及时做好租船订舱的工作,办理报关、投保等手续,以便顺利履行出口合同。

1. 租船订舱、装船。在使用 CIF 与 CFR 术语成交的出口合同下,出口方须负责租船订舱。我国出口企业一般采用委托中国对外贸易运输公司(外运公司)代办托运,对于数量大、需整船运输的货物,办理租船手续;对于数量不够整船运输的货物,办理班轮舱位。订舱、装船工作的基本程序大致如下。

☆ 出口商向外运公司填写并发送订舱委托书,办理订舱委托。

☆ 外运公司填写托运单并送交承运人或其他代理人,为托运人办理订舱手续。

☆ 承运人或其他代理人在接受托运人的托运单证后,即对出口企业签发装货单,作为通知出口企业备货装船与载货船舶收货装运的凭证。待载货船舶到港后,出口企业或外运公司在海关验货放行后,凭此装货单装船。

☆ 待货物装船后,由船长或大副签发收货单,根据装船货物实际情况在收货单上签字或作适当批注,即大副收据(Mates Receipt,M/R),作为货物已装船的临时收据。然后,由托运人凭该收货单向承运人交付费用并换取正本提单。

☆ 出口企业在货物装船后应向对方发出通知,以便其做好收货准备。由于在 CFR 合同下买方要办理保险,装船通知显得尤为重要。如果出口方未能及时发出装船通知,卖方因此耽误了办理保险,出口方要对由此给卖方造成的损失承担责任。

2. 报关。出口报关是指出口人向海关如实申报出口,交验有关单据和证件,接受海关对货物的查验的过程。按照《中华人民共和国海关法》规定:"凡是进出国境的货物,必须经由设有海关的港口、车站、国际航空站进出,并由货物的所有人向海关申报。经过海关查验放行后,货物方可提取或装运出口。"在出口货物的发货人缴清税款或提供担保后,经海关签印放行,称为清关或通关。报关时,出口商或其代理人必须填写出口货物报关单,并提交其他必要的单证,如出口合同副本、发票、装箱单或重量单、商品检验证书等,申请验关并办理货物通关手续。

3. 投保。在 CIF 出口合同下,在配载就绪,确定船名后,出口商应于货物装运前,按照买卖合同和信用证的规定向保险公司办理投保手续,取得约定的保险单据。在办理投保手续时,通常应填写国外运输险投保单,列明投保人名称、货物的名称、唛头、运输路线、船名或装运工具、开航日期、航程、投保险别、保险金额、投保日期、赔款地点等。保险公司据此考虑承保并签发保险单或保险凭证。

(四) 制单结汇

货物装运后,出口企业应立即按照信用证的规定,正确缮制各种单据(有的单据和凭证在货物装运前就应准备好),并在信用证规定的交单到期日或以前将各种单据和必要的凭证送交指定的银行办理要求付款、承兑或议付手续。汇以托收和信用证方式结算货款是凭单付款,出口单据在表面上证实了卖方已经履行了合同义务。以信用证方式成交,对单据有更加严格的要求,单据是否严格符合信用证规定,直接关系到及时和安全收汇。因此,根据合同和信用证,正确缮制单据,是履行出口合同的一个重要环节。

1. 常用的出口单据。现代国际贸易绝大部分采用凭单交货、凭单付款方式。因此,在出口业务中做好单据工作,对及时安全收汇,有特别重要的意义。常用的出口单据主要有以下几种。

☆ 汇票(Draft,Bill of Exchange)。在出口贸易中,通常使用的是随附单据的"跟单汇票"。

☆ 商业发票(Commercial Invoice)。商业发票是出口人对进口人开立的发货价目清单,是装运货物的总说明。

☆ 运输单据。运输单据随不同的运输方式而各异。海洋运输大部分使用海运提单(Ocean Bill of Lading,B/L)。

☆ 保险单据。当出口人办妥投保手续后,保险公司即根据投保单缮制保险单(Insurance Policy)。

☆ 包装单据。包装单据是指一切记载或描述商品包装情况的单据,也是商业发票的补充单据。在向银行交单并要求付款、承兑或议付时,除散货外,一般均要求提供包装单据。如装箱单(Packing List)、包装说明(Packing Specification)、重量单(Weight Memo)等。

☆ 产地证明书。产地证明书是一种证明货物原产地或制造地的文件,也是进口国海关核定进口货物应征税率的根据。一般分为:普通产地证、普惠制产地证以及政府间协议规定的特殊原产地证。

☆ 普惠制产地证(Generalized System of Preferences Certificate of Origin,Form A)。根据普惠制规定,发达国家对来自发展中国家的商品,特别是工业制成品、半制成品,要给予普遍的、非互惠的、非歧视性的关税优惠待遇,普惠制产地证是向给予我国普惠制待遇的国家出口货物时须提供的,作为进口国海关减免关税的依据。我国普惠制产地证(Form A)由进出口商品检验检疫局签发。

☆ 检验证书(Inspection Certificate)。检验证书是出入境检验检疫机构对出口商品实施检验或检疫后,根据检验检疫结果,结合出口合同和信用证的要求,对外签发的证书。

☆ 海关发票(Customs Invoice)。海关发票是非洲、美洲和大洋洲等的某些国家海关规定的特定格式的发票,由出口人填制,供进口人凭以向进口国海关报关时用。

☆ 其他单证。其他单证是根据信用证条款规定而提供的。常见的有:寄单证明(Beneficiary's Certificate for Dispatch of Documents)、寄样证明(Beneficiary's Certificate for Dispatch of Shipment Sample)、装运通知(Shipping Advice)、邮局收据(Post Receipt)或快递收据(Courier Receipt)以及有关运输和费用方面的证明。

2. 我国常用的结汇方式。在我国出口业务中,使用议付信用证比较多。对于这种信用证的出口结汇办法主要有三种,即收妥结汇、定期结汇和买单结汇。

☆ 收妥结汇,又称先收后结,是指出口地银行收到受益人提交的单据,经审核确认与信用证条款的规定相符后,将单据寄给国外付款行索偿,待收到付款行将外汇划给出口地银行账户的贷记通知书(Credit Note)后,该行再按当日外汇牌价结算成人民币付给受益人。

　　☆ 定期结汇是指出口地银行在收到受益人提交的单据经审核无误后,预先确定一个固定的结汇期限将单据寄给国外银行索偿,并自交单日起在事先规定期限内主动将货款外汇结算成人民币贷记受益人账户或交付给受益人。

　　☆ 买单结汇又称出口押汇或议付,是指议付行在审核单据后确认受益人所交单据符合信用证条款规定的情况下,按信用证的条款买入受益人的汇票和/或单据,从票面金额中扣除从议付日到估计收到票款之日的利息,将净数按议付日人民币市场汇价折算成人民币,付给信用证的受益人。议付行买入汇票和/或单据后,就成为汇票的善意持有人,即可凭汇票向信用证的开证行或其指定的银行索取票款。

二、对结汇单据不符点的处理办法

　　在实际业务中,由于主、客观原因,发生单、证不符的情况是难以完全避免的。倘若有较充足的时间改单或改证,做到单、证相符,可以确保安全收汇。倘若限于时间,无法在信用证交单到期日和交单期限内做到单、证相符,则可根据实际情况作灵活处理。

　　1. 担保议付,又称表提,即在征得进口商同意的情况下,出口商向开证行出具担保书,要求议付行凭担保议付有不符点的单据,议付行在向开证行寄单时注明"凭保议付"字样。一般适用于单证不符情况并不严重,或虽然是实质性不符,但事先已经进口商确认可接受的情况。

　　2. 采用电提方式征求意见,由议付行先用电讯方式向开证行列明不符点,待开证行确认接受后,再将单据寄去。电提可在短时间内由开证行征求买方的意见,如对方同意不符点,可立即寄单收汇;如不同意,卖方可及时处理运输中的货物。

　　3. 改为跟证托收。议付行不愿采用电提或表提的做法时,出口商只能采用托收方式,委托银行寄单收款。

　　此外,在单据经开证行审核被发现有不符点,并确属我方责任时,除需抓紧时间与进口人联系商榷处理办法外,还需作必要的准备,采取补救措施(如将货物转卖、运回国内等),以防止造成更大的经济损失。

　　如上所述,在信用证支付条件下,受益人为了安全收汇必须做到单、证一致和单、单一致。但不能疏忽的是,出口人还需承担买卖合同规定的义务。所以出口人在履行合同时除了要做到单、证一致和单、单一致外,还必须做到所交货物与合同规定一致,货物与单据一致。这样环环扣紧,才能保证安全收汇,并避免买方收到货物后提出异议或索赔。

案例回放与分析

　　双方所在国均为《公约》的缔约国,因此,应按《公约》的有关规定处理。关于逾期接受,《公约》认为一般无效,但也有例外情况。《公约》第21条规定:"(1)逾期接受仍有接受的效力,如果发盘人毫不延迟地用口头或书面形式将此种意见通知受盘人。(2)如果载有逾期接受的信件或其他书面的文件表明,它在传递正常的情况下是能够及时送达发盘人的,那么这项逾期的接受仍具有接受的效力,除非发盘人毫不延迟地用口头或书面方式通知受盘人,他认为发盘已失效。"根据这条规定,不管什么原因造成的逾期接受,发盘人都有权利决定它有效还是无效,只要采取相应的行动即可。A公司4月10日收到逾期的接受后,如及时复函表示发盘已失效,则该接受就无效,合同不成立。

此案的教训是,在收到逾期的接受时,首先要判断造成逾期的原因。如难以判断,则根据具体情况采取不同做法,或去电确认有效或表示发盘已失效。置之不理会产生纠纷,陷入被动,造成不必要的损失。

📖 篇末点述

本章重点讲了两个方面的问题,即交易磋商和合同的订立。出口交易磋商的目的是订立合同,磋商的效果决定了交易的成败和合同质量的高低,因此是外贸业务活动中最重要的环节。合同条款是双方的权利和义务的具体体现,因此在订立合同时,合同的形式、内容要符合法律和交易的要求,有效的合同才受法律的保护且能够最大限度地避免贸易纠纷。此外,本章介绍了出口合同的履行。在履行CIF或CFR出口合同时,必须切实做好备货、催证、审证、租船订舱、报验、报关、装船和制单结汇等环节的工作。在这些环节中,以货、证、船、款四个环节的工作最为重要。出口合同的履行是我们进行对外贸易时至关重要的环节之一,对出口业务中的单证在实际工作中要特别注意。

📚 专业词汇

Business Negotiation 交易磋商

Inquiry 询盘,询价

Reference Price 参考价

Bid Firm 递实盘

Offerer 发盘人

Offeree 受盘人

Counter-offer 还盘,还价

Acceptance 接受

Late Acceptance 逾期接受

Buying Offer 购货发盘

Withdrawal of Offer 发盘的撤回

Revocation of Offer 发盘的撤销

Contract 合同

Sales Confirmation 销售确认书

Purchase Confirmation 购货确认书

Sales Contract 销售合同

Time of Validity 有效期限

即练即测

第二章

进口贸易的一般程序及履行

开篇导读

国际货物买卖,要有进口和出口两个方面。我国外汇储备居世界首位。截至2008年年底,中国的外汇储备已经达到1.95万亿美元。在我国经济快速发展,产业不断升级的背景下,我国在外贸政策方面不仅仅要重视出口,也更加重视进口。扩大进口可以促进我国产业结构的升级,也能促进我国整体经济实力的提高。因此,熟练地掌握外贸进口合同商订和履行程序的具体操作,是从事国际贸易工作人员的必备素质。本章包括进口交易前的准备,进口交易磋商和合同订立和进口合同的履行与应当注意的问题。

引导案例

我方甲公司拟进口一批货物,请乙公司发盘,5月1日乙公司发盘"5月31日前答复,报价为CIF NEW YORK价,每箱2美元,共200箱罐装沙丁鱼,7月份纽约港装运。"甲公司则发出以下还盘:"对你5月1日报价还盘为5月20日前签复,CIF NEW YORK价每箱1.8美元,共200箱罐装沙丁鱼,7月份纽约港装运。"到5月20日甲公司尚未收到回电。鉴于该货价看涨,甲公司于5月22日去电:"你5月1日电……我们接受。"请问:乙公司原报价是否继续约束乙公司至5月31日? 乙公司能否因货价看涨而不理会甲公司?

第一节 进口交易前的准备

在进口交易之前,要进行调查研究工作,进行成本核算和经济分析,作出进口决策,然后,根据我国对进口商品的管理规定,办理必要的手续。

一、调查研究

为了保质保量地得到进口采购的商品,正确分析进口商品的经济效益,做好进口货物的成本核算,在进行进口交易前,必须对国内外市场进行调查,包括有关商品的产、供、销和客户情况,尤其要弄清主要生产国和主要生产厂的供应情况、商品的价格趋势及供应商的资信情况。本节主要介绍对国外市场调查研究的一些问题。

（一）商品价格趋势

不同商品,价格走势不同。工业品价格大多比较稳定,但受原材料价格影响。国内外报刊对这方面的报道不是很多,一般可以通过我驻外机构和向外商询价进行了解。机械设备价格较少波动,但不同的生产厂商、不同的技术规格和牌号,价格往往相差很大,有关这方面的信息,国内外商务报纸杂志常有刊载,可以先进行查阅、分析、比较,再通过我驻外商务机构、咨询公司、行业协会进行了解,也可以邀请几家外商来我国进行技术交流和直接洽谈,进行技术比较和价格比较。农产品的价格受主要生产国播种面积和气候变化的影响,一般可以从报纸杂志中了解到市场情况。此外,还应根据农作物的生长情况对远期交易的价格趋势进行预测。原材料市场变化快、投机性强,国际市场价格经常变化,有的一天内会涨落几次,这类商品的价格在国内外报刊上一般都有报道,在订货前要对价格进行预测。

（二）供应商的资信

在进口业务中,供应商的主要责任是提供品质、数量、包装符合买卖合同规定的货物,并按合同规定的时间、地点和方式交付货物,进口人则应按合同规定的货币、时间和方式支付货款和收取货物。由于我国大多数进口合同规定以信用证方式付款,而信用证按其性质与凭以开立信用证的买卖合同分属不同的业务,银行与买卖合同完全无关,故并不受其约束。银行按进口人的要求和指示,开出信用证后,就承担独立的付款责任,成了第一付款人。在信用证业务中,有关各方所处理的是单据,而不是与单据有关的货物,供应商只要向银行提交表面上符合信用证条款的单据,银行就必须履行付款责任,且银行对于任何单据的格式、完整性、准确性、真实性、伪造或法律效力,概不负责,对发货人、承运人、保险人的诚信或资信情况,也不负责。如果供应商信誉不好,向银行提交表面上符合信用证的单据而交次货、劣货、假货,或提交假单据而根本没有交货,也能从银行得到货款,这样,进口人就会蒙受极大损失。因此,在进口业务中,对供应商的资本情况、经营作风、能力和范围、商业信誉及商号的性质、结构等调查是极为重要的。

对供应商资信的调查有多种多样,要针对不同对象因时因地制宜,必要时可以通过银行,以及我驻外商务机构、商会、行业协会及咨询机构等进行。

二、货物进口的管理

我国现行的货物进口管理制度是 2002 年 1 月 1 日起施行的《中华人民共和国货物进出口管理条例》(以下简称《条例》)。根据《条例》规定,国家准许货物的自由进出口,依法维护公平、有序的货物进出口贸易。国家对货物进出口实行统一的管理制度,除法律、行政法规明确禁止或限制进出口的外,任何单位和个人均不得对货物进出口设置、维持禁止或者限制措施。为了规范货物进口管理,维护货物进口秩序,根据《条例》规定,国家对货物进口的管理分为四类,即:禁止进口的货物;限制进口的货物;自由进口的货物和关税配额管理的货物。各进口企业在经营进口业务时,必须严格遵守国家的有关规定,对属禁止进口的货物,坚决拒绝进口;对其他类型的货物,按规定办理相关的手续并缴纳相关的关税。

(一) 禁止进口的货物

根据我国《对外贸易法》的规定,凡属下列情形之一的货物,国家禁止进口:危害国家安全或者社会公共利益的;为保护人的生命或者健康,必须禁止进口的;破坏生态环境的;根据我国所缔结或参加的国际条约、协定的规定,需要禁止进口的。另外,其他法律、行政法规规定禁止进口的,依照其规定办理。

禁止进口的货物目录由商务部会同有关部门制定、调整并公布。凡属禁止进口的货物,不得进口。

进口企业在向外订购货物之前,必须查询有关部门公布的《禁止进口货物目录》,以确定其拟订购之货物,是否属于国家禁止进口的货物,否则,将承担相应的法律责任。

(二) 限制进口的货物

根据我国《对外贸易法》规定,有下列情形之一的货物,限制进口:为维护国家安全或社会公共利益,需要限制进口的;为建立或者加快建立国内特定产业,需要限制进口的;对任何形式的农业、牧业、渔业产品有必要限制进口的;为保障国家国际金融地位和国际收支平衡,需要限制进口的;根据我国所缔结或参加的国际条约、协定的规定,需要限制进口的。其他法律、行政法规规定限制进口的,依照其规定。

限制进口的货物目录由商务部会同有关部门制定、调整并应当至少在实施前21天公布;在紧急情况下,应当不迟于实施之日公布。国家对限制进口货物的管理,分为配额管理和许可证管理。对有数量限制的进口货物,实行配额管理;其他限制的进口货物,实行许可证管理。我进口企业凡经营限制进口的货物,应根据有关部门公布的货物目录,区别不同情况,向有关部门提出配额申请或许可证申请。

1. 配额的申请和使用

按《条例》规定,对实行配额管理的限制进口货物,进口配额管理部门应当在每年7月31日前公布下一年度进口配额总量。配额申请人应在每年8月1日至8月31日向进口配额管理部门提出下一年度进口配额的申请。进口配额管理部门应当在每年10月31日前将下一年度的配额分配给申请人。进口企业凭进口配额管理部门发放的配额证明向海关办理报关、验放手续。

进口企业如未使用完其持有的年度进口配额,应在当年9月1日前将未使用的配额交还进口配额管理部门,如进口企业未按期交还并在当年年底未将其持有的配额使用完,进口配额管理部门可以在下一年度对其扣减相应的配额。

2. 许可证的申领和使用

进口许可证(Import License)是国家管理货物进口的法律凭证。凡属于进口许可证管理的货物,除国家另有规定外,进口企业应当在进口前按规定向指定的发证机构申领进口许可证,海关凭进口许可证接受申报和验放。

(1) 进口许可证管理

国家实行统一的货物进口许可证制度,国家对有数量限制和其他限制的进口货物,实行进口许可证管理。

为了规范进口许可证管理,维护货物进口秩序,营造公平贸易环境,履行我国承诺的国际公约和条约,促进对外贸易健康发展,根据我国《对外贸易法》和《货物进出口管理条例》的规定,原外经贸部制定了《货物进口许可证管理办法》(以下简称《办法》),该《办法》自 2002 年 1 月 1 日起施行,是我国现行的进口货物许可证管理的基本法规。

根据《货物进口许可证管理办法》规定,商务部是全国进口许可证的归口管理部门,商务部授权签发配额许可证的部门统一管理,并指导全国发证机构的进口许可证签发及其他相关工作。

凡属《进口许可证管理商品目录》内的货物的进口,进口企业必须按有关规定申领进口许可证。

（2）进口许可证的申领

进口企业如经营许可证管理的货物,应在向外订货前先向有关发证机构申领进口许可证。进口企业应填写"进口许可证申请表"并加盖企业印章,到《进口许可证管理商品分级发证目录》指定的发证机构申领进口许可证。进口企业在申领进口许可证时,应根据进口货物的情况,向发证机构提交规定的进口批准文件及相关材料,如根据不同情况提供《进出口企业资格证书》《外商投资企业资格证书》或《经营资格核准文件》等并随附相关进口货物的《配额证明》《进口核准单》《进口批复单》或各类进口批准文件。

各发证机构按照《进口许可证管理商品目录》和《进口许可证管理商品分级发证目录》的范围,根据进口企业提交的申请书及有关文件、材料,经审核无误,对符合要求的申请,应当自收到申请之日起 3 个工作日内发放进口许可证。特殊情况下,最多不超过 10 个工作日。

（3）许可证的有效期限及违反处罚

进口许可证当年有效。特殊情况需要跨年度使用的,有效期最长不得超过次年 3 月 31 日。进口企业应当在进口许可证的有效期内使用该许可证,如逾期未使用或未使用完,该许可证或未使用完的部分则自行失效,海关不予放行。如进口企业因故在有效期内未使用该许可证,进口企业应在进口许可证的有效期内向原发证机构提出延期申请,发证机构即将原证收回,重新签发进口许可证。如进口企业因故在有效期内未将许可证规定的进口额度用完,进口企业应在有效期内向原发证机构提出未使用部分的延期申请,由发证机构将原证收回,扣除已使用的数量后,重新签发进口许可证。进口许可证只能延期一次,延期最长不超过三个月。如进口企业未在有效期内提出延期申请,进口许可证自行失效,发证机构不再受理延证手续,视为自动放弃。

以欺骗或其他不正当手段骗领进口许可证的企业,其进口许可证将被依法收缴、吊销,对外经济贸易合作管理机构还将视其情节轻重给予警告、暂停或撤销其对外贸易经营许可等处分。对伪造、变造或买卖进口许可证的,将依照刑法追究其刑事责任;尚不够刑事处罚的,将依照海关法的有关规定处罚,并可撤销其对外贸易经营许可。

3. 自由进口的货物

按照《货物进出口管理条例》的规定,进口属于自由进口的货物,不受限制。国务院有关经济管理部门可以按照国务院规定的职责划分,对部分属于自由进口的货物实行自动进口许可管理。实行自动进口许可管理的货物目录,应当至少在实施前21天公布。进口企业应当在办理海关报关手续前,向有关部门提交自动进口许可申请;有关管理部门收到申请后,应立即发放自动进口许可证明,在特殊情况下,最长不得超过10天。进口属于自动进口许可管理的货物,有关管理部门均应当给予许可。进口企业凭自动进口许可证明,向海关办理报关验放手续。

4. 关税配额管理的货物

《货物进出口管理条例》规定,属于关税配额管理的货物,如在配额以内的进口货物,按照配额内税率缴纳关税;属于关税配额外的进口货物,按照配额外税率缴纳关税。实行关税配额管理的进口货物目录,由商务部会同有关经济管理部门制定、调整,并在每年9月15日至10月14日公布下一年度的关税配额总量。进口企业如要申请关税配额,应当在每年10月15日至10月30日向进口配额管理部门提出关税配额的申请,进口配额管理部门应当在每年12月31日前作出是否发放配额的决定。进口企业凭关税配额证明向海关办理关税配额内货物的报关验放手续。如进口企业未使用完其持有的年度配额,应当在当年9月15日前将未使用的配额交还进口配额管理部门;如进口企业未按期交还并且在当年年底未将配额使用完,进口配额管理部门可以在下一年度对其扣减相应的配额。

第二节　进口交易磋商和合同订立

进口交易磋商和合同订立是进口业务的重要阶段,也是决定进口业务经济效益的重要因素。进口合同磋商的方式,程序虽与出口合同磋商基本相同,但由于在进口业务中,进口人所处地位与出口人不同,因此,对磋商过程中各个环节的掌握、应注意的事项及合同的各个条款的掌握就有很大不同。

一、进口交易磋商

进口交易的达成和合同的订立是买卖双方就有关交易条件进行磋商并取得一致意见的结果。磋商的过程,通常是先相互试探、摸底,再进行发盘、还盘和再还盘等交织在一起的反复循环的过程。这一过程,有时顺利,得以很快订立合同;有时则较为艰难,但最终也达成了交易;有时也会无结果而中断;有时中断后,又恢复,最终仍达成交易。在进口交易磋商中,进口人与供应商应较详细而深入地交流情况,弄清有待进一步取得协议的问题,创造良好的磋商气氛。在此基础上,进口人还应分清轻重缓急、争取对自己最有利的交易条件。

进口交易磋商一般也是通过询盘、发盘、还盘和接受四个环节来进行的。

在进口业务中,询盘较多的是由进口人向供应商发出。进口人向供应商发询盘,一般采用书面形式,如电传、传真、电报、书信、电子邮件,也有用询价单(Enquiry Sheet)的。有时对一些技术规格不太复杂、牌号或型号就能代表质量的商品,也常采用口头包括通过电话的形式。

（一）询盘

询盘的作用,主要是引起对方注意,诱发对方发盘。询盘的对象,事先应有所选择。除因用货单位订购特定的商品,只能向指定的供应商询盘外,一般可根据以往的业务资料,或从其他方面查询,选择适当的对象进行询盘。询盘对象的多少要根据商品和交易的特点选择确定。正如我国民间通常所说,"货比三家不吃亏"。对外询盘,既不宜只局限于个别客户而无法进行比较,也不宜在同一地区多头询盘,影响市场价格。如订购数量大而且又是向中间商发出的询盘,家数更不宜太多。因为如果几家中间商把同一询盘转到同一个厂商手里,将会造成市场的虚假需求现象,生产厂商将抬高价格,这样,不仅不能达到货比三家的目的,反而使进口人自己受到损失。对数量较大的采购任务,应适当安排采购进度,防止在一个时期内大量集中订购,遭到对方抬价。

在询盘中,进口人有时仅表明意欲购买某商品而邀请对方发盘;有时除列明商品外,还列明所需的数量,所要求的交货期;有时则列出将来合同的主要内容,如所询商品的名称、质量、规格、型号、用途、包装、数量、交货期限、付款条件等。

例1:对××有兴趣请发盘。

INTERESTED IN...PLEASE OFFER

例2:有兴趣购买3台GJY—56型××牌印刷机请发盘CFR上海7月装运速复。

INTERESTED 3 SETS...PRINTING MACHINE GJY-56 PLEASE OFFER CFR SHANGHAI JULY SHIPMENT REPLY PROMPTLY

目前,在实际业务中,使用传真及电子邮件的较多,传真及电子邮件对字数的要求就不很严格,例如:

你3月10日函悉。请发实盘100令适用于做海报的白色海报纸。

我们所需的纸张,是要张贴于墙上或广告栏后仍能保持白色的。请尽早答复。

Referring your letter of March 10th, please make best firm offer for 100 reams of good quality white poster paper suitable for poster work generally.

We require paper that will retain its white appearance after posting on walls and boardings. Your early reply will be appreciated.

在询盘中要注意策略,一般地说,不能过早地透露自己需要采购的数量、可接受的价格等意图,以免在磋商时处于不利地位。对技术含量较高的机械设备,如果厂商自己可以直接签约的,最好直接向对方生产厂商询盘,供求直接见面,以减少中间环节,这样,既可节约费用,又可加快磋商进程。

（二）发盘

发盘可以由卖方提出,也可以由买方提出,由买方向卖方发盘称为购货发盘(Buying Offer),又称递盘(Bid)。

买方可以在收到卖方的邀请发盘后提出发盘,也可以不经卖方邀请而直接向卖方提出发盘。

例1:你公司7月15日可供不锈钢×吨规格2.0×1000×2000m/m的传真收悉,兹递盘如下:……

We have received your fax of July 15 for...m/t Stainless Steel Plates 2.0×1000×2000m/m and take pleasure to offer as follows:...

例2:贵公司于×月×日送来的××货样,已由我客户仔细试验,我客户很感兴趣。现递盘如下:……

Our clients have carefully tested the samples of your...sent to us on...and are much interested. Now bid as follows:...

发盘经受盘人有效接受,合同即告成立,在当事人之间就产生了具有法律约束力的合同。因此,在进口业务中,进口人的发盘为对方有效接受后,如发现所报价格对自己不利或其他条件有误等情况时,就不能再拒绝按对方所接受的发盘条件履行其义务,否则,就构成违约。

在进口业务中,我方往往先发询盘,请对方发盘,但在某些情况下,也有不进行询盘而直接向外发盘的,如我某些厂家所生产的成品中某些零部件是专用国外某指定厂家的产品,这些产品价格稳定,不轻易改变,当需要进口时,进口企业就直接向该厂家发盘订购,不再进行询盘。有时,进口企业为了更好地摸清商品的市场价格及其他情况,也往往提出一些内容不十分确定或附有保留条件的建议,例如:

欲购 D 型钢丝绳 200M/T,从×× mm² 到×× mm² 计八种尺寸,每档各 25M/T,5月装信用证,见票后 30 天复。

Would like to purchase 200M/T Steel Wire Rope Type D in eight sizes,from...mm² to... mm²,25M/T for each size,May shipment L/C 30 days after sight reply.

此建议中虽列明了商品品质、数量、交货期、付款条件,但缺少价格条件,因此是一项发盘的邀请,而不是一项发盘。此外,如在订约建议中使用了参考价(Reference Price)、以我最后确认为准(Subject to Our Final Confirmation)、以获得进口许可证为准(Subject to Import License Available)等,即使建议的内容完整、明确,但这种附有保留条件的订约建议也只是一项发盘的邀请,进口人可不受此建议的约束。

(三) 比价和还盘

进口人向国外几家供应商同时发出邀请发盘(包括询盘)后,会收到内容不尽相同的发盘。这时,进口人就要对来盘中的各项交易条件及我们从其他方面调查和收集到的价格和其他资料进行研究、整理、分析和比较(俗称"比价"),结合进口人自己的经营意图,挑选出适当的对象进行还盘。

比价的方式通常有如下几种。

1. 不同外商的同期报价比较:将不同国家、地区的供应商的报价,在其他条件完全相同的情况下进行比较,也就是说,同样质量、同样数量、同样包装、同样交货期和同样付款条件的情况下进行价格比较。

2. 历史价格比较:将过去进口同样商品的成交价或过去供应商对同类商品的报价与现价进行比较,在比较中,要考虑到生产国通货膨胀对价格影响及扣除各种因素的差价。

3. 对各种不同交易条件的发盘进行综合分析比较:比价不仅要比总价,还要对来盘的其他交易条件分项目逐条比较,对技术规格复杂、型号比较多的商品还应要求对方分项报价,以便逐项进行比较。因为其他交易条件的不同会引起一定的价格差异,如品质、规格和标准的不同,会引起价格差异;成交数量的多少,会影响价格的高低;所使用贸易术语的不同,直接关系买卖双方费用和风险的承担,从而影响价格;交货时间和销售季节密切相关,也是影响价格的重要因素;付款条件则关系到资金周转、利息负担、汇率风险和用汇风险。因此,各种条件要逐项比较,综合分析。

在摸清情况后,就要选择合适的交易对象,根据不同对象,采取不同对策,利用各个供应商的相互竞争,择优进口。一般说来,流通环节越多,成本越高,通过中间商进口比直接从厂商进口价格要高。但在实际进口业务中,通过中间商的很多,这主要是因为国外有些中、小厂商不习惯或无能力直接出口,或他们依赖中间商的中介作用,不愿意直接和国外进口人交易。交易对象选择好以后,就要针对他们不同的特点,采取不同的对策,以促成交易的迅速达成并取得优惠价格。例如在磋商交易时,有的可直接针对来盘要求降低价格,有的则可以采取改变某些条件而不变动价格的具体金额。在与国外供应商进行交易磋商的过程中,还应该适当利用作为买方的有利地位,利用供应商之间的矛盾,掌握时机,择优进口。对多家厂商都可供应的商品,可邀请几家厂商来我国谈判,邀请他们对我方发盘,以便我方比较、选择并在此基础上与对方进行磋商或通过还盘、再还盘,争取对我最有利的条件。

(四) 接受

在进口交易磋商过程中,接受既可由买方表示,也可由卖方作出。如果供应商发盘(或还盘)中的条件比较合理或对我有利,就要抓紧时间,在发盘的有效期内向对方表示接受。

发盘一经接受,合同即告成立。根据我国《合同法》规定,依法成立的合同,对当事人具有法律约束力。当事人应当按照约定履行自己的义务,不得擅自变更或者解除合同。根据《联合国国际货物销售合同公约》与我国《合同法》规定,接受可以撤回。撤回接受的通知应当在接受通知到达发盘人之前或者与接受通知同时到达发盘人。但是,接受于接受通知送达发盘人后就不能撤销。因为接受通知一旦到达发盘人时立即生效,接受生效合同即告成立。如果买方在以书信或电报发出接受通知后发现价格或其他交易条件对自己不利,为避免损失,买方可以采用撤回通知先于接受到达的方式,阻止接受生效,将接受撤回。

二、进口合同的签订

为了更好地明确买卖双方的责任,便于履行各自的义务,在实际业务中,进口交易达成后,通常都要签订有一定格式的书面合同(Formal Contract)。书面合同是表示买卖双方意思完全一致的证明文件和处理争议的主要依据。进口合同既体现了当事人之间的经济关系,也体现了当事人之间的法律关系,既受法律保护,也受法律约束。因此,合同条款对买卖双方的权利和义务必须明确具体地列述,并符合法律规范。

进口合同的内容与出口合同大体相同,也分三个部分。第一部分是约首,主要包括合同名称、编号、订约日期和地点,当事人名称和地址、适用的法律等。第二部分是合同的本文,即基本条款,包括商品名称、品质规格、数量、包装、价格、交货、付款等主要条款和格式条款;格式条款又称一般交易条款,即合同中的通用条款,如商品检验、索赔、不可抗力、仲裁等。第三部分是约尾,包括合同的有效期、合同使用的文字及其效力,买卖双方的签字等。

进口合同与出口合同一样;应当包括经双方当事人所同意的条款,各条款内容应前后一致,不能相互矛盾,所用文字、词句要简洁明了,达意,措辞严密,不能使用含混不清、模棱两可的文字或词句,并应符合法律要求。以下仅对合同的约首及本文作扼要介绍。

(一) 约首

合同中的约首部分主要包括以下内容。

1. 合同名称。合同的名称应正确体现合同的内容,进口人制作的合同通常称购货合同(Purchase Contract)或购货确认书(Purchase Confirmation)。如由国外出口人起草缮制的也有使用售货合同(Sales Contract)的。

2. 订约日期和地点。订约日期应为接受生效日期。根据我国《合同法》规定,接受通知到达发盘人时生效。如合同未另行规定生效条款,订约日期即合同的生效日期。

订约地点有时可决定合同适用的法律。有的国家规定涉外经济合同适用合同缔结地的法律;有的国家规定适用与合同有最密切联系的国家的法律,而合同的订约地点是确定是否密切联系的重要因素。根据我国《合同法》规定,接受生效的地点为合同成立的地点。因此,如由我方发出接受通知的,应争取在合同中约定适用我国的法律。

3. 当事人名称、地址。当事人的全名和详细地址应在合同中正确载明,除了可以识别当事人之外,在发生纠纷时,可作为决定诉讼管辖的重要依据,也便于在必要的时候进行联系。

4. 前文。前文措辞必须与合同名称相一致。如采用合同书(Contract)形式,则前文应使用第三人称语气,例如:"本合同由××与××订立"(This contract is made and entered into by and between...and...)或类似词句;如使用确认书(Confirmation),则前文措辞应使用第一人称语气,例如:"兹确认从你方购买⋯⋯"(We confirm, the purchase from you...)或类似词句。

合同的成立、履行及解释依据哪一国法律,对双方当事人都十分重要。按包括我国在内的多数国家法律,当事人可以选择处理合同争议所适用的法律,并在合同中加以规定,如订明:"本合同的订立、履行及解释适用中国法律。"(The formation, performance and construction of this contract shall be governed by the Laws of China.)

(二) 基本条款

进口合同本文中的基本条款与出口合同相同、也包括商品的名称、规格、数量、包装、价格、交货、付款等。但在具体内容的掌握上则有所不同。

1. 商品的名称和质量

很多商品在不同的国家有不同的名称,因此,在进口询盘时,应注意所使用的商品名称能代表拟订购的商品,并使用国际市场上一般习惯的名称,不要使用某一国家或某一地区等地方性的商品名称。在确定商品名称时,要做到既有利于运费的计算,又不至于与其他商品相混淆。进口合同中对商品名称要作明确规定,进口许可证及其他进口单证中的商品名称与进口合同要严格一致。

进口合同中的商品质量条款是非常重要的条款。进口合同的纠纷以品质问题最多,因此,为预防或避免卖方交货品质不符要求或以次充好,合同中的商品规格、标准、牌号、型号、等级等应订得具体明确。

凭样品买卖的,由于各国对凭样品买卖的法律规定不尽相同,如果要求卖方交货与样品完全一致,在合同上必须订明交货品质与样品完全相符,并注明样品寄送日期,例如:

品质与买方(卖方)于××(日期)提交的样品严格相符。

Quality to be exactly same as the sample submitted by buyer (seller) on...(date).

在我们的机电设备进口合同中,绝大多数采用凭说明书或商品目录买卖。为防止交货时鱼目混珠,以假乱真,应详细列明生产国别、生产厂家、产品规格型号以及使用目的,并订明最低的品质保证条款及检验方法,以排除"免责条款"。例如:

卖方应保证所交货物完全符合合同规定并适用于买方的使用目的。

Seller shall guarantee that the goods supplied are strictly in accordance with the Contract and be fit for the purpose required by Buyer.

使用目的应尽可能具体,并在合同中作出明文规定。

2. 数量条款

按我国计量法的规定,进口数量单位(包括商品规格的计量单位)必须符合我国的法定计量单位和标准,一般不进口非法定计量单位的仪器设备,如有特殊需要,须经有关标准计量管理机构批准。

进口合同中应明确规定计算数量的时间和地点,例如以装运时的数量、以目的港卸货时的数量为准,或以进入进口地仓库或工厂时核定的数量为准等。一般商品特别是初级产品的进口合同,可以规定溢短装幅度,在由我方派船接货的情况下,除应规定溢短装幅度外,还应明确溢短装"由买方决定"。例如:

10000 公吨,可溢装或短装 10%,由买方决定。

10000 metric tons, 10% more or less at Buyers' option.

3. 价格条款

在国际货物买卖中,计价货币与支付货币通常为同一种货币,这些货币可以是出口国货币或进口国货币,也可以是第三国的货币,由买卖双方协商确定。在当前国际金融市场普遍实行浮动汇率制的情况下,作为进口人,最好是采用国际上的软货币,不采用硬货币,这样,就可以避免硬货币升值而造成的损失。如在订立进口合同时不得不使用"硬币"作为计价和支付的货币者,则可在确定价格时,将该货币可能上浮的幅度考虑进去,将进口价格相应压低。也可使用国际上通用的外汇保值条款。

目前,在国际贸易中使用的贸易术语很多,其中以 FOB、CFR 及 CIF 三种使用最多。在进口业务中,除零星商品或个别外国港口我方派船不便的外,大多采用 FOB 贸易术语,由我方派船到国外接运货物。这样,一方面可以促进我国航运、保险事业的发展,另一方面也可以减少我方承担的风险。因为,如采用 CFR 术语进口,由国外卖方租船订舱,我方办理保险,而货物装船后的风险由我方承担,如卖方指定的船舶不当,或卖方与船方勾结出具假单据,我方就有可能遭受巨大损失,但是,对个别零星业务,我方派船不便,卖方又为资信较好的老客户,可按 CFR 或 CIF 条件成交。在多式联运情况下,则可采用 FCA、CPT 或 CIP 术语。

进口合同的价格有净价、含佣价、基价、推算价、价格中还可以减除数量折扣、季节折扣和特别折扣等。有的进口单位只向国内用户收取手续费而不向国外供货商收取佣金。事实上,佣金是卖方或买方付给中间商的报酬,有的国家习惯上给中间商一定佣金,如果不支取,货价也相同。因此,我进口企业尽可争取向国外供货商收取一定比率的佣金。对一些规格较多的原材料商品,如棉花、冷轧薄板等,往往以一个级别为基价,出口商报价,只报基价,其他级别按基价推算。在进口交易中,必须弄清各级的差价,以利于进行推算,避免吃亏。另外,对于进口数量大的,可要求供货商给予数量优惠价,对于不合时令的商品,更可要求较大幅度的折扣。

4. 装运条款

国际货物买卖合同中的装运条款也是合同中的基本条款,交付货物是卖方最基本的义务。在进口合同中,应订明卖方装运货物的时间、地点和通知等义务的内容。

买卖双方在货物交接过程中所承担的责任是根据所采用的贸易术语所决定的。国际贸易中常用的 FOB、CFR、CIF 都属于在装运港交货的贸易术语,只要卖方在装运港把货物装上了船,取得了货运单据并将其交给买方,也就认为已经履行了交货的责任;如使用 FCA、CPT、CIP 贸易术语,卖方只要将货物在发货地交给承运人监管,即为交货。我进口货物的运输方式大多为海洋运输并较多使用 FOB 术语,有时也有使用 CFR 和 CIF 贸易术语的。

(1) FOB 条件下的装运条款

在 FOB 条件下,由我方派船接货,为了船、货能很好衔接,出口人在备妥货物后应向进口人发出通知,以便进口人租船、订舱;进口人在安排好船只后,也应将船名和装船时间通知出口人,以便出口人安排装船。因此,FOB 条件下的装运条款除了合同中应指定装运港外,还应规定合理的装运时间和装运通知等。

① 装运时间

进口合同中对装运时间的规定不仅直接影响到我方能否及时取得货物,以满足生产、消费或转售的需要,还涉及我方能否有足够时间安排船只并通知卖方。因此,装运时间一般是规定一个期限,而不能规定某个肯定的日期。例如:

20××年 9/10/11 月份每月平均装运。

Shipment during Sept./Oct./Nov. 20...in equal monthly lots.

除此以外,进口合同中还应规定卖方不能按时交货或买方不能按时派船应承担的责任。例如:

买方所租船只按期到达装运港后,如卖方不能按时备货装船,买方因而遭受的一切损失包括空舱费、滞期费及/或罚款等由卖方负担。如船只不能于买方或船舶代理人所确定的受载期内到达,在港口免费堆存期满后第××天起发生的仓租费、保险费由买方负担。

但卖方仍负有载货船只到达装运港后立即将货物装船之义务,并负担费用及风险。前述各种损失均凭原始单据核实支付。

In the event of Seller's failure in effecting shipment upon arrival of the vessel at the loading port, all losses, including dead freight, demurrage fines etc. Thus incurred shall be for Seller's account. If the vessel fails to arrive at the loading port within the laydays previously declared by Seller or shipping agent, the storage charges and insurance premium from the…day after expiration of the free storage time at the port shall be borne by Buyer. However, Seller shall be still under the obligation to load the goods on board the carrying vessel immediately after her arrival at the loading port, at their own expenses and risks. The expenses and losses mentioned above shall be reimbursed against original receipts or invoices.

② 装运通知

FOB进口合同的装运通知条款的内容主要有:卖方的货妥通知;买方的派船通知和卖方装船后的通知。

为了便于买方既按合同又按卖方的要求派出船只,进口合同中应规定卖方发出货物业已备妥的通知期限、通知的内容及未按要求发出通知应承担的责任。例如:

对货物的装运,卖方应经常与买方保持联系。卖方应于本合同规定之装运期前××天,将已备妥装船的货物的合同号码、货物名称、数量、件数、毛重、尺码以电传、传真或电子邮件通知买方,以便买方订舱。倘在规定期内买方未接到前述通知,即作为卖方同意在合同规定期限内任何日期交货,并由买方主动租订舱位。

The Seller shall keep in constant touch with the Buyer for shipment of the deliveries. For arrangement of shipping space, the Seller shall inform the Buyer by telex, Fax, or E-mail…days before the contracted time of shipment of the contract number, name of commodity, quantity, number of packages, gross weight and measurements of the goods ready for shipment. Absence of such advice within the time specified above shall be considered as Sellers' readiness to deliver the goods on any date during the time contracted and Buyer shall arrange for shipping space accordingly.

为了使卖方能按照船期安排装船,买方应给予卖方关于船名、装船地点和所要求的装运时间的充分通知。

例如:

货物装运前××天,买方应以电传、传真或电子邮件告卖方合同号、船只名称、船只预计到港日期、数量及船运代理人的名称,以便卖方可径与该船运代理人联系及安排货物的装运。卖方亦应将联系结果及时电告:买方。如买方因故需变更船只或有船只提前或推迟到达情况发生,买方或船舶代理人应及时通知卖方。卖方亦应与船运代理人保持密切联系。

…days prior to the date of shipment, the Buyer shall inform the Seller by telex, Fax or E-mail of the contract number, name of vessel, ETA of vessel, quantity and the name of shipping agent so as to enable the latter to contact the shipping agent direct and arrange the shipment of the goods. The Seller shall cable in time the Buyer of the result thereof. Should, for certain reasons, it becomes necessary for the Buyer to replace the named vessel with another one, or should the named vessel arrive at the port of shipment earlier or later than the date of arrival as previously notified to the Seller, the Buyer or their shipping agent shall advise the Seller to this effect in due time. The Seller shall also keep close contact with the shipping agent.

按 INCOTERMS 2000 规定：在 FOB 条件下，卖方在装船后，应给予买方关于货物已交至船上的充分通知，卖方还应在买方要求下提供办理保险所需的资料。因此，进口合同还应规定卖方装船后应立即发出装运通知，以便我方及时办理保险。例如：

在合同货物装船完毕后，卖方应立即以电传、传真或电子邮件通知买方下列内容：合同号、货名、数量、毛重、发票金额、运载船只名称及启航日期。如果任何一件货物的重量超过 9 公吨，长度超过 10 米，宽度超过 3.4 米，高度超过 2.35 米，卖方应把每一件货物的重量和尺码通知买方，以便接运。如果由于卖方没有及时通知而使买方未能及时投保，由此而引起的一切损失均由卖方负责。

The Seller, immediately upon the completion of the loading of the contracted goods, shall notify by telex, Fax or E-mail the Buyer of the contract number, name of commodity, quantity, gross weight, invoice value, name of carrying vessel and date of sailing. If any package of which the weight is above 9 metric tons. Length above 10 m, width over 3.4 m, height over 2.35m, the seller shall advise the Buyer of the weight and measurement of each package for transportation after shipment. In case the Buyer fails to arrange insurance in time due to the Sellers not having notified in time, all losses shall be borne by the Seller.

③ 风险划分

按 INCOTERMS 2000，自货物在指定装运港越过船舷时起，货物灭失或损坏的一切风险均由买方负担，而有的惯例对 FOB 条件下买卖双方的风险划分与 INCOTERMS 2000 有不同规定。为明确责任，维护我方的权益，对某些商品在必要时可在进口合同中订立如下风险划分的条款：

卖方负担货物的一切费用和风险到货物装上承载船舶为止。

The Seller shall bear all the charges and risks until the goods are effectively loaded on board the carrying vessel.

(2) CFR 和 CIF 条件下的装运条款

按 CFR 和 CIP 条件订立的进口合同，由卖方安排运输，为维护我方利益，应对卖方关于运输的责任在合同中做适当规定。例如：

卖方负责将本合同所列货物由装运港装直达班轮到目的港，中途不得转船。货物不得用悬挂买方不能接受的国家的旗帜的船只装运。

The Seller shall undertake to ship the contracted goods from the port of loading to the port of destination on a direct line, with no transshipment allowed. The contracted goods shall not be carried by a vessel flying the flag of the countries which the Buyer cannot accept.

在 CFR 条件下,由卖方租船、订舱、装船,由买方负责保险,卖方在装船后立即发出装船通知就显得格外重要,因此,合同中还应订立装运通知和风险划分的条款。

5. 付款条款

进口合同中的付款条款对保障我方利益关系很大,如果稍有不慎,不仅会增加费用支出,而且还会发生付了款而拿不到货物及/或我方需要的凭证和单据的情况。

从付款时间上说,一般商品大多采用凭单付款,大型机械设备进口,还有采用分期付款方式的,即签约后付给卖方一定的订金,一般掌握在合同金额的百分之五到百分之十五;在对方装运交货时再付百分之几十(例如百分之六十或百分之七十),在设备安装、调试并验收后,再支付一部分,例如百分之五到百分之十,在设备运转试生产正常,并经一段时间后,再付清余额。付款时间与买卖双方的利益有密切关系,如对卖方的资信情况不够了解或卖方的资信不是很好,则不能采用凭单付款,而应采用交货后付款。

进口合同中采用的付款方式,有汇款、托收、信用证等。对一些小金额的进口合同,有采用交货后汇款或托收方式的,多数的进口合同采用信用证付款的方式。

信用证方式是纯粹的凭单付款的业务,银行只对信用证负责,而与凭以开立信用证的买卖合同毫无关系,并不受其约束;银行仅审查单据表面上是否符合信用证条款而不查验货物,只要出口人所提供的单据表面上完全符合信用证的条件,银行即须承付。在这种方式下,一些不诚实的出口商利用凭单而不是凭货付款的这一特点,通过装运劣质货、短装货物或伪造提单等诈骗手法,骗取货款,在我国进口贸易中曾多次发生这类案件。因此,对一些大宗交易或资信情况不十分好的出口商,在采用信用证付款时,应采取必要的预防措施,如信用证上规定必须提供有资格、有声誉的公证机构出具的公证检验报告书,证明卖方交货的品质、数量、包装均符合合同规定。如果进口企业在出口地有分公司或代理商,也可规定出口人必须提供由该分公司或代理商签署的货物检验证明书。对于一些品质难以检验的商品,如仪器、机械等,合同中还可以规定供货商开立银行保函或备用信用证,保证供货商交付的货物符合合同规定,否则,开立保函的银行或备用信用证的开证行将只凭进口商提交的声明货物不符合同的声明书及商检证书支付全部货款或支付一定的赔偿金。

以下是进口合同中的付款条款的举例。

例 1:信用证付款方式

买方在收到卖方按本合同第××款的规定发出的发货通知后,在装运期××天前通过××银行开立以卖方为受益人的信用证,其金额相当于装运的总值。该信用证需凭向开证行提交的汇票及本合同第××款所规定的单据向开证行收款。信用证有效至装船后第 15 天为止。

The buyer shall, upon receipt from the Seller of the shipping advice specified in Clause...hereof, open a Letter of Credit with... Bank,... days prior to the date of shipment in favor of the Seller, for an amount equivalent to the total value of the shipment. The Credit shall be payable against the presentation of the draft and the documents stipulated in Clause...hereof in the opening bank. The L/C shall be valid until the 15th day after the shipment.

例 2：托收付款方式

货物装运后,卖方应通过卖方银行将以买方为付款人的即期汇票连同本合同规定的单据寄交买方银行,由其转交买方并托收货款。付款后交单。

The Seller shall after shipment send through the Seller's Bank a sight draft drawn on the Buyer together with the documents specified in clause... hereof to the Buyer through the Buyer's Bank for collection. The shipping documents are to be delivered against payment only.

例 3：信汇或电汇方式

接到本合同第×款所规定的装运单据后于××天内付款。

Payment shall be effected within... days after receipt of the shipping documents stipulated under Clause...of this contract.

（三）格式条款

格式条款是当事人为了经常可以重复使用而预先拟定,并在订立合同时未与对方协商的条款。根据我国《合同法》规定,采用格式条款订立合同的,提供格式条款的一方应当遵循公平原则确定当事人之间的权利和义务,并采用合理的方式提请对方注意免除或限制其责任的条款,按照对方的要求对该条款予以说明。凡已在格式条款中订明的事项,在合同的基本条款中可以不再另作规定。格式条款和非格式条款不一致的,应以非格式条款为准。当事人双方对格式条款的理解发生争议的,应当按照通常理解予以解释。对格式条款有两种以上解释的,应当作出不利于提供格式条款一方的解释。

格式交易条件所列条款是适用于所有合同的共性条款。因此,合同条款中凡属共性的部分,都可列入格式条款中,如品质条款中关于品质机动幅度的规定,数量条款中关于溢短装的规定,运输条款中关于是否允许转船、分批提供单据的种类、份数的规定,信用证支付方式中关于信用证的类别及开证日期的规定以及商品检验、索赔、仲裁、不可抗力等条款,都可列入格式条款中。

在我国,进口合同磋商达成协议后,通常由我方缮制正本合同书一式两份,经我方签署后寄送国外出口商,要求对方签署后寄回一份存查,并作为履行和处理争议的依据。有时也有由国外出口方拟就后寄来要求我方签退的。对于对方寄来或签退的都要进行审查,如发现有与达成的协议不符或加注未取得协议的文句,应视具体情况酌情处理,或接受或要求纠正。值得注意的是,除非在磋商过程中,有一方提出以签署格式合同为准的要求,签退合同书不是构成合同有效的必要环节。但经双方签署的合同书内容如与磋商一致的条款有出入时,就应以经签署的合同书为准。

第三节　进口合同的履行

进口合同签订以后,交易双方都要坚持"重合同、守信用"的原则,及时履行合同规定的义务。即买方应及时开证,卖方应按合同规定履行交货义务。

在我国的进口业务中。一般按 FOB 价格条件成交的情况较多,如果是采用即期信用证支付方式成交,履行这类进口合同的一般程序是:开立信用证、租船订舱、装运、办理保险、审单付款、接货报关、检验、拨交、索赔。这些环节的工作,是由进出口公司、运输部门、商检部门、银行、保险公司以及用货部门等各有关方面分工负责、紧密配合而共同完成的。

现将履行进口合同的主要环节分别介绍和说明如下。

一、开立信用证

进口合同签订后,按照合同规定填写开立信用证申请书(Application for Letter of Credit)向银行办理开证手续。该开证申请书是开证银行开立信用证的依据。进口商申请开立信用证,应向开证银行交付一定比率的押金(Margin)或抵押品,开证人还应按规定向开证银行支付开证手续费。

信用证的内容,应与合同条款一致,例如品质、规格、数量、价格、交货期、装货期、装运条件及装运单据等,应以合同为依据,并在信用证中一一作出规定。

信用证的开证时间,应按合同规定办理,如合同规定在卖方确定交货期后开证,买方应在接到卖方上述通知后开证;如合同规定在卖方领到出口许可证或支付履约保证金后开证,则买方应在收到卖方已领到许可证的通知,或银行转知保证金已照收后开证。

卖方收到信用证后,如提出修改信用证的请求,经买方同意后,即可向银行办理改证手续。最常见的修改内容有:展延装运期和信用证有效期、变更装运港口等。

二、派船接运货物

履行 FOB 交货条件下的进口合同,应由买方负责派船到对方口岸接运货物。卖方在交货前一定时间内,应将预计装运日期通知买方。买方接到上述通知后,应及时向货运代理公司办理租船订舱手续。在办妥租船订舱手续后,应按规定的期限将船名及船期及时通知对方,以便对方备货装船。同时,为了防止船货脱节和出现船等货物的情况,注意催促卖方按时装运。对数量大或重要物资的进口,如有必要,买方亦可请我驻外机构就地督促外商履约,或派人员前往出口地点检验监督。

国外装船后,卖方应及时向买方发出装船通知,以便买方及时办理保险和做好接货等项工作。

三、投保货运险

FOB 或 CFR 交货条件下的进口合同,保险由买方办理。由进口商(或收货人)在向保险公司办理进口运输货物保险时,有两种做法:一种是逐笔投保方式,另一种是预约保险方式。

逐笔投保方式是收货人在接到国外出口商发来的装船通知后。直接向保险公司填写投保单,办理投保手续。保险公司出具保险单,投保人缴付保险费后,保险单随即生效。

预约保险方式是进口商或收货人同保险公司签订预约保险合同,其中对各种货物应投保的险别作了具体规定,故投保手续比较简单。按照预约保险合同的规定,所有预约保险合同项下的按 FOB 及 CFR 条件进口货物保险,都由该保险公司承保。因此,每批进口货物,在收到国外装船通知后,即直接将装船通知寄到保险公司或填制国际运输预约保险启运通知书,将船名、提单号、开船日期、商品名称、数量、装运港、目的港等项内容通知保险公司,即作为已办妥保险手续,保险公司则对该批货物负自动承保责任,一旦发生承保范围内的损失,由保险公司负责赔偿。

四、审单和付汇

银行收到国外寄来的汇票及单据后,对照信用证的规定,核对单据的份数和内容。如内容无误,即由银行对国外付款。同时进出口公司用人民币按照国家规定的有关外汇牌价向银行买汇赎单。进出口公司凭银行出具的"付款通知书"向用货部门进行结算。如审核国外单据发现单、证不符时,应作出适当处理。处理办法很多,例如:停止对外付款;相符部分付款;不符部分拒付;货到检验合格后再付款;凭卖方或议付行出具担保付款;要求国外改正单据;在付款的同时,提出保留索赔权等。

五、报关、纳税

(一) 报关

进口货物运到后,由进出口公司或委托货运代理公司或报关行根据进口单据填具"进口货物报关单"向海关作进口申报(Import Declaration),并随附发票、提单、装箱单、保险单、许可证及审批文件、进口合同、产地证和所需的其他证件。如属法定检验的进口商品,还须随附商品检验证书。货、证经海关查验无误,才能放行。

(二) 纳税

海关按照《中华人民共和国海关进口税则》的规定,对进口货物计征进口税。货物在进口环节由海关征收(包括代征)的税种有关税、产品税、增值税、工商统一税及地方附加税、盐税、进口调节税等。下面对主要税种,如关税、产品税、增值税、工商统一税和进口调节税的计算方法介绍如下。

1. 关税

进口关税是货物在进口环节由海关征收的一个基本税种。进口关税的计算是以 CIF 价为基数计算。如果是 FOB 价格进口,还要加上国外运费和保险费。其公式为

$$进口关税税额＝CIF 价格×关税税率$$

2. 产品税、增值税和工商统一税（地方附加税）

产品税、增值税和工商统一税（地方附加税）都是货物进口环节由海关代征的税种。这三种税是按不同单位或进口货物的种类不同适用其中一种税，而不是同时征两种或三种。

如果是三资企业的进口货物，征收工商统一税，并按工商统一税税额征收 1% 的地方附加税。如果是属于初级产品的货物，则征收产品税。进口经加工或多次加工的产品，征收增值税，其中多数的机电仪产品征收增值税。这三种税的征收基数是完税价格，其公式为

$$应纳税额＝完税价格×税率$$

由此推算出来完税价格为

$$完税价格＝\frac{CIF 价格＋关税}{1－税率}$$

3. 进口调节税

进口调节税是国家对限制进口的商品或其他原因加征的税种。其计算公式为

$$进口调节税＝CIF 价格×进口调节税税率$$

六、验收和拨交货物

（一）验收货物

进口货物运达港口卸货时，港务局要进行卸货核对。如发现短缺，应及时填制"短卸报告"交由船方签认，并根据短缺情况向船方提出保留索赔权的书面声明。卸货时如发现残损，货物应存放于海关指定仓库，待保险公司会同商检机构检验后作出处理。对于法定检验的进口货物，必须向卸货地或到达地的商检机构报验，未经检验的货物不准投产、销售和使用。如进口货物经商检机构检验，发现有残损短缺，应凭商检机构出具的证书对外索赔。对于合同规定的卸货港检验的货物，或已发现残损短缺有异状的货物，或合同规定的索赔期即将届满的货物等，都需要在港口进行检验。

一旦发生索赔，有关的单证，如国外发票、装箱单、重量明细单、品质证明书、使用说明书、产品图纸等技术资料、理货残损单、溢短单、商务记录等都可以作为重要的参考依据。

（二）办理拨交手续

在办完上述手续后，如订货或用货单位在卸货港所在地，则就近转交货物；如订货或用货单位不在卸货地区，则委托货运代理将货物转运内地并转交给订货或用货单位。关于进口关税和运往内地的费用，由货运代理向进出口公司结算后，进出口公司再向订货部门结算。

拓展阅读

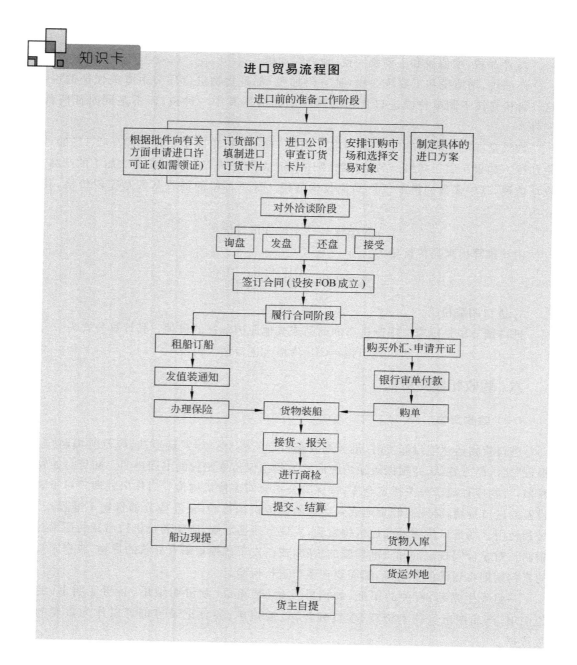

进口贸易流程图

案例回放与分析

在上述情况下,乙公司原报价不能继续约束乙公司至 5 月 31 日。因甲公司已对乙公司 5 月 1 日的发盘做出还盘,甲公司的还盘构成了新的发盘,乙公司的原发盘就失去法律效力,对乙公司就无约束力。所以对于甲公司的 5 月 22 日电,乙公司完全可以不理会。

篇末点述

　　本章重点讲述了进口合同的订立与履行的相关步骤和注意事项。进口合同的履行是我们进行对外贸易时至关重要的环节,进口交易中的单证制作应当熟练掌握并且要掌握相应的技巧。

专业词汇

Import License 进口许可证
Import Declaration 进口申报

本章习题

即练即测

一、简答题

　　1. 发盘和接受的条件有哪些?
　　2. "发盘和接受对当事人具有法律约束力,而询盘和还盘则没有约束力。"这种表述是否正确? 为什么?
　　3. 如何区分一项答复是还盘还是接受?
　　4. 发盘在何种情况下失效?
　　5. 怎样处理逾期接受?
　　6. 怎样理解对原发盘的实质性更改和添加?
　　7. 书面合同有哪些形式? 既然一项发盘经有效接受合同即告成立,为什么还要签订书面合同?
　　8. 如果甲乙双方就某项交易进行商谈,合同的有关条件尚未完全达成时,由于国际市场行情发生变化,甲方不愿继续商谈并认为没有义务履行所谓的合同,而乙方则要求甲方履行合同。你认为该如何处理?

二、案例分析题

　　1. 北京一家公司向巴黎一家公司发盘,其中规定有效期到 3 月 10 日为止。该发盘是3 月 1 日以特快专递寄出的,3 月 2 日北京公司发现发盘不妥,当天即用电传通知巴黎公司宣告撤回该项发盘。问: 这样做是否可以? 发盘是否可以撤回? 根据是什么?
　　2. 甲商向乙商发盘,发盘中表示: 可供永久牌自行车,每辆 CIF 香港 30 美元,不可撤销信用证付款,收到信用证后 2 个月内交货,请电复。乙商在收到发盘后,立即电复: 接受你方发盘,在开立信用证后立即装船。但甲商未作任何答复。问: 双方的合同是否成立? 为什么?
　　3. 上题中,如果乙商先作还盘,要求降价 3%,而甲商未作答复;乙商未见答复又在有效期内对甲商的发盘表示无条件接受。问: 合同是否成立? 为什么?

第 三 章

商品的品名、品质、数量和包装

开篇导读

在国际贸易合同中,标的条款包括商品的品名、品质、数量、包装四个条款内容,国际贸易中的标的条款是国际贸易买卖合同能否成立的基本条件。在货物贸易中交易的每种商品都有其具体的名称,并表现为一定的品质,每笔交易都离不开一定的数量,而交易的大多数商品,都需要一定的包装。掌握国际贸易中的标的物条款是从事国际贸易的一项基本技能。本章将向大家介绍商品的品名、品质、数量、包装这四个条款的内容。

引导案例

中国某公司向加拿大某商人出售一批价值 128 万元人民币的货物,双方在合同包装条款中约定用塑料袋包装,且每件要同时使用英、法两种文字的唛头(粘纸),但卖方交货时却改用其他包装代替,且只使用英文的唛头。买方收货后,为了便于在当地销售该批商品,只好改换包装和唛头,随后即向卖方要求赔偿其损失。由于确系卖方严重违反双方约定的包装条件,故卖方只好认赔,了结此案。

第一节　商品的品名

一、商品品名的含义

商品品名(Name of Commodity),又称商品名称,是使某种商品区别于其他商品的一种称呼或概念。一般来说,加工程度低的商品,其名称较多地反映该商品的自然属性,如"东北大豆";加工程度高的商品,其名称则较多地体现出该商品的性能特征,如"三星 65 英寸液晶电视机"。

在国际贸易买卖合同中,通常在合同正文的开头部分就首先列明成交商品的名称,在形式上可以是在"商品名称"或"商品品名"的标题下列明,也可以不加标题,只写明交易双方同意买卖"××商品"的文句。

二、约定品名的重要意义

在国际货物中,买卖双方商定合同时,必须列明商品名称。品名条款是买卖合同中不可缺少的一项重要条件。在国际贸易买卖合同中明确买卖标的物具有十分重要的意义。

1.从法律的角度看,在合同中规定标的物的条款,是买卖双方的一项基本权利和义务,是货物交收的基本依据之一。如果卖方交付的货物不符合合同规定的品名或说明,买方有权提出损害赔偿要求,直至拒收货物或撤销合同。

2.从商贸的角度看,列明成交商品的具体名称是交易赖以进行的物质基础和前提,买卖双方在此前提下进行价格磋商并决定包装方式、运输方式和投保险别等。

3.从实务的角度看,品名条款是商业统计、外贸统计的依据,也是报关、报检、托运、投保、索赔、仲裁等实务中收费的依据。

三、品名条款的基本内容

如何在合同中规定品名条款,首先取决于成交商品的品种和特点,有些商品只要列明该商品的通用名称即可,如原油、小麦等。但有的商品往往具有不同的品种、等级和型号,因此,为了明确起见,就要把有关的具体品种、等级、型号或产地等描述也包括进去,作为进一步的限定,如"长白山人参""特级中国绿茶"等。此外,有时还要明确商品的品牌、品质规格等,如"长虹29寸平面直角彩色电视机",这实际是把品名条款与品质条款合并在一起。合同中的品名条款举例如下。

【例】　品名:中国桐油
Name of Commodity：Chinese Tong Oil

四、规定品名条款的注意事项

1.品名条款的内容必须明确具体。合同中品名条款的文字表述应能确切反映标的物的特点,避免空泛、笼统的规定。"金竖琴高级皮尔斯纳"这个名称读起来就够困难的,看起来或听起来绝不会想到这是一种啤酒的名字;如果"××101"不冠以生发剂,就会让人不知其为何物。

2.品名条款的内容必须实事求是。品名条款的内容要切实反映商品的实际情况,品名条款中规定的品名,必须是卖方确定能够供应给买方的商品,凡做不到或不必要的描述词句,都不应列入,否则就会有虚假之嫌。如"××一次净""××一扫光",如果名不副实,就会给以后的交易带来麻烦。

3.尽可能使用国际上通行的名称。产品有时有学名、商品名、俗称等,在合同中要正确使用。如青霉素是国际上通用的品名,而盘尼西林是在国际上注册的品名,已不能再用;我国出口到国外的"马戏牌扑克"如果用汉语拼音标注为"MAXI PUKE"就会闹出大笑话了。

链　接　　　　　　　　　**商品品名命名方法**

品名的选用要遵循使双方明白接受的原则,对国际市场已有的商品,应采用惯用的品名,而不宜别出心裁地去发明一个;对打算进口的新产品,取名也应考虑对方的理解。商品取名的方法有很多,主要有以下几种。

1. 依据所使用的主要原材料命名。这种方法能通过突出所使用的主要原材料反映商品的质量,如玻璃杯、羊毛衫、藤椅、竹筷、皮鞋等。

2. 依据主要成分命名。以商品所含的主要成分命名,可使消费者了解商品的有效内涵,有利于提高商品的身价。一般用于以大众所熟知的名贵原材料制造的商品,如龟鳖丸、鹿茸酒、人参蜂王浆、西洋参含片等。

3. 依据主要用途命名。这种方法在于突出其用途,便于消费者按其需要购买,如旅游鞋、运动服、防晒霜、溜冰鞋、杀虫剂、推土机、赛车等。

4. 依据外观造型命名。以商品的外观造型命名,有利于消费者从字义上了解该商品的特征,如红枣、卷心菜、蝙蝠衫、高跟鞋、圆桌等。

5. 依据其褒义词命名。这种命名的方法能突出商品的使用效能和特性,有利于促进消费者的购买欲望,如高清电视机、巧手洗衣粉、青春宝等。

6. 依据人物名字命名。即以著名的历史人物或传说中的人物命名,其目的在于引起消费者的注意和兴趣,如孔府酒、东坡肉等。

7. 依据制作工艺命名。这种命名方法的目的在于提高商品的品位,增强消费者对商品的信任,如精制油、蒸馏水、手工水饺、非转基因大豆等。

第二节　商品的品质

在国际货物贸易中,货物的品质不仅是主要交易条件,而且是买卖双方进行交易磋商的首要条件。合同中的品质条款,是构成商品说明的重要组成部分,是买卖双方交接货物的依据。

一、商品品质的含义

商品品质(Quality of Goods),或称商品质量,是指商品的内在品质和外观形态的综合。商品的内在品质包括商品的物理性能、机械性能、化学成分和生物特征等自然属性;商品外观形态包括商品的外形、色泽、款式或者透明度等。

二、约定商品品质的重要意义

(一) 从业务角度看

品质是双方交易的物质内容,是交易赖以进行的物质基础和前提条件。因此买卖双方在磋商和签订进出口合同时,一定要明确、具体地订明商品的品质,并尽可能使用国际上通用的说法,避免履约时产生麻烦。

(二) 从法律角度看

在合同中规定标的物的具体品质,关系到买卖双方在货物交接方面的权利。在国际货物买卖业务中,如果卖方所交货物不符合约定的品质规定,则买方有权提出索赔,甚至拒收货物或撤销合同。

三、表示商品品质的方法

不同种类的货物,有表示品质的不同方法。在国际贸易中,表示货物品质的方法有多种,归纳起来,可以分为两大类,即以实物表示和以文字说明表示。

(一)以实物表示商品品质

以实物表示商品的品质包括看货买卖和凭样品买卖两种方法。

1. 看货买卖(Sale by Actual Quality)。看货买卖也称看货成交,当买卖双方约定采用这种成交方式时,买方或其代理人通常先在卖方存放货物的场所验看货物,一旦达成交易,卖方就应以买方验看过的商品交货,只要卖方交付的是验看过的货物,买方就不得对品质提出异议。在国际贸易中,这种做法多用于寄售、拍卖和展卖业务中,一般适合鲜活商品、古董、工艺品以及字画等物品的交易。

2. 凭样品买卖(Sale by Sample)。样品(Sample)通常是从一批商品中抽选出来的或是由生产、使用部门设计加工出来的,能够反映和代表整批商品品质的少量实物。凡以样品表示商品品质并以此作为交货依据的,称为"凭样品买卖"。

在国际贸易中,按样品提供方的不同,可将凭样品买卖分为以下几种。

第一,卖方样品(Seller's Sample)。由卖方提供的样品称为"卖方样品"。当以卖方样品作为交货的品质依据时,我们又称为"凭卖方样品买卖"(Sale by Seller's Sample)。在此情况下,在买卖合同中应订明:"品质以卖方样品为准"(Quality as per Seller's Sample)。这句话的含义是指日后卖方所交的所有货物的品质,必须与所提供的样品完全一致。

第二,买方样品(Buyer's Sample)。在国际贸易中,有时买方对所购买的商品在款式、造型、工艺等方面有特殊要求,买方为了使其订购的商品符合自身要求,就会提供自己设计加工的样品交给卖方依样承制,如卖方同意按买方提供的样品成交,我们称为"凭买方样品买卖"(Sale by Buyer's Sample)。在这种交易情况下,买卖双方会在合同中订明"品质以买方样品为准(Quality as per Buyer's Sample)"。这句话的含义是说日后卖方所交货的品质,必须与买方提供的样品一致。

第三,对等样品(Counter Sample)。当采用凭买方样品买卖时,由于是买方提供样品交由卖方承制,卖方考虑到如果完全凭买方样品交货,万一因交货品质与买方样品不符就会招致买方索赔甚至退货的危险,在此情况下,为了避免在交易中处于被动地位,卖方可根据买方提供的样品,加工复制出一个类似的样品交买方确认。这种经确认后的样品,我们称为"对等样品"。当对等样品被买方确认后,则日后卖方所交货物的品质,必须以对等样品为准。

拓展阅读

链 接

采用凭样品买卖时的注意事项

1. 凭卖方样品买卖时，应注意样品的代表性。如果卖方提供的货物样品品质过高，大批量生产可能达不到样品的品质标准，容易造成争议；反之，如果提供的货物样品品质太低，则双方不容易成交或成交的价格偏低。另外，为了避免货物品质纠纷缺乏依据，卖方在提供样品给买方确认时，应保留一个或几个复样。

2. 凭买方样品买卖时，要充分分析样品的品质要求，以确定自己是否具备按样品的品质要求生产交付货物所需要的生产技术、设备、时间等方面的条件。并且，尽量争取凭对其样品成交的条件，以免因交货品质与买方样品不符而招致买方索赔甚至退货的危险。

3. 凭样品买卖，容易在履约过程中产生品质方面的争议。凡能用客观的指标表示商品质量时，就不宜采用此法。凭样品买卖一般限于农副土特产品、某些工艺品、服装、轻工业品的交易时使用。凡属"货""样"不能做到完全一致的商品，一般说来都不适宜凭样品买卖。在国际贸易中，单纯凭样品成交的情况不多，而是以样品来表示商品的某个或某几个方面的质量指标。例如，在纺织品和服装交易中，为了表示商品的色泽质量，则采用"色样"（Color Sample）；为了表示商品的造型，则采用"款式样"（Pattern Sample）；而对这些商品其他方面的质量，则采用其他的方法来表示。

（二）以文字说明表示商品品质

所谓以文字说明表示商品品质，是指用文字、数据、图样等方式来说明成交商品的品质。这类表示品质的方法，可分为以下六种。

1. 凭规格买卖（Sale by Specification）。商品规格（Specification）是指可以用来反映商品品质的主要指标，如化学成分、纯度、性能、面积、体积、容量、长短、粗细等。

在国际贸易中，买卖双方洽谈交易时，对适用于凭规格买卖的商品，应提供具体规格来说明商品的基本品质情况，并在合同中列明。凭规格买卖时，反映商品质量的指标因商品不同而异，即使是同一商品，因用途不同，对规格的要求也会有差异。

凭规格表示商品质量的方法，具有简单易行、明确具体、灵活运用的特点，所以这种方法在国际贸易中被广泛运用。

2. 凭等级买卖（Sale by Grade）。商品等级（Grade）是指按质地或规格的差异，将同一类商品分为品质优劣各不相同的若干等级，以文字、数字或符号表示。

商品的等级，通常是由制造商或出口商根据其长期生产和对该商品的经验，在掌握其品质规格的基础上制定出来的。这种表示品质的方法，可以简化手续、促进成交和体现按质论价的原则。但是，由个别厂商制定的等级本身并无约束力，故买卖双方洽商交易时，可酌情予以调整,并在合同中写明。

3.凭标准买卖(Sale by Standard)。商品标准是指有关政府机构、同业公会、交易所或国际性的工商组织对商品的规格或等级加以规定并将其批准为指导性或强制性的文件。如美国的 UL 是其电器电子产品的国家检验标准。

随着经济的全球化和技术的现代化,同时为了适应诸如国家安全、保护人身健康或安全、保护动植物生命和健康、保护环境等方面的要求,“国际标准”已成为进行国际贸易的一项重要标准。“国际标准”主要是指由国际标准化组织(ISO)、国际电工委员会(IEC)等机构所制定的标准。国际标准在推出产品标准的同时还发展了管理标准,如 ISO 9000 和 ISO 14000 系列标准。

在国际贸易中,对于某些品质变化较大而难以规定统一标准的农副产品,往往采用“良好平均品质”(Fair Average Quality,FAQ)这一术语来表示其品质。所谓“良好平均品质”,是指一定时期内某地某种货物的平均品质水平,一般是指中等水平的货物。在我国实际业务中,可用 FAQ 来表明是“大路货”,即不是精挑细选出来的货物。在合同中除了表明大路货之外,还注明具体规格。例如,“木薯片 1998 年产,大路货,水分最高16%”。在交货时,则以合同规定的具体规格作为依据。

4.凭说明书和图样买卖(Sale by Descriptions and Illustration)。在国际贸易中,有些机器、电器和仪表等技术密集型产品,因结构复杂,对材料和设计的要求非常严格,用以说明其性能的数据较多,很难用几个简单的指标来说明其品质的全貌。因此,对这类商品的质量,通常是以说明书并附以图样、照片、设计图、分析表等来说明具体品质特征。按此方式进行交易,称为凭说明书和图样买卖。

5.凭商标或品牌买卖(Sale by Brand or Trade Mark)。商标是指生产者或商号用来说明其所生产或出售的商品的标志,它可由一个或几个具有特色的单词、字母、数字、图形或图片等组成。品牌是指工商企业给其制造或销售的商品所冠的名称,以便与其他企业的同类产品区别开来。一个品牌可以专门用在一种产品上,也可用于企业的所有产品,如“张小泉”剪刀、“海尔”家用电器、“Software”软件等。

凭商标或品牌的买卖,一般只适用于一些品质稳定的工业制成品或经过科学加工的初级产品。在进行这类交易时,必须确实把好质量关,保证产品的传统特色,把维护名牌产品的信誉放在首要地位。

需要注意的是,商标、品牌属于工业产权,各国都制定了有关商标法给予保护,因此在出口商品时,应该遵守有关国家的法律规定,在销往国办理注册手续,为维护商品的专用权,保护自己的利益。在进口外国产品时,要注意出口商是否有权或得到授权使用该商标或品牌,以免造成知识产权的纠纷。

6.凭产地名称买卖(Sale by Name of Origin)。有些商品,尤其是农副土特产品,其品质因产地而异,交易中仅凭产地就可说明商品的品质好坏,即凭产地名称买卖,如四川涪陵榨菜、浙江金华火腿、山东龙口粉丝等。

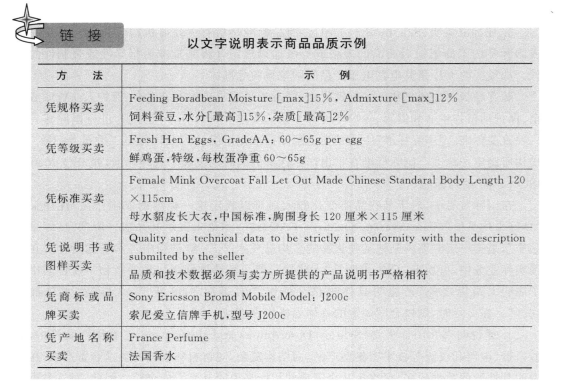

以文字说明表示商品品质示例

方 法	示 例
凭规格买卖	Feeding Boradbean Moisture [max]15％，Admixture [max]12％ 饲料蚕豆,水分[最高]15％,杂质[最高]2％
凭等级买卖	Fresh Hen Eggs, GradeAA：60～65g per egg 鲜鸡蛋,特级,每枚蛋净重60～65g
凭标准买卖	Female Mink Overcoat Fall Let Out Made Chinese Standaral Body Length 120×115cm 母水貂皮长大衣,中国标准,胸围身长 120 厘米×115 厘米
凭说明书或图样买卖	Quality and technical data to be strictly in conformity with the description submitted by the seller 品质和技术数据必须与卖方所提供的产品说明书严格相符
凭商标或品牌买卖	Sony Ericsson Bromd Mobile Model：J200c 索尼爱立信牌手机,型号 J200c
凭产地名称买卖	France Perfume 法国香水

四、合同中的品质条款

合同中的品质条款通常包括商品品质的表述内容及相应的品质机动中高度与品质公差等内容。

（一）品质条款的一般内容

在品质条款中,对可以用科学的指标来说明其质量的商品,应列明诸如商品规格、商品等级等指标的内容。有些商品习惯于凭标准买卖,则在品质条款中应列明采用何种标准,而对某些品质变化较大而难以规定统一标准的农副产品,则往往在品质条款中列明"良好平均品质"（FAQ）字样。对性能和结构比较复杂的机、电、仪等技术密集型产品,很难通过使用几个简单的指标表示其品质的全貌,故通常在品质条款中载明卖方应提供说明书,并随附有关图样、照片、设计、图纸、分析表及各类数据等内容。此外,一般还需要增加品质保证条款和技术服务条款。对难以用科学的指标说明其质量的商品,则应在品质条款中列明凭卖方样品或买方样品或对等样品交货字样。对某些国际市场上久负盛名的名牌商品,在品质条款中只列明成交商品的商标或品牌即可。对一些在品质方面具有独特风格和地方特色的商品,也可以只用原产地名称来表示品质。

（二）品质机动幅度和品质公差

1. 品质机动幅度（Quality Latitude）。品质机动幅度是指允许商品的一些特定指标在一定的幅度范围内机动。规定品质机动幅度的方法有以下三种。

一是规定一定的范围。它是指对某项商品的主要质量指标规定允许有一定机动的范围。如色织条格布：宽度 41/42 英寸。

二是规定一定的极限。它是指对某些商品的质量规格规定上下限，即最大、最高、最多，最小、最低、最少。如中国花生仁：水分（最高）13％，不完善粒（最高）5％，含油量（最低）44％。

三是规定上下差异。它是指在规定某一具体质量指标的同时，还规定一定比例的上下变化幅度。如灰鸭绒，含绒量 18％，允许上下幅度 1％。

需要说明的是，为了体现按质论价、公平交易的原则，在使用品质机动幅度时，有些货物可以根据交货情况调查价格。对约定机动幅度内的品质差异，可按照实际交货品质规定予以增价或减价的内容，称为"品质增减价条款"。

2. 品质公差（Quality Tolerance）。品质公差是指国际上公认的产品品质的误差。如手表走时的误差等。品质公差的允许值可以是国际上同行业所公认的允许值，也可以是由买卖双方商定的允许值。例如，手表走时每天误差若干秒。对于某些难以用数字或科学方法表示的，则采取"合理差异"这种笼统的规定办法。例如，"质地、颜色允许合理差异"。但是，应当指出的是，采用此种规定办法，应当特别慎重，因为"合理差异"没有一定的标准，可能因理解不同而引起争议。

 链　接

ISO 9000 与 ISO 14000

ISO（International Standard Organization）即国际标准化组织，成立于 1974 年。目前，已有一百多个国家成为 ISO 成员。1987 年，ISO 正式颁布 ISO 9000 系列标准，该标准不仅是产品技术规范，而且是严密的质量管理规范，并且为国际贸易中的供需双方建立信任、实施质量保证提供了通用的质量保证模式，由此 ISO 9000 被称为"国家贸易的通行证"。

1988 年，我国将 ISO 9000 标准等同转化为我国国家标准 GB/T19000，1998 年 1 月，中国质量体系认证机构国家认可制度正式加入国际互认，1998 年 8 月，中国认证人员国家注册委员会加入国际互认。至此，我国质量体系认证水平的两大体系均与国际接轨。

ISO 14000 系列标准是 ISO 制定的旨在规定各类组织的环境行为，促进组织节约资源、能源，减少和预防污染，提高环境管理水平，改善环境质量，促进经济持续健康发展的系列综合管理型国际标准。我国已将其发布的五个标准等同转化为国家标准。其中 ISO 14001 环境管理体系标准是系列标准的核心标准，企业通过 ISO 14001 环境管理体系认证，就会被认为是"对环境负责的企业""善待环境的企业"。目前一些发达国家有借口发展中国家的生产企业及产品不符合它们的环境标准而限制产品入境的趋势，企业通过 ISO 14001 环境管理体系认证，就可以避开发达国家设置的"绿色贸易壁垒"，因此，ISO 14000 被称为进入国际市场的"绿色通行证"。

国内某单位向英国出口一批大豆,合同规定水分最高 14%,杂质不超过 2.5%,在成交前我方曾向买方寄过样品,订约后我方又电告买方成交货物与样品相似,当货物运到英国后,买方提出货物与样品不符,并出示相应的检验证书证明货物质量比样品低 7%,并以此要求我方赔偿 15 000 英镑的损失。请问:在此情况下我方是否可以该项交易并非凭样品买卖为由而不予理赔?

第三节 商品的数量

商品的数量(Quantity)是国际货物买卖合同中不可缺少的主要条件之一。卖方按照合同约定的数量交货是一项重要义务。由于交易双方约定的数量是交接货物的依据,也是处理与交接数量有关的索赔或理赔的依据,因此,正确掌握成交数量和订好合同中的数量条款,具有十分重要的意义。

一、计量单位

根据商品的性质,需要在特定的度量衡制度下选择不同的计量单位来表示商品的数量。目前,国际贸易中常用的计量单位可概括为以下几种。

1. 长度(Length)单位。在金属绳索、丝绸、布匹等类商品的交易中,通常采用米、尺、码等长度单位来计量。

2. 重量(Weight)单位。农副产品、矿产品和工业制成品等,大都按重量单位计量。计量重量的单位主要有公吨、长吨、短吨、公斤、克、磅等。

3. 面积(Area)单位。在玻璃板、地毯等商品的交易中,一般习惯以面积作为计量单位,常用的有平方米、平方尺、平方码等。

4. 容积(Capacity)单位。谷物、液体等类货物通常按容积计量。计量单位有公升、加仑、蒲式耳等。

5. 数量(Number)单位。大多数日用消费品、轻工业产品、机械产品以及一些杂货等,习惯按数量单位进行买卖。所使用的计量单位有件、双、套、打、卷、令、罗以及个、台、袋、箱、桶、包等。

二、计量方法

在国际贸易中,通常采用公制(又称米制)(The Metric System)、英制(The Britain System)、美制(The U.S. System)和国际标准计量组织在公制基础上颁布的国际单位制(International of Unit)。

不同的度量衡制度导致统一计量单位所表示的数量有差异。例如,表示重量单位的"吨"(Ton),在实行公制的国家按规定为"公吨"(Metric Ton)度量;在实行英制的国家按规定为"长吨"(Long Ton)度量,而到了实行美制的国家是采用"短吨"(Short Ton)度量。

此外,有些国家对某些商品还规定有自己习惯使用的或法定的计量单位。例如,美国以蒲式耳(Bushel)作为各种谷物的计量单位,但蒲式耳所代表的重量则因谷物不同而有差异,如每蒲式耳的亚麻籽为56磅、燕麦为32磅、大豆和小麦为60磅。

为了解决由于各种度量衡不一致带来的麻烦,国际标准计量组织在全球推广实施"国际单位制",越来越多的国家采用了国际单位制。我国采用的是以国际单位制为基础的法定计量单位。我国出口商品,除照顾对方国家贸易习惯约定采用公制、英制或美制计量单位外,应使用我国法定计量单位。我国进口的机器设备和仪器等应按要求使用我国法定计量单位,否则一般不许进口,如确有特殊需要,也必须经有关标准计量管理部门批准。

三、重量的计算

在国际贸易中,有很多货物是按重量计算的,其计算方法主要有以下几种。

(一) 毛重(Gross Weight,G.W.)

毛重是指商品自身的重量加上包装物的重量。在国际贸易中一般很少用毛重作为计算货物总价值的基础,它更多的是作为运输部门按重量吨计收运费的依据。但在一些单位价值较低的商品,如粮食、饲料等农副产品的交易中,以毛重作为计算商品总价的基础。通常将此种方法称为"以毛作净"(Gross for Net)。例如,东北红小豆100公吨,单层新麻袋装,以毛作净。

(二) 净重(Net Weight,N.W.)

净重是指货物本身的实际重量。在国际贸易中,由于净重可以反映成交商品的真实数量,所以凡是按重量成交的商品,绝大多数都按净重计价。净重与毛重之间存在如下关系:

$$净重=毛重-皮重$$

在采用净重计量时,对于如何计算包装重量,国际上有以下几种方法。

1. 按实际皮重(Actual Tare)计算。实际皮重即指包装的实际重量,它是对包装逐件衡量后所得的总和。按这种方法计算,结果准确,但工作量大。

2. 按平均皮重(Average Tare)计算。如果商品所使用的包装材料和规格比较统一,重量相差不大,就可以从整批货物中抽出若干件商品的包装,称出其皮重,然后求出平均重量,再乘以总件数,即可求得整批货物的皮重。这种方法省时省力,使用越来越普遍。

3. 按习惯皮重(Customary Tare)计算。一些商品,由于其所使用的包装材料和规格已比较固定,其重量已被市场公认,因而不必每次都重复过秤,按习惯上公认皮重乘以总商品件数即可。如装运粮食的机织麻袋,公认的重量是2.5磅。

4. 按约定皮重(Computed Tare)计算。即以买卖双方事先约定的包装重量作为计算的基础。

(三) 公量(Conditioned Weight,C.W.)

公量是指某些商品(如棉花、羊毛、生丝等)有比较强的吸湿性,所含的水分受自然环境的影响较大,因此重量很不稳定。在计算这类商品的重量时,要求用科学的方法抽去商品中所含的水分,再加入按标准水分计算出来的重量。

公量的计算公式为

公量＝干量＋标准含水量＝实际重量×(1＋标准回潮率)/(1＋实际回潮率)

其中回潮率是指商品含水分的百分率。标准回潮率有国际公认的,也有交易双方协商确定的。实际回潮率是交易商品用科学方法抽出的水分与商品实际重量的比率。

　　某公司出口羊毛一批,双方约定标准回潮率为11％,现有羊毛105公吨,经过测定,回潮率为9％。请计算:符合双方约定的重量是多少公吨?

(四)理论重量(Theoretical Weight,T.W.)

对于某些按固定规格生产和买卖的商品,只要规格相同,每件重量就是相同的,一般可以从件数推算出总量。但是用这种方法计算重量的前提是,每件货物的重量相同,因此,只能作为计重时的参考。

(五)法定重量(Legal Weight,L.W.)

法定重量是指商品重量加上直接接触商品的包装物料如销售包装等的重量。有些国家海关在对进口商品征收从量税时,规定以法定重量计算关税税额。

四、数量机动幅度

在某些大宗商品(如粮食、矿砂等)的交易中,由于这些商品一般不需要包装,再加上这些商品的特性,装载技术等原因,如果要求卖方非常准确地按约定数量交货,会给卖方带来很大的困难。因此,在实际贸易中,通常在合同中规定合理的数量机动幅度。

在通常情况下,对机动幅度范围内多装或少装部分,一般按合同价格计算。但为了防止合同当事人利用市场行情的变化故意多装或少装,以获取额外收入,也可以在合同中规定,多装或少装部分,不按合同价格计价,而按装船时或到货时的市场价格计价,以体现公平合理的原则。

数量机动幅度的大小,通常都以百分比来表示,而百分比究竟多大合适,应视商品特性、行业或贸易习惯和运输方式等因素而定。

溢短装条款是合同中规定的有关交货数量机动幅度的条款,即规定交货数量允许多装或少装若干,但以不超过规定数量的百分之几为限。在数量机动范围内多装或少装的货物,有两种计算方法:一种是按合同规定的价格计算;另一种是对溢装或短装部分按装运时的市场价格计算。

五、合同中的数量条款

在合同中订立数量条款时,如果是包装的货物,一般除了约定合同总数量或重量外,通常还约定包装的具体规格以及数量。卖方在交货时，不仅要注意总数量符合合同规定，而且按小包装分装的数量也不能违约，否则也会导致买方索赔。

例如，纸箱包装，每箱 12 打，尺码搭配，共 9 600 打。

In cartons of 12 dozen each and size assorted，9 600 dozen total.

链　接

惯例对数量的机动幅度的规定

关于数量的机动幅度，在凭信用证付款方式进行买卖时，国际商会《跟单信用证统一惯例》第三十九条规定：

（1）凡"约""大概""大约"或类似的词语用于信用证金额、货物数量和单价时，应解释为有关金额、数量或单价不超过 10% 的增减幅度。

（2）除信用证规定货物的指定数量不得有增减外，在所支付的款项不超过信用证金额的条件下，货物数量准许有 5% 的增减幅度。但是，当信用证上规定的数量是以包装单位或个数计数时，此项增减幅度则不适用。

互动演练

国内某粮油进出口公司从国外进口小麦，合同数量 500 万吨，允许溢短装 10%，而外商装船时共装了 600 万吨，对多装的 50 万吨，我方应如何处理？

第四节　商品的包装

一、包装的重要性

商品种类繁多，性质特点和形状各异，因而对它们的包装要求也各不相同，除少数商品难以包装、不值得包装或根本没有包装的必要而采取裸装或散装的方式外，其他绝大多数商品都需要有适当的包装。商品包装是商品生产的继续，凡需要包装的商品，只有通过包装，才算完成生产过程，商品才能进入流通领域和消费领域，才能实现商品的使用价值和价值。这是因为，包装是保护商品在流通过程中完好和数量完整的重要措施，有些商品甚至根本离不开包装，它与包装成为不可分割的统一整体。经过适当包装的商品，便于运输、装卸、搬运、储存、保管、清点、陈列和携带，为各方面提供了便利。在当前国际市场竞争十分激烈的情况下，许多国家都把改进包装作为加强外销的重要手段之一，因为良好的包装不仅可以保护商品，而且能宣传美化商品，提高商品身价，吸引顾客，扩大销路，增加售价，并在一定程度上显示出口国家的科学、文化、艺术水平。

二、包装的分类

包装按其在流通领域中所起的作用的不同分为两大类：运输包装和销售包装。

（一）运输包装

运输包装是指以运输为主要目的的包装，这种包装具有保障产品安全，方便储运装卸，加速交接、点验等作用。运输包装通常分为单件运输包装和集合运输包装。

1. 单件运输包装。单件运输包装是指货物在运输过程中作为一个计件单位的包装，常用的有箱、包、桶、袋、罐等。

2. 集合运输包装。集合运输包装，是在单件包装的基础上，把若干单件组合成一件大包装，以适应港口机械化作业的要求。集合包装能更好地保护商品，提高装卸效率，节省运输费用。常用的集合包装方式有集装箱、集装包、集装袋、托盘等。

☆ 集装箱（Container）。集装箱是现代化运输的一种包装，是由钢板、铝板、纤维板等坚固材料制成的长方形大箱。国际上最常用的集装箱规格有（8×8×20）立方英尺和（8×8×40）立方英尺两种。集装箱可以使用机械直接装卸、搬运，还可以从一种运输工具上直接换装到另一运输工具上，而不需要直接碰触箱内的货物。

☆ 集装包、集装袋（Flexible Bag/Bale）。集装包、集装袋是一种用合成纤维或复合材料编织成的大包，形状有圆形、方形，一般可容纳 1～4 吨商品，最高可达 13 吨左右。它一般适合装载粉粒状货物，如化工原料、矿产品、农产品、水泥等散装货。

☆ 托盘（Pallet）。托盘是按一定规格制成的一种平板载货工具，一定数量的单货叠放于平板上，组成一个运输单位，便于运输过程中使用机械进行装卸、搬运和堆放。

（二）销售包装

销售包装是以销售为主要目的，随商品进入零售市场直接与消费者见面的包装。这种包装除具有保护商品的作用外，还有美化商品、宣传商品、便于携带，从而促进销售的功能。常见的销售包装有：

1. 挂式包装。带有吊钩、吊带、挂孔等装置的包装，称为挂式包装。

2. 堆叠式包装。堆叠稳定性强的包装，称为堆叠式包装。

3. 携带式包装。在包装上附有提手装置的包装，称为携带式包装。

4. 易开包装。对要求封口严密的销售包装，标有特定的开启部位，易于打开封口，如易拉罐等。

5. 喷雾包装。流体商品的销售包装本身，有的带有自动喷出流体的装置，它如同喷雾器一样，使用相当便利。

6. 配套包装。对某些需要搭配成交的商品，往往采用配套包装。

7. 礼品包装。对某些用于送礼的商品，为了包装外表美观，往往采用礼品包装。

8. 复用包装。这种包装具有多种用途，除了基本的包装作用外，还可存放其他商品或供人们观赏。

三、中性包装和定牌

（一）中性包装

中性包装是指既不标明生产国别、地名和厂家名称，也不标明商标或牌号的包装。具体包括：

1. 无牌中性包装。商品或包装上均不使用任何商标或牌号，也不注明生产国别和厂名。

2. 定牌中性包装。商品或包装上使用买方指定的商标或牌号，但不注明生产国别和厂名。

（二）定牌

拓展阅读

定牌生产是指卖方按买方的要求在其出售的商品或包装上标明买方指定的商标或牌号。定牌生产在我国的具体做法如下：

1. 在定牌生产的商品和包装上，只用外商所指定的商标或牌号，而不标明生产国别和出口厂商名称，这属于采用定牌中性包装的做法。

2. 在定牌生产的商品和包装上，标明我国的商标或牌号，同时加注国外商号名称或表示其商号的标记。

3. 在定牌生产的商品和包装上，在采用买方所指定的商标或牌号的同时，在其商标或牌号下标示"中国制造"字样。

四、运输包装的标志

运输包装的标志指的是在运输包装上面书写、压印、绘制的图形、数字和文字，其目的是在运输过程中识别货物。主要有运输标志、指示性标志和警告性标志三种。

（一）运输标志（Shipping Mark）

运输标志又称唛头，通常由一个简单的几何图形和一些字母、数字及简单的文字组成。联合国欧洲经济委员会简化国际贸易程序工作组制定的标准运输标志包括 4 个因素，分别是：收货人或买方名称的英文缩写字母或简称；参考号，如运单号码、订单号码和发票号码等；目的地；件数号码。运输标志的示例如图 3-1 所示。

（二）指示性标志（Indicative Mark）

根据商品的特征，对某些易碎、易损、易变质的商品，用文字说明和图形作出标志，以示在搬运和储存过程中应引起注意的问题和事项。例如"小心轻放""勿用手钩"等。如图 3-2 所示。

图 3-1 运输标志示例

易碎，小心搬运
(Fragile, Handle with Care)

重 心
(Center of Gravity)

图 3-2 指示性标志示例

（三）警告性标志（Warning Mark）

在易燃品、爆炸品、有毒物品、剧毒物品、腐蚀性物品及放射性物品的运输包装上标明危险性质的文字说明和图形以提醒有关人员在货物的运输、保管和装卸过程中，根据货物的性质，采取相应的防护措施，以保护人身安全和运输物资的安全，见图3-3。

易燃物品　　　　　有毒品

图3-3　警告性标志示例

五、包装条款的规定

买卖合同中的包装条款主要包括包装材料、包装方式、包装规格、包装标志和包装费用等内容。买卖双方在合同中商订包装条款应注意以下几点。

1. 对包装的要求应具体明确。包装条款一定要明确具体。如系麻袋包装，应注明是一层还是两层，是新的还是旧的。

2. 应订明包装费用由何方负担。包装费用一般包括在货价之中，不另收费。但若买方对包装有特殊要求，其超出的包装费用原则上由买方承担，并应在合同中具体规定负担的费用和支付办法。

3. 明确何方提供运输标志。按照国际贸易的习惯，运输标志一般由卖方决定，习惯称"卖方唛头"；如买方要求，也可在合同中作出具体规定，习惯称"买方唛头"。如果买方要求由其制定唛头，则应在合同中明确规定唛头的具体式样和内容。

 链　接

我国商品检验对商品包装的要求

我国商品检验部门在查验商品包装时，对凡不符合合同规定的包装条件，或者包装存在下列各项情况的商品，不予发证放行：

1. 纸箱：箱身塌陷或破烂；应用黏合剂封盖或用胶带封口而未经封盖封口的，黏胶剂或黏胶带黏合力不强，易被揭开重封而不留撕痕的。

2. 木箱、木桶：箱板、木档断折、木档短缺或钉子松脱；打包铁皮和腰箱松弛、断损、脱落，或打包铁皮接头不衔接；箱身、桶身有腐朽板或树皮板；木桶有裂缝或桶塞、桶盖松动脱落。

3. 钢桶、塑料桶：渗漏严重；桶身有裂缝或孔隙；桶盖脱落或被损坏。

4. 各种袋子：缝口松散，包皮破烂，或严重钩损、撕损；捆扎带或绳索断损、松脱、

缺道、缝合线断线、脱线或漏缝,以致包件严重变形的。

5.其他异常情况:如货物松动时,箱内货物有晃动或有破碎声响;散把、破包、渗漏或商品外露的;包装严重污染或霉损的等。

凡属上述情况的,须经发货人修补或更换包装后,方能发运出口。有关修补、更换包装的工作,应尽可能在货物运到港区、车站以前进行。如在仓库难以修补、更换或货物运抵港区、车站后才发生的破损、污染,必须在装船、装车前完成修补或更换包装的工作。

案例回放与分析

交易双方约定的包装条件是说明货物的重要组成部分,卖方擅自更换约定的包装,且未按合同规定使用唛头,是违反了约定的主要交易条件,守约方有权要求赔偿损失,甚至撤销合同。本案合同项下的买方采取重新更换包装和唛头的补救措施后,即向卖方要求赔偿损失,这是合情合理的。本案事实表明,卖方经办人员需要增强重合同、守信用的法律意识,对买卖双方约定的各项交易条件,必须坚决照办,不得擅自变更。否则,不但会造成经济损失,而且对外会产生不良影响。

篇末点述

通过本章的学习,认识在国际买卖合同中列明商品品名及其品质、数量与包装的重要意义,明确交易的标的及其品质、数量与包装条款的具体内容及其规定办法,并重点掌握表示商品品质的方法和品质条款、计量方法和数量条款、运输包装和销售包装、运输标志等知识点。

专业词汇

Name of Commodity 商品品名 　　　　Quality of Goods 商品品质

Sale by Specification 凭规格买卖 　　Sale by Grade 凭等级买卖

Sale by Standard 凭标准买卖 　　　　Sale by Name of Origin 凭产地名称买卖

Sale by Sample 凭样品买卖 　　　　　Counter Sample 对等样品

Quality Latitude 品质机动幅度 　　　Quality Tolerance 品质公差

Gross Weight 毛重 　　　　　　　　　Net Weight 净重

Conditioned Weight 公量 　　　　　　Theoretical Weight 理论重量

Shipping Mark 运输标志 　　　　　　Indicative Mark 指示性标志

Warning Mark 警告性标志

Sale by Brand or Trade Mark 凭商标或牌名买卖

Sale by Descriptions and Illustration 凭说明书和图样买卖

 本章习题

一、名词解释题（如系英文，先译成中文，然后就其含义作解释）

1. 对等样品
2. FAQ
3. 理论重量

二、简答题

1. 买卖双方约定成交商品名称的意义何在？约定品名条款应注意哪些事项？

2. 成交商品质量的含义如何？表示商品质量的方法有哪些？

三、案例分析题

1. 出口合同规定的商品名称为"手工制造书写纸"（Handmade Writing Paper），买方收到货物后，经检验发现部分制造工序为机械操作，而我方提供的所有单据为手工制造，对方要求我方赔偿，而我方拒赔。主要理由是：

（1）该商品的生产工序基本上是手工操作，而且关键工序完全采用手工。

（2）该交易是经买方当面看样品成交的，且实际货物品质又与样品一致，因此应认为所交货物与商品的品质一致。

要求：试分析上述案例，判断责任在哪方，并说明理由。

2. 我国某出口公司与日本一商人按每公吨 500 美元 CIF 东京成交某农产品 200 公吨，合同规定：每袋包装 25 公斤，双线新麻袋包装，信用证付款方式。该公司凭证装运出口并办妥了结汇手续。事后对方来电称：该公司所交货物扣除皮重后实际到货不足 200 公吨，要求按净重计算价格，退回因短量多收的货款。我公司则以合同未规定按净重计价为由拒绝退款。

试问：该公司做法是否可行？为什么？

第四章

国际贸易术语

开篇导读

　　买卖双方洽谈交易时,最关心的是成交价格。商品价格往往是交易磋商中的核心内容,因为价格关系到贸易利益在买卖双方之间的分配,价格与其他交易条件又有着密切的关系。买卖双方在其他交易条件上的利益得失,一般都会在商品价格上反映出来。在实践中,国际贸易术语往往用来确定买卖双方的基本义务。其中包括在贸易中发生的费用、责任以及手续、各种风险等由谁承担,这必然会对价格的制定产生直接影响。所谓贸易术语(Trade Terms),又称贸易条件或价格术语,它是用一个简短的概念或英文缩写来说明商品的价格构成和买卖双方的有关手续、费用、风险及责任的划分界限等问题,从而可以简化交易磋商的内容,缩短成交过程,节省业务费用。在当今国际贸易实践中,国际贸易术语已成为交易磋商必不可少的工具。

引导案例

　　国外某公司(简称买方)与我国某公司(简称卖方)签订一笔食品出口合同,交易条件为FOB大连,付款方式为不可撤销即期信用证。随后,卖方收到了买方银行开来的信用证,即备妥货物,办好出口手续,按期将货物装上买方指派的船只,并向买方发出了装船通知。装船于凌晨2时结束,半小时后载货船舱出现火情,船长立即组织救火,先启用二氧化碳系统灭火,但发现该系统失灵,只好使用消防水系统灭火,才将火扑灭。

　　经商检部门鉴定,该批货物因火灾和严重泡湿而完全丧失商业价值。卖方立即通知买方,征求处理意见。买方来电称,卖方应负责卸下毁坏的货物,重新备货装船,并声称将指示银行撤销已开出的信用证。卖方则认为,货物已装船,合同义务已履行,没有义务卸下损坏的货物和重新备货装船,并认为买方应该支付已装船货物的货款。船方则因货物已毁损而拒绝签发提单,并以火灾免责为由拒绝承担赔偿责任。

　　本案的复杂之处在于,货物刚上船后不久即发生了火灾,当事人三方均陷入了麻烦之中。卖方欲去银行支取货款但却没有船方签发的提单;买方已开出信用证,一旦卖方议付货款则钱货两空;船方则因货物已毁,无法开出提单。因此,三方均想推卸责任,为己辩护。

第一节　国际贸易术语及国际惯例

贸易术语(Trade Terms)是指用以说明国际贸易中买卖双方责任、费用和风险划分以及价格构成等的专门用语或这个用语的英文字母代号。如"装运港船上交货"(Free on Board),英文代号为FOB。由于这些术语与商品的价格构成联系紧密,因此也称为价格术语(Price Terms)。

一、国际贸易术语的含义

1. 贸易术语表明一定的交易条件。所谓交易条件,是指交易得以确立和顺利进行的基本条件,即交易中的每一个环节将由谁来完成,每一项责任将由谁来承担。只有明确地划分了交易双方各自应履行的责任和义务,交易才能得以确立且顺利进行。

在国际货物的买卖过程中,有关交货地点、风险转移界线以及运输、保险、报关等责任都要清楚地划分出来。在业务中,买卖双方使用贸易术语来明确这些责任,即用贸易术语来确定双方进行交易的基本条件。因此,贸易术语被称为交易条件。

例如,在"大米每公吨280美元FOB上海"中,如果我方是交易中的出口方,那么按照FOB的含义,我方在交易中的主要责任是:备好货物,将货物运抵上海港口,办理好出口清关手续,装上买方安排的运输船只。而货物的运输、保险以及到达进口方国家后的进口手续等事宜,均由买方办理。

显然,仅仅是使用了FOB这几个简单的字母,就已清楚地界定了买卖双方在交易中的责任和义务,确立了交易得以顺利展开和进行的基本条件。

2. 贸易术语表示一定的价格构成。由于采用贸易术语即可确定双方在交易中所应履行的责任与义务,因此,与之相应的交易价格也可以在此基础上得以确定。在任何一次交易中,如果货物成本不发生变化,成交的价格总是会与买卖双方承担的责任大小密切相关。若卖方在交易中承担责任较大,货物的价格就会相对较高;而如果买方承担的责任较大,价格则自然会相对较低。因为承担责任较大的一方将要面临更大的风险,付出更多的费用,成交的价格也自然会向其倾斜,对其有利。而在不同的贸易术语中,买卖双方在交易中承担的责任也不尽相同,这就为成交价格的确定奠定了基础。

拓展阅读

二、国际贸易术语的作用

在国际贸易中,贸易术语有着非常重要的作用,这主要表现在两个方面。

1. 简化交易手续,加速合同的订立。由于每种贸易术语都有其特定的含义,因此,在交易的磋商过程中,只要买卖双方商定采用何种贸易术语成交,那么双方即可明确各自在交易过程中应当承担的责任、费用和风险,同时也使双方可以尽快地核算出自己的成本,对对方的报价作出准确的反应,从而在交易价格上迅速达成一致。显然,贸易术语的使用有利于简化交易手续、缩短洽商时间,有利于买卖双方迅速达成交易并签订合同。

2. 规范合同的执行,有利于解决交易纠纷。在交易中,签订合同只是一种手段,其真正的目的是保证双方履行自己应尽的责任和义务,从而使交易顺利完成。但是,在每一个具体的交易过程中,情况又会是千差万别、不断变化的,这往往是买卖双方在签订合同时难以把握的。因此,即使买卖双方较为认真地拟订了每一项合同的条款,在执行中仍然难免出现违约和失误的情况。而在这种情况下,依据对贸易术语的一般解释来处理双方的争议则成为重要的手段。在长期的实践中,贸易术语已由国际间的一些权威机构进行了详细的解释,形成了国际惯例,成为规范买卖双方在交易过程中的行为准则和判别双方是否履行应尽责任和义务的重要工具。

三、贸易术语的产生与发展

国际贸易起源于奴隶社会,它是随着商品交换跨越国界而产生的,然而贸易术语却是国际贸易发展到一定历史阶段的产物。据有关史料记载,中世纪时,海外贸易的主要形式是商人自己备船将货物运到国外,在当地市场直接销售。也有一些商人则亲自到国外采购货物然后运回国内。还有的是两者兼顾,在售出货物的同时,购进所需的货物。不论哪种方式,都是由货主自己承担货物在长途运输中的全部风险、责任和费用。这些做法是与当时的商品经济发展水平相适应的,那时还没有关于贸易术语的记载。18 世纪末、19 世纪初,出现了装运港船上交货的术语,即 Free on Board(FOB)。据有关资料介绍,当时所谓的 FOB,是指买方事先在装运港口租订一条船,并要求卖方将其售出的货物交到买方租好的船上。买方自始至终在船上监督交货的情况,并对货物进行检查,如果他认为货物与他先前看到的样品相符,就在当时当地偿付货款。这一描述的情景虽然有别于今天使用的凭单交货的 FOB 术语,但可以说它是 FOB 的雏形。

随着全球贸易的发展,不同国家对贸易术语的多种解释引起的误解成为了阻碍。一个准确的贸易术语解释出版物势在必行。有鉴于此,国际商会(The International Chamber of Commerce,ICC)于 1921 年在伦敦举行的第一次大会时就授权搜集各国所理解的贸易术语的摘要。同时广泛征求了出口商、进口商、代理人、船东、保险公司和银行等各行各业的意见,以便对主要的贸易术语做出合理的解释,使各方能够共同适用。摘要的第 1 版于 1923 年出版,摘要的第 2 版于 1929 年出版。终于在 1936 年制定了具有历史性意义的贸易条件解释规则,名为 INCOTERMS 1936,副标题为 International Rules for the Interpretation Trade Terms(国际贸易术语解释通则)。

第二次世界大战之后,鉴于国际形势的变化,需要对贸易术语重新整理,以及对贸易术语内容进行修订。于是国际商会(ICC)于 1953 年 5 月在奥地利维也纳召开会议,审议了 INCOTERMS 的修订案,同年 10 月修订完成。随着科学技术的进步、运输和通信工具的发展,国际贸易的条件发生了巨大的变化,为国际贸易服务的轮船公司、保险公司纷纷成立,银行也参与了国际贸易结算业务。为适应国际贸易实践发展的需要,国际商会先后于 1967 年、1976 年、1980 年对贸易术语进行过多次修订和补充。国际贸易术语在长期的贸易实践中,无论在数量、名称及其内在含义方面,都经历了很大的变化。随着贸易发展的需要,新的术语应运而生,过时的术语则逐渐被淘汰。

在 20 世纪 80 年代中期,随着科学技术的飞速发展,通过计算机进行的电子数据交换在发达国家得到日益广泛的运用。集装箱多式联运业务也在国际货物运输中进一步普及。为适应这种新的形势,国际商会于 1990 年推出了《国际贸易术语解释通则 1990》,简称《90 通则》或 INCOTERMS 1990。20 世纪 90 年代后期,国际商会又根据新技术革命和国际贸易发展的需要,对已使用了 10 年的《90 通则》做了进一步的修订,在此基础上推出了《2000 通则》(INCOTERMS 2000)。《2000 通则》保留了原来的 13 种术语,只是在对当事人的有关义务的规定方面做了适当的变更。2010 年,国际商会又根据形势发展的需要,在广泛征求意见的基础上,对《2000 通则》进行了修订,增删了部分术语,将原来的 13 种术语改为 11 种,并由此产生了《2010 通则》。

2019 年 9 月 16 日,国际商会正式发布了《国际贸易术语解释通则 2020》(INCOTERMS 2020),并于 2020 年 1 月 1 日生效。《2020 通则》在《2010 通则》基础上进一步明确了国际贸易体系下买卖双方的责任。其生效后,对国际贸易实务、国际结算和国际融资实务等方面产生重要的影响。

事实上,国际贸易惯例在适用的时间效力上并不存在"新法取代旧法"的说法。即《2020 通则》实施之后并非《2010 通则》就自动废止。实际上,当事人在订立国际贸易买卖合同时,仍然可以选择使用《2010 通则》。《2020 通则》是国际商会（ICC）从国际贸易中具有代表性的参与人那里收集了全面的反馈意见,并评估了 3000 多条相关评论而完成修订的。它的目标是找到一个为世界 200 多个国家服务的折中方案,其结果是具有高度的现实主义和实践导向的《国际贸易术语解释通则》的新版本。

第二节   INCOTERMS 2010 贸易术语

INCOTERMS 2010 于 2011 年 1 月 1 日起正式实施。2010 通则与 2000 通则相比,主要变化是：贸易术语的数量由原来的 13 种变为 11 种；删除了 INCOTERMS 2000 中四个 D 组贸易术语,即 DDU (Delivered Duty Unpaid)、DAF (Delivered At Frontier)、DES (Delivered Ex Ship)、DEQ (Delivered Ex Quay),只保留了 INCOTERMS 2000 的 D 组中的 DDP(Delivered Duty Paid)；新增加两种 D 组贸易术语,即 DAT (Delivered At Terminal)和 DAP(Delivered At Place)；E 组、F 组、C 组的贸易术语不变,EXW、FCA、CPT、CIP、DAT、DAP 和 DDP 术语,适用于任何运输方式,包括多式运输,FAS、FOB、CFR、CIF 是只适用于海运或内河运输的 4 种术语。如表 4-1 所示。

一、E 组贸易术语

EXW：Ex Works(… named place)

EXW——工厂交货(……指定地点),是指卖方在其所在地或其他指定的地点(工厂、仓库等)将货物交给买方时即完成交货。买方承担在卖方所在地受领货物、办理出口清关手续,将货物装上运输工具及检验等全部费用和风险,这是卖方承担责任最少的术语。但是,当买方不能直接或间接办理出口手续时,不应使用该术语。该术语适用于各种运输方式。

EXW 术语常常被误认为只有买方提取货物卖方才算完成待运义务,这种看法直接影响风险和费用的转移。因此,在双方约定的期限内,无论买方是否前来提货,都要将货物特定化,以保证卖方在买方未按规定提货时,将货物风险和费用提前转移给买方。例如,

表 4-1　INCOTERMS 2010 贸易术语

组别	术语	英文	中文	交货地点	风险转移界限	签订运输合同及支付运费	保险责任及费用	出口报关责任及费用	进口报关责任及费用	适用运输方式	详细概念
E组	EXW	Ex Works	工厂交货（……指定地点）	车间、仓库、工厂所在地	买方处置货物后	买方	买方	卖方	买方	任何运输方式或多式联运	指当卖方在其所在地或其他指定地点将货物交由买方处置时，即完成交货。卖方承担最低义务。
F组	FOB	Free on Board	船上交货（……指定装运港）	指定的装运港口	货物交到船上时	买方	买方	卖方	买方	海运或内河水运	指卖方以在指定装运港将货物装上买方指定的船舶或取得已交付至船上货物的方式交货。
	FAS	Free Alongside Ship	船边交货（……指定装运港）	指定的装运港口	卖方将货物交到船边时	买方	买方	卖方	买方	海运或内河水运	指卖方将货物运至指定的装运港指定的船边（例如：置于码头或驳船上）时，即为交货。
	FCA	Free Carrier	货交承运人（……指定交货地点）	出口国的地点或港口	承运人或运输代理人处置货物后	买方	买方	卖方	买方	任何运输方式或多式联运	指卖方在其所在地或其他指定地点将货物交给买方指定的承运人或其他人。

续表

组别	术语	英文	中文	交货地点	风险转移界限	签订运输合同及支付运费	保险责任及费用	出口报关责任及费用	进口报关责任及费用	适用运输方式	详细概念
C组	CFR	Cost and Freight	成本加运费(……指定目的港)	指定的装运港口	货物交到船上时	卖方	买方	卖方	买方	海运或内河水运	指卖方在船上交货或取得已经这样交付的货物方式交货。CFR价=FOB价+F(运费)。
	CIF	Cost Insurance and Freight	成本、保险费加运费(……指定目的港)	指定的装运港口	货物交到船上时	卖方	卖方	卖方	买方	海运或内河水运	指在装运港当货物越过船舷时即卖方即完成交货,俗称"到岸价"。CIF价=FOB价+I(保险费)+F(运费)。
	CPT	Carriage Paid to	运费付至(……指定目的地)	国内陆路口岸或港口	在交货地点,买方指定的承运人控制货物后	卖方	买方	卖方	买方	任何运输方式或多式联运	指卖方将货物在双方约定地点交给买方指定的承运人或其他人。CPT价=FCA价+运费。
	CIP	Carriage and Insurance Paid to	成本、运费、保险费付至(……指定目的地)	国内陆路口岸或港口	在交货地点,买方指定的承运人控制货物后	卖方	卖方	卖方	买方	任何运输方式或多式联运	指卖方将货物交给其约定地点自定的承运人或其他人。CIP价=FCA价+运费+保险费。
D组	DAP	Delivered At Place	目的地交货(……指定目的地)	指定目的地	买方处置货物后	卖方	卖方	卖方	买方	任何运输方式或多式联运	指卖方在指定的目的地交货,只需做好卸货准备无须卸货,卖方应承担将货物运至指定目的地的一切风险和费用(除进口费用外)。

续表

组别	术语	英文	中文	交货地点	风险转移界限	签订运输合同及支付运费	保险责任及费用	出口报关责任及费用	进口报关责任及费用	适用运输方式	详细概念
D 组	DAT	Delivered At Terminal	运输终端交货（……指定目的地港或目的地运输终端）	指定港口或目的地的运输终端	买方处置货物后	卖方	卖方	卖方	买方	任何运输或方式多式联运	指当卖方在指定目的地港或目的地的指定运输终端将货物从运载货运输工具上卸下，交由买方处置时，即为交货。"运输终端"意味着该地点是否有遮盖，例如码头、仓库、集装箱堆积场或公路、铁路、空运货运站。卖方应承担将货物运至指定目的地港或目的地的港口或运输终端集散站的一切风险和费用（除进口费用外）。
	DDP	Delivered Duty Paid	完税后交货（……指定目的地）	进口国国内目的地	买方处置货物后	卖方	卖方	卖方	买方	任何运输方式或多式联运	指当卖方在指定目的地将货将工具上，且已完成进口清关，且已做好的货物准备的货物交由买方处置时，即为交货。卖方仍处于抵达的运输工具上、且已做好进口清关，准备的货物交由买方处置时，即为交货。卖方承担最大责任。

一份EXW合同,买方在约定时间没有去卖方工厂提货。货物在卖方仓库待运期间,因仓库发生火灾而被全部焚毁。这时,卖方拿出充分的证据证明货物在焚毁之前已被清楚地分开(在仓库的账本上和货位上将其用专门的标记加以特定化),并已划归买方合同项下,因此,要求买方付款。卖方虽然尚未交货,买方也未收到货物,但由于货物已经特定化,双方约定的时间一过,风险和费用即可由卖方转移到买方。

二、F组贸易术语

(一) FOB:Free on Board(... named port of shipment)

FOB——装运港船上交货(……指定装运港),是指卖方必须在合同规定的装运期内在指定的装运港将货物交至买方指定的船上,并负担货物越过船舷为止的一切费用和货物灭失或损坏的风险。该术语只适用于海洋运输和内河运输。

1. 买卖双方的义务

根据《国际贸易术语解释通则》对FOB的解释,买卖双方各自应承担的义务如表4-2所示。

表4-2　FOB术语的买卖双方义务

卖 方 义 务	买 方 义 务
① 负责在合同规定的日期或期间内,在指定装运港,将符合合同规定的货物按港口惯常方式交至买方指派的船上,并给予买方充分通知。 ② 负责办理货物出口清关。 ③ 承担货物在装运港越过船舷为止的一切费用和风险。 ④负责提交商业发票和证明货物已交至船上的通常单据或具有同等作用的电子信息。	① 负责租船订舱,支付运费,并给予卖方关于船名、装船地点和要求交货时间的充分通知。 ② 负责办理货物进口清关以及必要时经由另一国过境运输的一切海关手续。 ③ 承担货物在装运港越过船舷之后的一切风险及费用。 ④ 接受卖方提交的与合同相符的单据,受领与合同相符的货物并支付货款。

2. 使用FOB术语应注意的问题

第一,"船舷为界"的含义。"船舷为界"是一种历史上沿袭和继承下来的贸易规则,它的确界线分明,易于理解,故至今仍在使用。《国际贸易术语解释通则》规定,在以这一术语成交的合同中卖方必须在装运港将货物装上船。当货物在装运港越过船舷(Across the Ship's Rail)时,货物遭受损失或灭失的风险就由卖方转移到了买方。这表明,以船舷为界的基本含义是,货物在装船之前的风险(包括在装船时货物跌落在码头或海里所造成的损失),均应由卖方来承担;而货物在装上船后出现的风险(包括运输途中出现的货物损失或灭失),则转移给买方来承担。它只说明风险划分的界限,而不能作为划分买卖双方责任和费用的界限。

　链　接　　　　　　　　　　何谓"风险转移"

这里的风险不是指任何一种货损的风险,而是仅限于并非由于买卖双方当事人的原因,而是由于第三人或因意外事故造成的货物损毁灭失的风险。它可能发生在卖方备货至买方收下货物的整个期间。例如,由于运输中的延迟、绕航、船舶碰撞、

途中遭遇自然灾害等。尽管大部分事故可以从保险人或承运人处获得赔偿,但还有不能获得赔偿的情况。即使需要向第三人追偿,也要清楚是谁的责任。风险转移问题,就是要解决由谁负担这种货损的后果。

如果风险应由卖方承担,货物灭失时,买方无付款义务,卖方也不能免除交货责任,属于货损风险,卖方应承担损害赔偿责任。

如果风险应由买方承担,即使货物发生灭失损害,买方也有义务支付全额货款,而无权向卖方索赔。

第二,船货衔接。按 FOB 术语的规定,卖方要按规定时间和地点完成装运,而运输的船只则是由买方来安排的,因此,如果双方沟通不足,配合不好,就会出现船货衔接不上的问题。例如,卖方如期将货物运到规定的地点,准备装船,而买方安排的船只却没有如期到位,卖方只能将货物存放在港口的仓库里等待,这需要支付额外的仓储费用,增加了成本;相反,如果买方船只如期到达,而卖方的货物却没能如约而至,买方则会因船只空舱等待而多支付空舱费。显然,如果出现类似的情况,双方就会因为对方的违约而产生纠纷。

根据惯例和有关法律的规定,按 FOB 术语成交的合同,买方应在安排好船只后及时通知卖方,以便卖方备货装船。如果买方未能按规定通知卖方,或未能按时派船,这包括未经对方同意提前或延迟将船派到装运港的情况,卖方都有权拒绝交货,由此产生的各种损失,如空舱费、滞期费及卖方增加的仓储费等均由买方负担。如果买方指派的船只按时到达装运港,而卖方却未能备妥货物,那么,由此产生的上述费用则由卖方负担。

在有些情况下,卖方可根据买卖双方的协议,代买方办理各项装运手续,包括以自己的名义订舱和取得提单。买方应负责偿付卖方由于代办上述手续而产生的任何费用,卖方订不到舱位的风险也由买方负担。

第三,装船费用的确定。按《国际贸易术语解释通则》的规定,在装运港越过船舷作为买卖双方费用的界限,但从实际操作来看,从起吊到装上船是一个连续的作业过程,很难截然分开。因此,这一规定在实际业务中并不实用。另外,《国际贸易术语解释通则》只是一种惯例,它可以被买卖合同的具体规定或买卖双方确立的习惯做法所超越或改变。因此,在国际贸易实践中,我们可以对费用划分的界限作出明确规定,当然也可以按《国际贸易术语解释通则》的规定办理。

在装运港的装船费用主要是指与装船有关的一些支出,如平舱费(Trimming Charges)、理舱费(Stowage Charges)、捆扎费(Lashing Charges)、加固费(Securing Charges)等。

以 FOB 条件交易时,如果使用班轮运输,由于班轮一般负责装卸,一切费用都包括在运费之内,则装卸费用由支付运费的一方即买方负担。但租船时,则需要明确买卖双方有关规定。因此,可以通过 FOB 的变形来解决这一问题。

☆ FOB 班轮条件(FOB Liner Terms),是指装船费用按班轮条件来办理,即由支付运费的一方(即买方)负担。

☆ FOB 并理舱(FOB Stowed),是指卖方负责将货物装入船舱并负担包括理舱费在内的装船费用。

☆ FOB 并平舱（FOB Trimmed），是指卖方负责将货物装入船舱并负担包括平舱费在内的装船费用。若买方租用自动平舱船时，卖方应退回平舱费用。

☆ FOB 吊钩下交货（FOB under Tackle），是指卖方将货物运到船舶吊钩所及之处，从货物起吊开始的装船费用由买方负担。由于吊钩可能在码头，也可能是驳船，而且大件货物涉及岸吊和浮吊的租用，易引起争议，因此，一般不用此变形。

此外，还有如 FOB Stowed and/or Trimmed；FOB Stowed and Secured；FOB Stowed and Lashed 等。

以上 FOB 变形只涉及装船费用，风险划分不变。

互动演练

（1）我国某公司向美国商人询购冷轧板，对方报价为冷轧板 300 公吨，每公吨 320 美元 FOB 纽约。请问这里"FOB 纽约"如何理解？

（2）我国某公司按每公吨 242 美元 FOB Vessel New York 进口 200 公吨钢材。我方如期开出 48 400 美元的信用证，但美商来电要求增加信用证金额 50 000 美元，否则，有关出口及签证费应由我方另行电汇。美方的这一做法是否合理？

（3）我国某出口商收到美国某进口商人询价的电报，内容为：请速报桐油 FOB 亚特兰大价格。请问美国商人是不是将电报的内容写错了？

（二）FAS：Free alongside Ship （…named port of shipment）

FAS——船边交货（……指定装运港），是指卖方在指定的装运港将货物交到船边，即完成交货。卖方办理出口清关手续，买方承担卖方交货后的一切费用和风险。该术语适用于水上运输。注意船货衔接问题。

（三）FCA：Free Carrier at（… named place）

FCA——货交承运人（……指定地点），该术语是指卖方在指定地点将经出口清关的货物交给买方指定的承运人，即完成了交货。FCA 术语适用于各种运输方式，包括多式联运。

1. 买卖双方的责任和义务

采用这一术语时，买卖双方各自承担的基本义务如表 4-3 所示。

表 4-3　FCA 术语的买卖双方义务

卖 方 义 务	买 方 义 务
① 负责办理货物出口清关 ② 在合同规定的时间、地点，将货物交给买方指定的承运人，并及时通知买方 ③ 承担货交承运人之前的一切风险及费用 ④ 负责向买方提交交货的通常单据或具有同等效力的电子信息	① 负责办理货物进口清关 ② 签订自指定地点承运货物的合同，支付货物运至目的地的运费，将承运人名称及有关情况及时通知卖方 ③ 承担货交承运人后的一切风险及费用 ④ 根据合同规定受领货物，支付货款

2. 使用 FCA 术语应注意的问题

第一，交货点和风险的转移。由于 FCA 适用于各种运输方式，它的交货点需按不同的运输方式和不同的指定交货点而定。总的来说有以下几种。

☆ 交货点在卖方所在地，则当货物被装上由买方指定的承运人的收货运输工具后，卖方即完成了交货义务。

☆ 交货点在买方所在地，且在卖方的送货工具上（未卸下），被交由买方指定的承运人处置时，卖方即完成了交货义务。

☆ 买方安排运输，FCA 适用于各种运输方式，包括公路、铁路、江河、海洋、航空运输以及多式联运。采用这一交货条件时，买方要自费订立从指定地点起运的运输契约，并及时通知卖方。如果买方有要求，或者根据商业习惯，买方没有及时提出相反意见，卖方也可按通常条件订立运输契约，但费用和风险要由买方承担；反之，如卖方不愿意按买方的请求或商业习惯协助买方订立运输合同，也必须及时通知买方，否则，遗漏安排运输，也会引起额外的费用和风险。

第二，货物集合化的费用负担。由于在 FCA 术语下，卖方要承担完全交货义务之前所发生的一切费用，而采用 FCA 术语时，货物大都作集合化或成组化包装，因此，卖方应考虑货物集合化所需的费用也要计算在价格之内。

三、C 组贸易术语

（一）CFR：Cost and Freight（… named port of destination）

CFR——成本加运费（……指定目的港），是指卖方必须在合同规定的装运期内在装运港将货物交至运往指定目的港的船上，负担货物越过船舷为止的一切货物灭失或损坏的风险及由于各种事件造成的任何额外费用，并负责租船订舱，支付至目的港的正常运费。

《国际贸易术语解释通则》指出，CFR 是全球广泛接受的"成本加运费"术语唯一的标准代码，不应再使用 C&F（或 C and F，C＋F）这种传统的术语代码。

1. 买卖双方的责任和义务

与 FOB 相比较，在 CFR 术语成交的合同中，卖方承担了更大的责任和义务，即卖方要负责安排运输、支付运费，而此项义务在 FOB 合同中是由买方负担的。

事实上，该术语所指成本即相当于 FOB 价，CFR 术语的基本含义就是以 FOB 价为成本加上从装运港至目的港的基本运费。

按《国际贸易术语解释通则》的解释，以 CFR 术语成交的合同，买卖双方各自应承担的义务如表 4-4 所示。

2. 使用 CFR 术语应注意的问题

第一，租船订舱。租船订舱，是国际贸易货物交付过程中的一个重要步骤。对于负责货物运输的交易一方而言，如果进出口货物的数量较多，可以租赁整船甚至多条船来完成装货和运输工作，这就是"租船"。如果货物量不大，则可以租赁部分舱位来完成装货和运输，这就是"订舱"。

表 4-4   CFR 术语的买卖双方义务

卖 方 义 务	买 方 义 务
① 负责租船订舱,支付货物运至目的地的运费;在合同规定的时间和港口,将货物装上船;装船后及时通知买方 ② 承担货物在装运港越过船舷为止的一切费用和风险 ③ 负责办理货物出口清关 ④ 负责提供商业发票以及向买方提供为买方在目的港提货所用的通常的运输单据或具有同等效力的电子信息	① 接受买方提供的与合同相符的单据,受领买方按合同交付的货物,按合同规定支付货款 ② 承担货物在装运港越过船舷后的一切风险及费用 ③ 负责办理货物进口清关

CFR 术语要求卖方负责安排运输,但是必须注意的是,按规定,卖方只要安排了通常的船只和惯常的行驶航线,就尽到了自己的责任。如果买方提出一些超越这一范围的要求,卖方有权拒绝,也可在不增加费用的前提下考虑接受,但这并不是卖方所必须履行的责任和义务。在实践中,使用这一术语时,买方提出的要求大多与运输的安全性和船只的适航性有关,如运载船只的国籍、船龄、型号等。

我国某公司与欧洲商人按 CFR 术语达成出口合同,我方安排了运输,但对方对我方安排的运输线路提出了异议。他们认为,由于中东地区局势紧张,我方不应安排经过地中海的运输,而应走其他航线。我方则认为,走其他航线将会大幅增加运费,如果对方愿意承担增加的运费,我方可以安排。但对方不同意,最终我方仍按原运输航线安排了运输。我方的做法是否合理?

第二,装船通知。按 CFR 术语成交,卖方负责安排运输,但运输保险则由买方来办理,这就使卖方在装船后及时向买方发出装船通知成为一项至关重要的责任。因为办理运输保险,就是针对运输过程中出现的风险和损失,而一旦因卖方未及时通知而导致买方不能及时投保,那么卖方就必须承担因此而产生的全部损失。

在实践中,因疏忽大意而导致这种风险产生的例子时有发生。例如,某年我国一家公司以 CFR 术语与国外客商达成一项出口合同,作为卖方,我方负责安排运输和装船。非常巧合的是,我方装船完毕之时恰逢国庆节凌晨,由于国庆节是我国的传统节日,休假 3 天。货船于当天上午启程离港,而我出口公司负责该笔业务的人员则因休假而未及时向买方发出装船通知。假期结束后,我方人员一上班即准备发出装船通知,但却收到了对方发来的要求索赔的电报,原来该货船在一天前已遭遇海难,货物全部损失。由于我方未及时向对方发出装船通知,对方无法及时办理运输保险,最后我方只能承担该项交易的全部损失。

卖方及时发出装船通知的重要性

按照国际惯例和相关法律,在以 CFR 术语成交的合同中,卖方在货物装船后必须及时向买方发出装船通知,以便买方办理投保手续。例如,英国《货物买卖法》中就明确规定:"如果卖方未向买方发出装船通知,致使买方未能办理货物保险,那么,货物在海运途中的风险将被视为由卖方承担。"这就是说,如果因为卖方未发出通知而致使买方漏保,那么卖方就不能以风险在船舷转移为由免除责任。由此可见,在 CFR 条件的交易中,及时发出装船通知是卖方应尽到的一项重要义务。

第三,费用划分与风险划分的界线。按照 CFR 术语成交,买卖双方风险划分的界线与 FOB 一样仍然在装运港,即货物装运越过船舷时风险由卖方转移至买方,因此,CFR 术语仍然属于装运港交货的贸易术语。但事实上卖方只是保证按时装运,但并不保证货物按时到达,也不承担将货物送抵目的港的义务。

尽管卖方要负责运输,支付货物到达目的港的运费,但卖方支付的运费只是正常情况下的运输费用,不包括途中出现意外而产生的其他费用。

在实际业务中,如果船舶不适合实际需要,比如在滚装运输或集装箱运输的情况下,使用 CPT 术语更为适宜。

我国某公司按 CFR 条件出口一批货物,货物到达对方后出现了下列问题:
(1) 由于意外原因,该货物运抵对方时,比原定时间晚了三天;
(2) 因为对方港口繁忙,船方向对方加收了额外的费用。
针对上述两个问题,对方向我方提出了索赔,这是否合理?

关于卸货费用的承担。为了明确以 CFR 条件成交的交易在卸货费上的问题,在买卖双方商订合同时,可以在原术语后附加下列短语,以表明卸货费用由谁负担的具体条件。

☆ CFR 班轮条件(CFR Liner Terms)。由卖方或船方承担货物的卸货费,包括驳船费和码头费。

☆ CFR 卸至岸上(CFR Landed)。由卖方承担将货物卸到码头上的各项有关费用,包括驳船费和码头费。

☆ CFR 舱底交货(CFR Ex-Ship's Hold)。买方负担货物到达目的港后,自船舱起吊直至卸到码头的卸货费用。

(二) CIF:Cost，Insurance and Freight(... named port of destination)

CIF——成本加保险费、运费(……指定目的港),是指卖方必须在合同规定的装运期内在装运港将货物交至运往指定目的港的船上,负担货物越过船舷为止的一切货物灭失或损坏的风险及由于各种事件造成的任何额外费用,并负责办理货运保险,支付保险费,以及负责租船订舱,支付从装运港到目的港的正常运费。

1. 买卖双方的义务

采用 CIF 术语时,买卖双方的义务如表 4-5 所示。

表 4-5   CIF 术语的买卖双方义务

卖 方 义 务	买 方 义 务
① 负责租船或订舱,支付至目的港的运费;在合同规定的日期或期间内,在装运港将符合合同的货物装上船;并给予买方充分通知 ② 承担货物在装运港越过船舷为止的一切费用和风险 ③ 负责办理货物运输保险,支付保险费 ④ 负责办理货物出口清关 ⑤ 负责提供商业发票、保险单和在目的港提货用的通常的运输单据或具有同等效力的电子信息	① 接受卖方提供的有关单据,受领货物,并按合同规定支付货款 ② 承担货物在装运港越过船舷后的一切风险及费用风险 ③ 自负风险和费用,取得进口许可证或其他官方证件,并且办理货物进口所需的海关手续,支付相应的进口税

2. 使用 CIF 术语应注意的问题

第一,CIF 术语属于装运合同。由于 CIF 术语后面跟的是目的港,所以一直被称作"到岸价",其实这种叫法是不准确的,它容易被人们误解为卖方负责将货物运到目的港并承担到此为止的一切费用和风险,这与 CIF 本身的含义是相违背的,必须加以注意。

第二,保险的有关规定。按 CIF 术语达成的交易,卖方应该为买方代买保险,《国际贸易术语解释通则》对此有明确规定。

☆ 保险合同应与信誉良好的保险人或保险公司订立,在无相反明确协议时,卖方只需按《协会货物保险条款》或其他类似的保险条款中最低责任的保险险别投保……应买方要求,并由买方负担费用,卖方须在可能情况下投保战争、罢工、暴动和民变险。

☆ 最低保险金额应包括合同规定的价款另加 10%(即发票金额的 110%)。

☆ 保险时应以合同货币投保。

在实际业务中,我们应按此规定执行。另外,买卖双方在订立合同时必须对保险险别、投保加成、保险金额等问题作出明确规定,以防发生争议,如果没有具体规定,遵照惯例,卖方只需投保最低险别。

第三,象征性交货。所谓象征性交货(Symbolistic Delivery)是针对实际交货(Physical Delivery)而言的。象征性交货是指卖方只要按期在约定地点完成装运,并向买方提交合同规定的、包括物权凭证的有关单据,就算完成了交货的义务,而无须保证到货。CIF 就是一种典型的象征性交货。

知识卡

卖方的交单义务

根据《联合国国际货物销售合同》的规定,卖方交付单据的义务具体包括卖方应保证单据的完整和符合合同及《公约》的规定。所谓完整,是指卖方应提交一切与货物有关的单据,使之足以作为买方正当获得所有权与占有货物的保证。这些单据通常包括提单、保险单、发票、商检证、领事签证、原产地证书等。此外,卖方应在合同约定的时间、地点交付单据。根据《公约》的规定,如果卖方在规定日期前提交了单据,若单据中有与合同不符之处,卖方有权予以修改,但对由此给买方造成的损失要承担赔偿责任。

第四,租船运输方式下卸货费用的确定。在 FOB 术语中已涉及装货费的负担问题。如采用班轮运输,船方管装管卸,装卸费计入班轮运费中,由负责租船订舱的买方承担。当采用租船运输时,可采用价格术语的变形来解决,卸货费则通常由支付运费的一方(买方)负担。同理,在 CIF 术语中,如果采用班轮运输,有关装卸费用均由班轮公司负责,实际上由支付运费的一方即卖方负担。而在租船运输中,有关装货费用可理解为由支付运费的一方(卖方)负担,卸货费用可用 CIF 的变形来解决,国际贸易中有关 CIF 的变形主要有:

☆ CIF 班轮条件(CIF Liner Terms),是指卸货费用按班轮条件办理,即由支付运费的一方(卖方)负担。

☆ CIF 舱底交货(CIF Ex-Ship's Hold),是指买方负担将货物从目的港船舱舱底起吊、卸到码头的费用。

☆ CIF 卸到岸上(CIF Landed),是指货物到达目的港后,包括驳船费和码头费在内的卸货费由卖方负担。

☆ CIF 吊钩交货(CIF Ex-tackle),是指卖方负担货物从舱底吊至船边卸离吊钩为止的费用。

(三) CPT:Carriage Paid to(... named place of destination)

CPT——运费付至(……指定目的地),该术语是指卖方应向其指定的承运人交货,支付将货物运至目的地的运费,办理出口清关手续。买方承担交货之后的一切风险和其他费用。CPT 术语适用于各种运输方式,包括多式联运。

1. 买卖双方的义务

采用 CPT 术语时买卖双方各自所应承担的基本义务如表 4-6 所示。

表 4-6　CPT 贸易术语的买卖双方义务

卖 方 义 务	买 方 义 务
① 负责办理货物出口清关 ② 订立将货物运至目的地的合同支付运费,在合同规定的时间、地点将货物交给承运人,并及时通知买方 ③ 承租货交承运人前的一切风险和费用 ④ 向买方提供交货的通常单据或具有同等效力的电子信息	① 负责办理货物进口清单 ② 承担货交承运人后的一切风险和费用 ③ 接受卖方提交的单据,受领货物,支付货款

2. 使 CPT 术语时应注意的主要问题

第一,风险划分的界线。按照《国际贸易术语解释通则》的解释,如果双方按 CPT 术语成交,卖方要负责订立从起运地到指定目的地的运输合同,并支付运费,但买卖双方风险划分的界线是以货交承运人为界,即卖方只承担将货物交给承运人控制之前的风险,而此后直至货物到达目的地途中出现的风险,均应由买方来承担。在多式联运的情况下,卖方承担的风险自货物交给第一承运人控制时即转移给买方。

第二,责任和费用的划分。CPT 术语实际上是 CFR 术语在运输方式上的延伸,两者除了在适用的运输方式上有所不同外,在买卖双方责任与义务的划分上基本相同。按 CPT 术语成交,卖方要负责订立运输合同并支付运费,但是卖方只是承担从交货地点到指定目的地的正常运费。正常运费之外的其他有关费用,一般由买方负担。货物的装卸费可以包括在运费中,统一由卖方负担,也可以由双方在合同中另行规定。此外,与 CFR 术语一样,卖方也要在装货后及时通知买方,以便买方办理保险。

(四) CIP:Carriage and Insurance Paid to(... named place of destination)

CIP——运费和保险费付至(……指定目的地)。该术语是指卖方负责订立货物运至指定目的地的运输合同并支付运费,还须对货物在运输途中的买方风险办理保险,即订立保险合同并支付保险费。当卖方将货物交给了承运人时,即完成了交货的义务。CIP 术语适用于各种运输方式,包括多式联运。

采用 CIP 术语成交,卖方除负有与 CPT 术语相同的义务外,还应办理保险并支付保险费,其他方面如交货地点、风险划分界线等方面相同。

1. 买卖双方的义务

采用 CIP 术语时,买卖双方的义务如表 4-7 所示。

表 4-7　CIP 术语买卖双方的义务

卖　方　义　务	买　方　义　务
① 设立将货物运往指定目的地的运输合同,并支付有关运费	① 接受卖方提供的有关单据,受领货物,并按合同规定支付货款
② 在合同规定的时间、地点,将合同规定的货物置于承运人的控制之下,并及时通知买方	② 承担自货物在约定交货地点交给承运人控制之后的风险
③ 承担将货物交给承运人控制之前的风险	③ 自负风险和费用,取得进口许可证或其他官方批准证件,并且办理进口所需的海关手续,支付关税及其他有关费用
④ 按照买卖合同的约定,自行负责投保货物运输险	
⑤ 自负风险和费用,取得出口许可证或其他官方批准文件,并办理货物出口所需的一切海关手续,支付关税及其他有关费用	
⑥ 提交商业发票或相等的电子单证,并且自费向买方提供保险单据以及在约定目的地提货所用的通常的运输单据	

2. 使用 CIP 术语时应注意的主要问题

第一,保险问题。按 CIP 术语成交的合同,卖方要负责办理货运保险,并支付保险费,但货物从交货地点运往目的地运输途中的风险由买方承担。所以,卖方的投保仍属于代办性质。根据《国际贸易术语解释通则》的解释,一般情况下,卖方要按双方协商确定的险别投保,而如果双方未在合同中规定应投保的险别,则由卖方按惯例投保最低的险别,保险金额一般是在合同价格的基础上加成 10%。

第二,合理价格的确定。在 CIP 条件下卖方要承担较多的责任和费用。要负责办理从交货地至目的地的运输,并承担有关运费;办理货运保险,并支付保险费。而这些众多的费用都要体现在货价之中。所以,卖方对外报价时,要特别注意认真核算成本和价格。在核算时,应考虑各种相关的因素和某些可能出现的变化,诸如运输距离、各种运输方式、保险险别和各类保险的收费情况,另外还要预测运价和保险费的变动趋势等。

四、D 组贸易术语

（一）DAP：Delivered At Place（... named place of destinaton）

DAP——目的地交货（……指定目的地）,指卖方在指定的目的地交货,卖方已经用运输工具把货物运送到达买方指定的目的地后,将装在运输工具上的货物（不用卸载）交由买方处置,即完成交货。卖方承担将货物运送到指定地点的一切风险。该术语可适用于任何运输方式,也可适用于多种运输方式。买卖双方的义务如表 4-8 所示。

表 4-8　DAP 术语买卖双方义务

A 卖方义务	B 买方义务
A1 卖方一般义务	**B1 买方一般义务**
卖方必须提供符合买卖合同约定的货物和商业发票,以及合同可能要求的其他与合同相符的证据。A1—A10 中所指的任何单证在双方约定或符合惯例的情况下,可以是同等作用的电子记录或程序。	买方必须按照买卖合同约定支付价款。B1—B10 中所指的任何单证在双方约定或符合惯例的情况下,可以是同等作用的电子记录或程序。
A2 许可证、授权、安检通关和其他手续	**B2 许可证、授权、安检通关和其他手续**
如适用时,卖方必须自付风险和费用,取得所有的出口许可和其他官方授权,办理货物出口和交货前从他国过境运输所需的一切海关手续。	如使用时,买方必须自付风险和费用,取得所有进口许可或其他官方授权,办理货物进口的一切海关手续。
A3 运输合同与保险合同	**B3 运输合同与保险合同**
a）运输合同 卖方必须自付费用签订运输合同,将货物运至指定目的地或指定地内的约定的点（如有的话）。如未约定特定的点或该点不能由惯例确定,卖方则可在指定目的地内选择最适合其目的的交货点。 b）保险合同 卖方对买方无订立保险合同的义务。但应买方要求并由其承担风险和费用（如有的话）,卖方必须向买方提供后者取得保险所需的信息。	a）运输合同 买方对卖方无订立运输合同的义务。 b）保险合同 买方对卖方无订立保险合同的义务。但应卖方要求,买方必须向卖方提供取得保险所需信息。
A4 交货	**B4 收取货物**
卖方必须在约定日期或期限内,在约定的地点（如有的话）或指定目的地,以将仍处于抵达的运输工具之上且已做好卸载准备的货物交由买方处置的方式交货。	当货物按照 A4 交付时,买方必须收取。

A 卖方义务	B 买方义务
A5 风险转移	**B5 风险转移**
除按照 B5 的灭失或损坏情况外,卖方承担按照 A4 完成交货前货物灭失或损坏的一切风险。	买方承担按照 A4 交货时起货物灭失或损坏的一切风险。 如果 a)买方未按照 B2 履行义务,则承担因此造成的货物灭失或损坏的一切风险;或 b)买方未按照 B7 通知卖方,则自约定的交货日期或交货期限届满之日起,买方承担货物灭失或损坏的一切风险。 但以该货物已清楚地确定为合同项下之货物者为限。
A6 费用划分	**B6 费用划分**
卖方必须支付 a) 因 A3 a)发生的费用,以及按照 A4 交货前与货物相关的一切分页,但按照 B6 应由买方支付的费用除外; b)运输合同中规定的应由卖方支付的在目的地卸货的任何费用;及 c) 如适用时,在按照 A4 交货前发生的货物出口所需海关手续费用、出口应交纳的一切关税、税款和其他费用,以及货物从他国过境运输的费用。	买方必须支付 a)自按照 A4 交货时起与货物相关的一切费用; b)在指定目的地从到达的运输工具上,为收取货物所必须支付的一切卸货费用,但运输合同规定该费用由卖方承担者除外; c)买方未按照 B2 履行义务或未按照 B7 发出通知导致卖方发生的任何额外费用,但以该货物已清楚地确定为合同项下之货物者为限;及 d) 如适用时,办理进口海关手续的费用,以及进口需交纳的所有关税、税款和其他费用。
A7 通知买方	**B7 通知卖方**
卖方必须向买方发出所需通知,以便买方采取收取货物通常所需要的措施。	当有权决定在约定期间内的具体时间和/或指定目的地内的收取货物的点时,买方必须向卖方发出充分的通知。
A8 交货凭证	**B8 交货证据**
卖方必须自付费用,向买方提供凭证,以确保买方能够按照 A4/B4 收取货物。	买方必须接受按照 A8 提供的交货凭证。
A9 查对、包装、标记	**B9 货物检验**
卖方必须支付为了按照 A4 进行交货,所需要进行的查对费用(如查对质量、丈量、过磅、点数的费用),以及出口国有关机构强制进行的装运前检验所发生的费用。 除非在特定贸易中,某类货物的销售通常不需包装,卖方必须自付费用包装货物。 除非买方在签订合同前已通知卖方特殊包装要求,卖方可以适合该货物运输的方式对货物进行包装。包装应做适当标记。	买方必须支付任何强制性装船前检验费用,但出口国有关机构强制进行的检验除外。

续表

A 卖方义务	B 买方义务
A10 协助提供信息及相关费用	**B10 协助提供信息及相关费用**
如适用时,应买方要求并由其承担风险和费用,卖方必须及时向买方提供或协助其取得相关货物进口和/或将货物运输到最终目的地所需要的任何文件和信息,包括安全相关信息。 卖方必须偿付买方按照 B10 提供或协助取得文件和信息时发生的所有花销和费用。	买方必须及时告知卖方任何安全信息要求,以便卖方遵守 A10 的规定。 买方必须偿付卖方按照 A10 向买方提供或协助其取得文件和信息时发生的所有花销和费用。 如适用时,应卖方要求并由其承担风险和费用,买方必须及时提供或协助其取得货物运输和出口及从他国过境运输所需要的任何文件和信息,包括安全相关信息。

(二) DAT: Delivered At Terminal(...named place of destination)

DAT——运输终端交货(……指定目的港或目的地的运输终端),类似于被取代了的 DEQ 术语,指卖方在指定的目的地或目的港的集散站卸货后将货物交给买方处置即完成交货。术语所指目的地包括港口。卖方应承担将货物运至指定的目的地或目的港的集散站的一切风险和费用(除进口费用外)。本术语适用于任何运输方式或多式联运。

1. 买卖双方的义务

在 DAT 术语条款下,买卖双方所承担的义务分别如下(见表 4-9)。

卖方的义务:卖方承担用运输工具把货物运送到达目的地,并将货物卸载到目的地指定的终点站交付给买方之前的所有风险和费用,包括出口货物时报关手续和货物装船所需的各种费用和风险等。

买方的义务:买方承担卖方将货物卸载到目的地指定的终点站将交付给买方之后的所有风险和费用,包括进口货物时清关手续和卸载货物时所需的各种费用和风险等。

表 4-9　DAT 术语的买卖双方义务

A 卖方义务	B 买方义务
A1 卖方一般义务	**B1 买方一般义务**
卖方必须提供符合买卖合同约定的货物和商业发票,以及合同可能要求的其他与合同相符的证据。 A1—A10 中所指的任何单证在双方约定或符合惯例的情况下,可以是同等作用的电子记录或程序。	买方必须按照买卖合同约定支付价款。 B1—B10 中所指的任何单证在双方约定或符合惯例的情况下,可以是同等作用的电子记录或程序。
A2 许可证、授权、安检通关和其他手续	**B2 许可证、授权、安检通关和其他手续**
如适用时,卖方必须自负风险和费用,取得所有的出口许可和其他官方授权,办理货物出口和交货前从他国过境运输所需的一切海关手续。	如适用时,买方必须自负风险和费用,取得所有进口许可或其他官方授权,办理货物进口的一切海关手续。
A3 运输合同与保险合同	**B3 运输合同与保险合同**

A 卖方义务	B 买方义务
a)运输合同 卖方必须自付费用签订运输合同,将货物运至约定港口或目的地的指定运输终端。 如未约定特定的运输终端或该终端不能由惯例确定,卖方则可在约定港口或目的地,选择最适合其目的的运输终端。 **b)保险合同** 卖方对买方无订立保险合同的义务。但应买方要求并由其承担风险和费用(如有的话),卖方必须向买方提供后者取得保险所需信息。	**a)运输合同** 买方对卖方无订立运输合同的义务。 **b)保险合同** 买方对卖方无订立保险合同的义务。但应卖方要求,买方必须向卖方提供取得保险所需信息。
A4 交货	**B4 收取货物**
卖方必须在约定日期或期限内,在约定的地点(如有的话)或指定目的地,以将仍处于抵达的运输工具之上且已做好卸载准备的货物交由买方处置的方式交货。	当货物按照 A4 交付时,买方必须收取。
A5 风险转移	**B5 风险转移**
除按照 B5 的灭失或损坏情况外,卖方承担按照 A4 完成交货前货物灭失或损坏的一切风险。	买方承担按照 A4 交货时货物灭失或损坏的一切风险。 如果 a)买方未按照 B2 履行义务,则承担因此造成的货物灭失或损坏的一切风险;或 b)买方未按照 B7 通知卖方,则自约定的交货日期或交货期限届满之日起,买方承担货物灭失或损坏的一切风险。 但以该货物已清楚地确定为合同项下之货物者为限。
A6 费用划分	**B6 费用划分**
卖方必须支付 a)A3 a)发生的费用,以及按照 A4 交货前与货物相关的一切费用,但按照 B6 应由买方支付的费用除外;及 b)如适用时,在按照 A4 交货前发生的、货物出口所需海关手续费用,出口应交纳的一切关税、税款和其他费用,以及货物从他国过境运输的费用。	买方必须支付 a)自按照 A4 完成交货之时起,与货物相关的一切费用; b)买方未按照 B2 履行其义务或未按照 B7 发出通知导致卖方发生的任何额外费用,但以该货物已清楚地确定为合同项下之货物者为限;及 c)如适用时,办理进口海关手续的费用,以及进口需交纳的所有关税、税款和其他费用。
A7 通知买方	**B7 通知卖方**
卖方必须向买方发出所需通知,以便买方采取收取货物通常所需要的措施。	当有权决定在约定期间内的具体时间和/或指定运输终端内的收取货物的点时,买方必须向卖方发出充分的通知。
A8 交货凭证	**B8 交货证据**
卖方必须自付费用,向买方提供凭证,以确保买方能够按照 A4/B4 收取货物。	买方必须接受按照 A8 提供的交货凭证。

A 卖方义务	B 买方义务
A9 查对、包装、标记	**B9 货物检验**
卖方必须支付为了按照 A4 进行交货,所需要进行的查对费用(如查对质量、丈量、过磅、点数的费用),以及出口国有关机构强制进行的装运前检验所发生的费用。 除非在特定贸易中,某类货物的销售通常不需包装,卖方必须自付费用包装货物。 除非买方在签订合同前已通知卖方特殊包装要求,卖方可以适合该货物玉树的方式对货物进行包装。包装应做适当标记。	买方必须支付任何强制性装船前检验费用,但出口国有关机构强制进行的检验除外。
A10 协助提供信息及相关费用	**B10 协助提供信息及相关费用**
如适用时,应买方要求并由其承担风险和费用,卖方必须及时向买方提供或协助其取得相关货物进口和/或将货物运输到最终目的地所需的任何文件和信息,包括安全相关信息。 卖方必须偿付买方按照 B10 提供或协助取得文件和信息时所发生的所有花销和费用。	买方必须及时告知卖方任何安全信息要求,以便卖方符合 A10 的规定。 买方必须偿付卖方按照 A10 向卖方提供或协助其取得文件和信息时所发生的所有花销和费用。 如适用时,应卖方要求并由其承担风险和费用,买方必须及时向卖方提供或协助其取得货物运输和出口及从他国过境运输所需要的任何文件和信息,包括安全相关信息。

2. 使用 DAT 术语时应注意的主要问题

(1) DAT 是 INCOTERMS 2010 新增术语,旨在替代 INCOTERMS 2000 中的 DEQ 术语。"运输终端"意味着进口国境内任何地点,而不论该地点是否有遮盖,例如码头、仓库、集装箱堆场或公路、铁路、空运货站。

(2) 使用 DAT 术语时,卖方在指定港口或目的地的运输终端交货。且卖方要负责将货物从到达的运输工具上卸下,这一点与 INCOTERMS 2000 中的 DEQ 类似。但 DEQ 术语是在目的港码头交货,卖方承担的责任仅限于将货物运至目的地港口并卸至码头,而不负责再将货物由码头搬运到其他地方。DAT 的交货地点虽然不再受码头的限制,但卖方承担的责任仍只是将货物交到合同约定的运输终端。如果双方希望由卖方再将货物从运输终端运到另外的地点,并承担其间的风险和费用,则应当使用 DAP 术语或 DDP 术语。

(三)DDP:Delivered Duty Paid(… named place of destination)

DDP——完税后交货(……指定目的地),是指卖方在指定目的地约定地点,办理进口清关手续,将货物交与买方,完成交货。卖方需承担将货物运至目的地的一切风险和费用,包括需要办理海关手续时,在目的地应缴纳的进口"税费"。该术语适用于所有运输方式,是卖方承担责任最大的术语。但若卖方不能直接或间接地取得进口许可证,则不应使用该术语。

第三节　INCOTERMS 2020 的概况及变化

国际商会在 2019 年 9 月 16 日正式发布了《国际贸易术语解释通则 2020》(INCOTERMS 2020),并于 2020 年 1 月 1 日生效。该规则在明确风险划分、费用分割和义务分配等方面做出了较为详尽的规定,有助于推动国际贸易便利化的发展。

一、INCOTERMS 2020 的概况

INCOTERMS 2020 在 2010 年版本及更早版本的基础上修订而成。本次更新是一次小改版,条款总数依然是 11 项。根据运输模式来划分,此次的条款可以分为以下两种。

1. 适用于任何运输模式

E 组:EXW

F 组:FCA

C 组:CPT、CIP

D 组:DAP、DPU、DDP

2. 只适用于水面运输

F 组:FAS、FOB

C 组:CFR、CIF

二、INCOTERMS 2020 的主要变化

1. DAT(运输终端交货)变为 DPU(卸货地交货)

在 2010 年之前版本的《国际贸易术语解释通则》中,DAT(Delivered at Terminal,运输终端交货)指货物在商定的目的地卸货后即视为交货。在国际商会(ICC)收集的反馈中,用户要求《国际贸易术语解释通则》中涵盖在其他地点交货的情形,例如厂房。这就是现在使用更通用的措辞 DPU(Delivered at Place Unloaded,卸货地交货)来替换 DAT(运输终端交货)的原因。

2. 增加 CIP(运费和保险费付至)的保险范围

CIP(运费和保险费付至)是指卖方将货物交付承运人,但支付包括保险费在内的直至目的地的运输费用。同样的规则也适用于 CIF(成本加保险费、运费),然而,《国际贸易术语解释通则》只适用于海运费。根据 INCOTERMS 2010,在这两种情况下,卖方都有义务提供与第 C 条(货物协会条款)相对应的最低保险范围。这是一种基本的保险形式,只包括明确界定的损害赔偿。随着 INCOTERMS 2020 的发布,CIP(运费和保险费付至)的最低保险范围延伸到第 A 条,这是涵盖了所有风险的最高保险级别。其背后的原因是:CIF(成本加保险费、运费)通常用于大宗商品,而 CIP(运费和保险费付至)则更常用于制成品。

3. 货交承运人(FCA)提单

如果买卖双方就《国际贸易术语解释通则》中的 FCA(货交承运人)达成一致,则卖方应将货物交付至买方指定的地点和人员。此时,风险和成本转移给买方。这一方式通常

是由买方选择的,他们希望避免承担货物在交付到目的地后可能受到损害的风险。其缺点是卖方不能及时收到提单。为此,INCOTERMS 2020 提出了一个务实的解决方案。如果双方同意卖方按照 FCA(货交承运人)要求将货物交付集装箱码头,买方可以指示承运人在卸货时向卖方签发已装船提单。这样,卖方就可以更好地防范风险。

4. 自定义运输方式的承运

INCOTERMS 2020 假设,当适用《国际贸易术语解释通则》中的货交承运人(FCA)、目的地交货(DAP)、DPU(卸货地交货)或完税后交货(DDP)时,卖方和买方之间的货物运输由第三方进行。在 2020 年 1 月 1 日生效的新版《国际贸易术语解释通则》中,这一定义已经扩展到包括卖方或买方自定义运输方式的承运。

5. 对担保义务的更清晰的分配

INCOTERMS 2020 对买卖双方之间的相关担保要求(包括相关费用)进行了更为精确的分配。一方面,这一步更新可视为对国际贸易中加强担保监管的反应。另一方面,它的目的在于防范可能产生的费用纠纷,特别是在港口或交货地点。

三、INCOTERMS 2020 与 INCOTERMS 2010 的区别

国际商会在《国际贸易术语解释通则 2020》中对《国际贸易术语解释通则 2010》规则所做的升级修改,主要集中在 7 个方面。

1. 装船批注提单和 FCA 术语条款的修改

在应用 FCA 条款的情况下,海运途中的货物是已经售出的,而卖方或买方(更可能是信用证所在地的银行)可能需要带装船批注的提单。但是,根据先前的 FCA 规则,交货是在货物装船之前完成的,卖方不能从承运人处获得装船提单,因为根据其运输合同,承运人很可能只有在货物实际装船后才有签发船上提单的权利或者义务。为了解决这个问题,INCOTERMS 2020 的 FCA A6/B6 条款提供了一个附加选项。买卖双方可以约定,买方可指示其承运人在货物装船后向卖方签发装船提单,然后卖方有义务向买方提交该提单(通常是通过银行提交)。最后,应当强调的是,即使采用了这一机制,卖方对买方也不承担运输合同条款的义务。

2. 成本的列出位置

在新版本 INCOTERMS 2020 规则的相关栏目排序中,成本现在显示在每个《国际贸易术语解释通则》规则的 A9/B9 处。除了重新排序之外,还有一个变化。在之前版本的《国际贸易术语解释通则》规则中,由不同条款分配的各种成本通常出现在每个术语规则的不同部分。INCOTERMS 2020 则列出了每个规则分配的所有成本,其目的是向用户提供一个一站式的成本清单,以便卖方或买方可以在一个地方找到其根据 INCOTERMS 规则应承担的所有成本。例:INCOTERMS 2020 中术语 DDP 成本的列示——A9/B9。

3. CIF、CIP 中与保险有关的条款

在 INCOTERMS 2010 中,CIF 和 CIP 的 A3 规定:卖方有义务"自费购买货物保险,至少符合协会货物保险条款(C)(劳埃德市场协会/国际承保协会'LMA/IUA')或任何类似条款。"协会货物保险条款(C)一般指的是货物运输条款,即只需负担货物运输险,协会货物保险条款(A)规定的是"一切险"(All Risks)。新版本的 INCOTERMS 2020 对 CIF

和 CIP 中的保险条款分别进行了规定,CIF 默认使用协会货物保险条款(C),即卖家只需要承担运输险,但是买卖双方可以规定较高的保额;而 CIP 使用协会货物保险条款(A),即卖家需要承担一切险(All Risks),相应的保费也会更高。也就是说,在 INCOTERMS 2020 中,使用 CIP 术语,卖方承担的保险义务变大,而买方的利益会得到更多保障。

4. 在 FCA、DAP、DPU 和 DDP 中与卖方或买方选择自己的运输工具运输的相关条款

在 INCOTERMS 2010 中,我们都是假定在从卖方运往买方的过程中货物是由第三方承运人负责的,而承运人受控于哪一方则取决于买卖双方使用哪一条外贸术语。然而,在外贸实务中会有类似的情况存在,尽管货物将从卖方运至买方,但卖方可以完全不雇用任何第三方承运人。因此,在采用 DAP、DPU、DDP 时,卖方完全可以选择自己的运输工具,不受条款限制,同样,在采用 FCA 条款时,买方也可以选用自己的交通工具,不受条款限制,两种情况下对方很有可能要承担不必要的运输费用,所以新版本的 INCOTERMS 2020 明确规定,采用 FCA、DAP、DPU 和 DDP 术语时不仅要订立运输合同,而且只允许安排必要的运输。

5. 将 DAT 改为 DPU

在 INCOTERMS 2010 中,DAT 与 DAP 的唯一区别在于:在 DAT 中,在货物运达之后,卖方需要将货物从运输工具卸至目的地;而在 DAP 中,只要载有货物的交通工具抵达目的地,卖方即完成交货。在 INCOTERMS 2010 中,"目的地"一词的定义大致包括"任何地方,无论是否覆盖……",较为模糊。因此,国际商会决定对 DAT 和 DAP 进行两处修改。第一,调整 DAP 与 DAT 的位置,将 DAP 调至 DAT 之前。第二,将 DAT 改为 DPU,这样做的目的是为了强调目的地可以是任何地点,而不仅仅是"终点站",如果该地点不在终点站,卖方应确保其打算交付货物的地点是能够顺利卸货的地点。

6. 在运输义务和费用中列入与安全有关的要求

INCOTERMS 2010 中,与安全相关的要求放在 A2/B2 和 A10/B10 项中,且条目相当有限。由于安全问题受到普遍关,所以在新版的 INCOTERMS 2020 中,与安全相关的义务的明确分配现已添加到每个规则的 A4 和 A7 项下。而这些要求所产生的费用也被更明确地标明,放在每条规则的 A9/B9 项下。

7. 用户说明

在 INCOTERMS 2010 中,指引(Guidance Notes)放在每一个术语解释通则的开头,而现在有了专门的"用户解释性注释"(Explanatory Notes for Users),这些注释解释了 INCOTERMS 2020 规则的基本原则,例如何时使用、何时转移风险以及如何在买卖双方之间分配成本。解释性说明的目的有两个:(1)帮助用户准确、有效地使用适合特定交易的适当的国际贸易术语解释通则;(2)当受 INCOTERMS 2020 管辖的合同存在争议时,这些解释可以为协议制定者和咨询者提供必要的指导。

INCOTERMS 2020 的公布并不影响此前版本的适用,所以在订立合同的时候,要明确规定在合同中使用的是哪个版本的 INCOTERMS。为了避免任何的歧义,传递最精准的信息,正确的格式应该是这样的三段式:

[The chosen Incoterms® rule]＋[Named port，place or point]＋Incoterms® 2020

举例说明：

例 1：CIF Shanghai Incoterms® 2020

例 2：DAP 10 Downing Street，London，Great Britain Incoterms® 2020

四、总结

INCOTERMS 每 10 年进行一次修订，一路走来的历程是和全球经济发展趋势、新的运输模式创新和贸易环境变化息息相关的。首先，新版本 INCOTERMS 2020 相较 INCOTERMS 2010 有了明显的升级，买卖双方的权利义务关系更加明晰，用户友好度更高。其次，INCOTERMS 2020 的修订，既有结构上的调整，也有内容上的变化，总体上沿袭了上一版本的传统，同时更加接近当前贸易实践。INCOTERMS 2020 从结构上对 INCOTERMS 2010 进行了调整和优化，使之应用起来更加方便。总体结构沿袭 INCOTERMS 2010，将 11 个贸易术语按照运输方式分为两类。内容罗列方式更加丰富以便查找，各术语义务规定内容有所调整而重点突出，各术语的"用户解释说明"更加实用，费用汇总更加全面以便于核算。再次，对于 INCOTERMS 2020 的应用，我们最应该关心的是贸易合规问题，这一点很容易被忽视。由于很多企业缺乏专业的合规人才，一旦发生贸易合同术语变更，而单证人员还是使用以前的术语报关，可能会出现漏报运保费的情况，一旦被海关发现，企业会被稽查，情节严重的会被认定为走私行为。

实务案例及分析

【案例介绍】

美国某贸易公司(以下简称进口方)与我国江西某进出口公司(以下简称出口方)签订合同购买一批日用瓷具，价格条件为 CIF LOS ANGELES，支付条件为不可撤销的跟单信用证，出口方需要提供已装船提单等有效单证。出口方随后与宁波某运输公司(以下简称承运人)签订运输合同。8 月初出口方将货物备妥，装上承运人派来的货车。途中由于驾驶员的过失发生了车祸，耽误了时间，错过了信用证规定的装船日期。得到发生车祸的通知后，我出口方即刻与进口方洽商要求将信用证的有效期和装船期延展半个月，并本着诚信原则告知进口方两箱瓷具可能受损。美国进口方回电称同意延期，但要求货价应降 5％。我出口方回电据理力争，同意受震荡的两箱瓷具降价 1％，但认为其余货物并未损坏，不能降价。但进口方坚持要求全部降价。最终我出口方还是作出让步，受震荡的两箱降价 2.5％，其余降价 1.5％，为此受到货价、利息等有关损失共计达 15 万美元。

事后，出口方作为托运人又向承运人就有关损失提出索赔。对此，承运人同意承担有关仓储费用和两箱震荡货物的损失；利息损失只赔 50％，理由是自己只承担一部分责任，主要是由于出口方修改单证耽误时间；但对于货价损失不予理赔，认为这是由于出口方单方面与进口方的协定所致，与己无关。出口方却认为货物降价及利息损失的根本原因都在于承运人的过失，坚持要求其全部赔偿。3 个月后经多方协商，承运人最终赔偿各方面损失共计 5.5 万美元。出口方实际损失 9.5 万美元。

【简要分析】

在案例中,出口方耗费了时间和精力,损失也未能全部得到赔偿,这充分表明了 CIF 术语自身的缺陷使之在应用于内陆地区出口业务时显得心有余而力不足。

1. 两种合同项下交货义务的分离使风险转移严重滞后于货物实际控制权的转移

在采用 CIF 术语订立贸易合同时,出口方同时以托运人的身份与运输公司即承运人签订运输合同。在出口方向承运人交付货物,完成运输合同项下的交货义务后,却并不意味着他已经完成了贸易合同项下的交货义务。出口方仍要因货物越过船舷前的一切风险和损失向进口方承担责任。而在货物交由承运人掌管后,托运人(出口方)已经丧失了对货物的实际控制权。承运人对货物的保管、配载、装运等都由其自行操作,托运人只是对此进行监督。让出口方在其已经丧失了对货物的实际控制权的情况下继续承担责任和风险,这非常不合理。尤其是从内陆地区装车到港口越过船舷,中间要经过一段较长的时间,会发生什么事情,谁都无法预料。也许有人认为,在此期间如果发生货损,出口方向进口方承担责任后可依据运输合同再向承运人索赔,转移其经济损失。但是对于涉及有关诉讼的费用、损失责任承担无法达成协议,再加上时间耗费,出口方很可能得不偿失。本案例中,在承运人掌管之下发生了车祸,他就应该对此导致的货物损失、延迟装船、仓储费用负责,但由此导致的货价损失、利息损失的承担双方却无法达成协议,使得出口方受到重大损失。

2. 内陆地区使用 CIF 术语还有一笔额外的运输成本

在 CIF 价格中包括的运费应该从装运港到目的港这一段的运费。但从内陆地区到装运港装船之前还有一部分运输成本,如从甘肃、青海、新疆等地区到装运港装船之前的费用一般要占出口货价的一定比例,有一些会到达 20% 左右。

从以上分析可以看出,CIF 术语在内陆地区出口中并不适用。事实上,对于更多采用陆海联运或陆路出口的内陆地区来说,CIP 比 CIF 更合适。CIP 术语是(Carriage and Insurance Paid to...Named place of destination)的缩写,它与 CIF 有相似之处,主要表现在:价格构成因素中都包括了通常的运费、保险费,即运输合同、保险合同都由卖方负责订立;交货地点均在出口国的约定地点;进出口清关责任划分都是出口方负责出口、进口方负责进口通关;风险在交货地点交货完成而转移给买方,而运费、保险费却延展到目的地(港)。但两者也有明显不同,也正是这些不同使 CIP 术语比 CIF 术语更适合内陆出口业务。其原因如下:

一是从适用的运输方式看,CIP 比 CIE 更灵活,更适合内陆地区出口。CIF 只适用于水上运输方式(海运、内河航运),CIP 却适合任何运输方式。而对于内陆地区而言,出口时运输方式也是多种的,比如出口到美国、东南亚地区,一般是陆海联运;出口到欧洲,一般是陆运。

二是从出口方责任看,使用 CIP 术语时,出口方风险与货物的实际控制权同步转移,责任可以及早减轻。CIF 术语下,出口方是在装运港交货;买卖双方是以船舷为界划分风险,在货物越过船舷之前,不管货物处于何方的实际处置之下,卖方都要向买方承担货损等责任。CIP 术语下则比较灵活,由双方约定,可以是港口也可以是在内陆地区,但无论在哪里,出口方责任以货交承运人处置时止,出口方只负责将货物安全移交承运人即完成自己的销售合同和运输合同项下的交货任务,此后货物发生的一切损失均与出口方无关。

三是从使用的运输单据看,使用 CIP 术语有利于内陆出口业务在当地交单结汇。CIP 涉及的通常运输单据范围要大于 CIF,因具体运输方式不同可以是上面提到的 CIF 使用的单据,也可以是陆运运单、空运单、多式联运单据。承运人签发后,出口方即可据以结汇。这样,缩短了结汇和退税时间,提高了出口方的资金周转速度。

四是迅速发展的集装箱运输方式也为内陆地区出口使用 CIP 术语提供了便利条件。目前我国许多沿海港口如青岛、连云港都在争取把口岸办到内地,发展内陆地区对沿海陆运口岸的集装箱直通式运输,这势必会减少货物装卸、倒运、仓储的时间,降低运输损耗和贸易成本,缩短报关、结汇的时间,有利于 CIP 术语在内陆地区出口中的推广。

可以预见,随着西部大开发的顺利进行,内陆地区的产品出口业务会越来越多,而选择适当的贸易术语对于出口合同的履行,对于我出口方利益的保护都相当重要。在这种情况下,内陆出口企业的外销员一定要从本地区、本行业和所经营产品的实际出发,适当选择贸易术语,千万不要被"出口 CIF"的定式迷惑。

案例回放与分析

1. 买方不应要求卖方负责替换货物。按照相关的国际惯例,FOB 合同项下的风险划分界线是,货物在装港越过船舷之前,风险由卖方承担,越过船舷之后风险由买方承担。本案中,卖方按合同规定将货物装上船,已完成了交货的义务,在货物越过船舷的瞬间,风险也已转移到买方一边,卖方对货物出现的损失不应承担任何责任。

2. 买方不能拒绝付款。按照国际惯例和相关的法律,以 FOB 等装运港交货的贸易术语成交的合同属于象征性交货,即卖方只要按合同规定将货物装上船,并提交了合同规定的全套单据,就履行了交货的义务,而无须保证货物是否实际到达对方手里。买方不能以货物已被毁坏为由拒绝付款。事实上,本案中买方声称将通知银行撤销信用证是不可能的,因为,买方开出的是不可撤销的信用证,未经受益人的同意,开证行根本无权撤销。根据信用证的惯例来看,信用证一旦开立,只要提供了合乎要求的单据,银行就必须向受益人(本案中即卖方)付款。当然本案对卖方来说,主要是不能从船方那里得到签发的提单,故无法进行议付。

3. 本案中货物遭到损坏的责任应由船方即承运人承担。货物刚上船后即遭遇火灾,但火灾的确并非承运人造成的。船方本来可援引"火灾除外"条款来免除赔偿责任,但由于船上的二氧化碳系统失灵,最终不得不用消防水来灭火,这导致了货物被全部损毁。而该系统的失灵属于船舶在开航前的不适航,是承运人管理疏忽造成的。因此,承运人就丧失了申请免除赔偿的权利。

总之,本案例给我们的启示是:在执行 FOB 合同时,当事人要特别注意运输的保险问题,卖方要及时发出装船通知,买方要及时办理货运保险。本案中如果买方及早办理了保险,那么出现意外后,买方可向保险公司进行索赔,转移自己所应承担的风险。如果本案中不是因为承运人出现问题,则买方将要承担所有的损失。

📖篇末点述

　　本章介绍了国际贸易术语的含义、作用及其更迭发展的历程。重点讲述了《2010 通则》与《2020 通则》的内容。当前《2010 通则》使用最为广泛，其将贸易术语分为 E、F、C、D 四组，共 11 种术语。国际商会在 2019 年 9 月 16 日正式发布了《国际贸易术语解释通则 2020》（INCOTERMS 2020），并于 2020 年 1 月 1 日生效。国际贸易惯例在适用的时间效力上并不存在"新法取代旧法"的说法。即《2020 通则》实施之后并非《2010 通则》就自动废止。实际上，当事人在订立国际贸易买卖合同时，仍然可以选择适用《2010 通则》。

　　《2020 通则》在《2010 通则》基础上进一步明确了国际贸易体系下买卖双方的责任。有助于推动国际贸易便利化的发展。

📚专业词汇

Trade Terms 贸易术语

INCOTERMS 2020《国际贸易术语解释通则 2020》

FOB（Free on Board）装运港船上交货

FAS（Free alongside Ship）装运港船边交货

CFR（Cost and Freight）成本加运费

CIF（Cost，Insurance and Freight）成本、保险费加运费

EXW（Ex Works）工厂交货

FCA（Free Carrierat）货交承运人

CIP（Carriage and Insurance Paid to）运费和保险费付至

CPT（Carriage Paid to）运费付至

DAP（Delivered at Place）目的地交货

DAT（Delivered at Terminal）运输终端交货

DPU（Delivered at Place Unloaded）卸货地交货

DDP（Delivered Duty Paid）完税后交货

🎯本章习题

一、案例分析题

1. 申诉人沙特阿拉伯某公司（买方）和被诉人中国某公司（卖方）签订了关于买卖 30 000公吨中国圆粒大米的合同，合同规定的交货条件为 FOB 上海，目的港为沙特阿拉伯的吉达货达曼。申诉人保证，该合同大米运往沙特阿拉伯销售，不转口至其他地区。合同签订后不久，被诉人获悉申诉人将大米售给中国香港一家公司并向菲律宾转销，被诉人遂要求申诉人提供将大米运往沙特阿拉伯的保函或改为 CFR 或 CIF 条件交货。申诉人否认有转售事实，拒绝了被诉人的要求。双方发生争议，申诉人请求仲裁庭裁决被诉人履行合同。被诉人认为，申诉人向香港公司转售圆粒大米，违反了合同规定和申诉人的保证，被诉人在申诉人违约情况下要求提供保函或改

即练即测

变交货条件是合理的。仲裁庭查实,申诉人却将大米转售给了香港公司从中赚取差价。在双方争议的过程中,申诉人提出:"按照国际贸易惯例,FOB 条款意味着不受限制。"仲裁庭认为:申诉人在签约时接受了货物不得转口的条件;合同明确规定申诉人(买方)必须将货物运往吉达或达曼。

问:(1)FOB 条件能否否定合同关于目的港约定的效力? (2)本案被诉人的要求是否合理合法?

2. A 公司与 B 公司签订了一份 CFR 合同,A 公司卖给 B 公司 3 000 吨小麦,A 公司将 5 000 吨散装小麦装船,其中的 3 000 吨属于卖给 B 公司的货物。受载船舶在途中遇险,使该批货损失了 3 000 吨,其余 2 000 吨安全运抵目的港,买方要求卖方交货,买方宣称卖给 B 公司的 3 000 吨小麦已完全灭失,而且按 CFR 术语,货物风险已在装运港越过船舷时转移给 B 公司,卖方对此项损失不负任何责任。该风险到底由谁来承担呢?

3. 甲方按 FOB 条件向乙方购买一批大宗商品,双方约定的装运期限为 5 月份,后因买方租船困难,接运货物的船舶不能按时到港接运货物,出现较长时期的货等船情况,卖方便因此为由撤销合同,并要求赔偿损失。你认为买方的做法是否合理?

4. 买卖双方按照 FOB 条件签订了一笔化工原料的买卖合同,装船前检验时,货物的品质良好,符合合同的规定。货到目的港,买方提货后检验发现部分货物结块,品质发生变化。经调查,确认原因是货物包装不良,在运输途中吸收空气中的水分导致原颗粒状的原料结成硬块。于是,买方向卖方提起索赔,但卖方指出,货物装船前是合格的,品质发生变化是运输途中发生的,也就是越过船舷之后才发生的,按照国际贸易惯例,其后果应由买方承担,因此,卖方拒绝赔偿。你认为此争议应任何处理? 请说明理由。

二、计算题(要求列出计算公式和计算过程)

出口某商品 100 公吨,报价每公吨 1 950 美元 FOB 上海,客户要求改报 CFR 伦敦价,已知该货为 5 级货,计费标准为 W,每运费吨运费 70 美元。若要保持外汇净收入不变,应任何报价?

三、操作题

1. 下列合同中价格条款不完善,请指出其主要问题。

品名及规格:中国大米(Chinese Rice)

水分(Moisture):14%

价格:每公吨 420 美元 CIFC2 净价美国

2. 下列我方出口单价的写法是否准确? 如有错误或不完整,请更正或补充。

(1) 每码 3.50 元 CIF 香港。

(2) 每箱 500 英镑 CIF 英国。

(3) 每吨 1 000 美元 FOB 伦敦。

(4) 每打 100 法国法郎 CFR 净价含 2%佣金。

(5) 1 000 美元 CIF 上海减 1%折扣。

(6) 每桶 50 英镑 CFR 维也纳。

第五章

国际贸易货物运输

开篇导读

国际贸易中,卖方出售的货物只有通过运输才能到达买方手中,从而决定了国际货物运输是国际货物贸易中不可或缺的重要环节,运输条款是商品合同的主要条款。国际货物运输合同条款包括运输方式的选择、运输单据的填写、装运条件的规定以及装运费用的计算。本章我们要学习这些具体内容,以达到能够准确理解运输条款并按其有关规定行使权利和履行义务的目的。

引导案例

我国某外贸公司以 FOB 中国口岸与日本 M 公司成交矿砂一批,日商即转手以 CFR悉尼价售给澳大利亚的 G 公司,日商来证价格为 FOB 中国口岸,目的港悉尼,并提出在提单上表明运费已付。请分析日方为何这样做。我方如何处理才使我们的利益不受损害?

第一节　海洋运输方式

一、海洋运输方式的特点

在国际贸易货物运输中,运用最广泛的是海洋运输(Ocean Transport)。到目前为止,海运量在国际货物运输总量中依然占 80% 以上。海洋运输之所以被如此广泛采用,是因为它与其他国际货物运输方式相比,优点更为明显。

(一)海洋运输的通过能力强

海洋运输可以利用四通八达的天然航道,它不像火车、汽车受轨道和道路的限制,故其通过能力很大。如在运输过程中发生影响货物运输的事件,船舶还可随时改变航线驶往有利于装卸的目的港。

(二)海洋运输的运载量大

海洋运输船舶的运输能力远远大于火车、汽车和飞机等其他运输工具。如一艘万吨船舶的载重量一般相当于 250～300 个车皮的载重量。随着科学技术的发展与造船技术的提高,船舶日益向大型化发展,如 50 万～70 万吨的巨型油船、16 万～17 万吨的散装船以及集装箱船的大型化,更使得船舶成为国际货物运输的首选工具。

(三) 海洋运输的运费较低

按照规模经济的观点,因为运量大、航程远,分摊于每货运吨的运输成本就少,因此海运运价较其他运输方式相对低廉。据统计,海运运费一般约为铁路运费的 1/5、公路汽车运费的 1/10、航空运费的 1/30,这就为低值大宗货物的运输提供了有利的竞争条件。

(四) 海洋运输对运输货物的适应性强

由于上述特点使海上货物运输基本上适应各种货物的运输。如石油井台、火车、机车车辆等超重大货物,其他运输方式是无法装运的,船舶一般都可以装运。

海洋运输虽有上述优点,但也存在周期长、风险大的不足之处。例如,海洋运输受气候和自然条件的影响较大,航期不易准确,而且风险较大。此外,海洋运输的速度也相对较低,目前国际货物运输中货轮的航速一般在每小时 20 海里以下(1 海里＝1.853 公里),由此造成使用海洋运输所需的时间较长。如从我国天津新港至荷兰的鹿特丹,使用海运方式,在不需转运的情况下一般需要一个半月时间,而使用航空运输只需 1～2 天。

二、海洋运输的经营方式

海洋运输方式有班轮运输和租船运输两大类。

(一) 班轮运输(Liner Transport)

1. 班轮运输的特点。班轮运输又称定期船运输,简称班轮(Liner),是指船舶在固定航线上和固定港口之间按事先公布的船期表和运费率往返航行,从事客货运输业务的一种运输方式。班轮运输比较适合于运输小批量的货物。班轮运输的特点明显,主要有:

☆ 凡是班轮,一般都是按固定的船期表(Sailing Schedule)进行航行,沿途停靠若干固定的港口,按照相对固定的运费率收取运费。经营班轮运输的船运公司提前将船期表书面通知各进出口公司,而且还在一些重要的外经贸报刊上刊登出来,以便进口商和出口商准备接货或装运。

☆ 船方负责货物的配载和装卸,装卸费包括在运费中,货方不再另付装卸费,班轮公司和托运人双方不计滞期费和速遣费。因而,班轮运费较租船运输的运费要高。

☆ 班轮公司和货主双方的权利、义务和责任豁免均以班轮公司签发的提单条款为依据。

☆ 班轮承运货物的品种、数量和责任豁免比较灵活,货运质量较有保证,而且班轮通常在码头仓库交接货物,故为货方提供了较便利的条件。

2. 班轮运费(Liner's Freight)的计算。第一,班轮运费和班轮运价表。班轮公司为运输货物而向货主收取的费用为班轮运费,班轮运费是按照班轮运价表(Liner's Freight Tariff)的规定计收的。班轮运价表一般包括货物分级表、各航线费率表、附加费率表、冷藏货及活牲畜费率表等。不同的班轮公司或班轮公会各有不同的班轮运价表。班轮运费包括基本运费和附加费两部分。前者指货物从装运港到目的港所应收取的费用，其中包括货物在港口的装卸费用，它是构成全程运费的主要部分；后者是指针对某些特定情况或需作特殊处理的货物在基本运费之外加收的费用。第二，班轮运费的计算标准。班轮的基本运费按班轮运价表规定的计收标准收取。班轮运价表对不同的商品规定了不同的运费计收标准，通常为下列几种。

☆ 按货物的毛重计收，即以重量吨（Weight Ton）计收，在运价表中以"W"表示。如矿石、铝锭、锡锭等商品，按重量计收运费。

☆ 按货物的体积计收，即以尺码吨（Measurement Ton）计收，在运价表中以"M"表示。一般货物每尺码吨为 1 立方米。重量轻而占地面积的商品，如羊毛、棉花等，按体积计收费用。重量吨或尺码吨统称运费吨（Freight Ton）。

☆ 按重量或体积中收费高者计收。在运价表上注有"W/M"的，意思是说在重量与体积当中，由船公司选择较高的一种作为计算运费的标准。按一般惯例，凡 1 重量吨商品，但其体积超过 1 立方米的称"轻货"，按体积计收运费。反之，凡 1 重量吨货物，其体积小于 1 立方米的称"重货"，按重量计收运费。

☆ 按货物的价格计收，即从价运费。在运价表内，用 A.V. 或"Ad Val."表示。一般用于价值较高的商品，如白银、名贵皮毛、精密仪器等，按装船时申报的 FOB 货价，收取百分之零点几至 2% 的运费。之所以收取较高运费，是因为这种贵重货物不能和一般货物放在一起，需要存放在特别的地方，而且船方要承担较大责任的缘故。在此基础上，往往还有按"重量/体积或从价（W/M or Ad Val.）"的做法，即船公司在三种计算运费标准中选择最高的一种进行收费。还有使用"W/M Plus Ad Val."的，是指先按货物重量吨或尺码吨从高计收后，另加收一定百分率的从价运费。

☆ 按货物的件数计收。如车辆按辆（Per Unit），活牲畜按头（Per Head）。运费由船、货双方议定。

☆ 临时议定运价的办法，适用于运量较大、货价较低、装卸方便而快速的诸如粮食、矿石等货物的运输。临时议定的运费一般比较低。

3. 班轮运输的附加费。班轮运费中的附加费名目很多，主要有超重附加费、超长附加费、直航附加费、转船附加费、燃油附加费、港口附加费、洗舱费等。简单解释如下。

☆ 直航附加费（Direct Additionals）。有的商品运往班轮的非主要港口，本来班轮不去挂靠的，如果该港口在班轮的航线上，港口条件适合停泊，特别是装载的货物达到一定重量。例如有的班轮公司规定商品在 400 公吨以上，有的规定在 1 000 公吨以上，船舶是可以挂靠的，但要交付一定数量的费用，称为直航附加费。

☆ 转船附加费（Transshipment Additionals）。运往班轮非挂靠港口、数量没达到直航要求，或者目的港不在班轮航线上的货物，就需要中途转运。一切转船手续和工作，均由承运方委托转船地的代理人办理，所发生的费用由托运人承担，即为转船附加费。

☆ 超长附加费（Long Length Additionals）。指托运货物的单件长度超过规定时（一般规定为 9 米）所发生的附加费用。

☆ 超重附加费（Heavy Lift Additionals）。指托运货物的单件重量超过规定时（一般规定为 3 公吨)所发生的附加费用。

☆ 燃油附加费(Bunker Adjustment Factor,BAF)。国际燃油价格上涨时,船方为弥补成本的增加,而向托运人征收的额外费用。

☆ 港口附加费(Port Surcharges)。有的港口条件不好,装卸货物的效率低,直接影响班轮航期。因此,凡托运人要求船舶停靠这类港口,就需要多交些费用,称为港口附加费。

☆ 洗舱费(Cleaning Tank Charges)。船舶运输散装油一类的货物时,装运前需要洗刷船舱,使之符合装运要求,有的还需要经过检验部门的检验并出具证明。为此,租船人要支付一定的费用,称为洗舱费。

链　接

正确计算燃油附加费、转船附加费

1. 燃油附加费是指由于燃油价格上涨而加收的费用,是一项主要的附加费,几乎所有的航线都收取这种附加费,多用基本运费乘以燃油附加费率的方法来计算。

2. 转船附加费是对于那些需要转船的货物收取的费用,计算方法是在基本运费的基础上加上燃油附加费后再乘以转船附加费率。

4. 班轮运费的计算。班轮运费计算分下列步骤进行。

☆ 查计费标准和运价等级——根据货物名称,从有关运价表中查出该货物的计费标准,然后查出运价等级。

☆ 查航线——从按航线划分的等级费率表中找出该等级货物的基本费率。

☆ 查附加费——查出各附加费的费率及计算方法。

☆ 根据上述各种内容,将各项数据代入班轮运费计算公式予以计算。计算班轮运费的公式为

$$班轮运费＝基本费率×运费吨×（1＋附加费百分比）$$
或
$$班轮运费＝基本运费＋附加费$$

(二) 租船运输

租船运输(Charter Shipment)又称不定期船运输,与班轮运输不同,它没有预先制定的船期表,没有固定的航线,停靠港口也不固定,无固定的费率本。船舶的营运是根据船舶所有人与需要船舶运输的货主双方事先签订的租船合同来安排的。租船运输具有如下基本特点。

☆ 租船运输是根据租船合同组织运输的,租船合同条款由船东和租方双方共同商订。

☆ 一般由船东与租方通过各自或共同的租船经纪人洽谈成交租船业务。

☆ 不定航线,不定船期。船东对于船舶的航线、航行时间和货载种类等按照租船人的要求来确定,提供相应的船舶,经租船人同意进行调度安排。

☆ 租金率或运费率根据租船市场行情来决定。

☆ 船舶营运中有关费用的支出,取决于不同的租船方式由船东和租方分担,并在合同条款中订明。例如,装卸费用条款 FIO 表示租船人负责装卸费,若写明 Liner Term,则表示船东负责装卸费。

☆ 租船运输适宜大宗货物运输。

☆ 各种租船合同均有相应的标准合同格式。

1. 租船运输的方式。租船方式主要有定期租船和定程租船两种。

☆ 定期租船(Time Charter)。又称期租船,是指按一定期限租赁船舶的方式,即由船东(船舶出租人)将船舶出租给租船人在规定期限内使用,在此期限内由租船人自行调度和经营管理。租期可长可短,短则数月,长则数年。

定期租船的特点是:在租赁期内,船舶由租船人负责经营和管理;一般只规定船舶航行区域而不规定航线和装卸港;除另有规定外,可以装运各种合法货物;船东负责船舶的维修和机械的正常运转;不规定装卸率和滞期、速遣条款;租期内的船舶燃料费、港口费用以及拖轮费用等营运费用,都由租船人负担,船东只负责船舶的维修、保险、配备船员和供给船员的给养、支付船员的工资,并支付其他固定费用;期租船的租金在租期内不变,支付方法一般按船舶夏季载重线时的载重吨每吨每月若干货币单位计算,每 30 天(或每日每月)或每半月预付一次;船东和租船人双方的权利和义务以期租船合同为依据。

☆ 定程租船(Voyage Charter,Trip Charter)。又称程租船或航次租船,是指按航程租赁的方式。

定程租船的特点是:根据租船人(货主)的需要和船东的可能,经双方协商,在程租船合同中规定航线、装卸港口和航行船期;船方必须按租船合同规定的航程完成货物运输任务,并负责船舶的运营管理及其在航行中的各项费用开支,如需支付燃油费和船员的工资;程租船合同需规定装卸率和滞期、速遣费条款;运价受租船市场供需情况的影响较大;租船人和船东双方的其他权利、义务一并在程租船合同中规定;在程租船的租船合同内要具体规定船方是否负责货物的装卸,如船方不负责装货,则需在合同中标明 F.I(free in),如船方不负责卸货,则需在合同中标明 F.O(free out),如船方对装卸货物均不负责,则需在合同中标明 F.I and F.O,如船方负责货物的装卸,则需在合同中标明 Liner Terms(班轮条件);定程租船以运输货值较低的粮食、煤炭、木材、矿石等大宗货物为主。

此外还有光船租船和包运租船等形式。

☆ 光船租船又称船壳租船。这种租船不具有承揽运输性质,它只相当于一种财产租赁。光船租船是指在租期内船舶所有人只提供一艘空船给承租人使用,而配备船员、供应给养、船舶的营运管理以及一切固定或变动的营运费用都由承租人负担。

光船租船的特点是:船舶所有人只提供一艘空船;全部船员由承租人配备并听从承租人的指挥;承租人负责船舶的经营及营运调度工作,并承担在租期内的时间损失,即承租人不能“停租”;除船舶的资本费用外,承租人承担船舶的全部固定的及变动的费用;租金按船舶的装载能力、租期及商订的租金率计算。

☆ 包运租船又称为运量合同。包运租船是指船舶所有人以一定的运力,在确定的港口之间,按事先约定的时间、航次周期,每航次以较均等的运量,完成全部货运量的租船方式。

包运租船区别于其他租船方式的特点有：包运租船合同中不确定船舶的船名及国籍，仅规定船舶的船级、船龄和船舶的技术规范等，船舶所有人只需比照这些要求提供能够完成合同规定每航次货运量的运力即可，这对船舶所有人在调度和安排船舶方面是十分灵活、方便的；租期的长短取决于货物的总量及船舶航次周期所需的时间；船舶所承运的货物主要是运量特别大的干散货或液体散装货物，承租人往往是业务量大和实力强的综合性工矿企业、贸易机构、生产加工集团或大石油公司；船舶航次中所产生的时间延误的损失风险由船舶所有人承担，而对于船舶在港装、卸货物期间所产生的延误，则通过合同中订有的"延滞条款"的办法来处理，通常是由承租人承担船舶在港的时间损失；运费按船舶实际装运货物的数量及商订的费率计收，通常按航次结算。从上述特点可见，包运租船在很大程度上具有"连续航次租船"的基本特点。

2. 租船合同的主要条款。租船合同是租船人和船东就租用整船或部分舱位的当事人双方权利和义务所达成的协议。以程租船合同为例，其内容除船东和租船人名称外，通常对船名、船期、承运货物名称和数量、装卸港口、受载日期、运费和装卸率、滞期、速遣费等作出规定。

第一，运费与装卸费的规定。运费（Freight）是船方提供运输服务的报酬。可采用运费率，即按货物单位重量或体积若干金额计费；也可按整船定一个总值（Lump Sum Freight）即所谓"包干运费"。租船合同对于装卸费负担的划分有以下四种。

☆ 船方负责装卸费（Gross/Berth Terms），又可称为班轮条件（Liner Terms），费用划分一般以船边为界。

☆ 船方不负担装卸费（FIO，Free In and Out）。

☆ 船方管装不管卸（FO，Free Out）。

☆ 船方管卸不管装（FI，Free In）。

第二，许可装卸时间的规定。装卸时间是指船方必须完成装卸作业的时间，一般规定若干日或若干小时，也可以用装卸率来表示。如一艘载重量 18 000 公吨的货轮，有 6 个舱口可同时作业，每个舱口的装卸率为每日 300 公吨，则该货轮的许可装卸时间为 10 日，计算方法是用 18 000 公吨除以 6 个舱口与每天 300 公吨装卸率的乘积。但"日"应该如何计算，则需要在租船合同具体规定。通常的规定方式有：

☆ 按日（Days）或连续日（Running Days）计算。是指自午夜零时后连续 24 小时即为一天，不扣除任何节假日和因天气变化不能装卸的时间，这种计算方法对船方有利，对租船人不利，在国际贸易中很少使用。

☆ 按晴天工作日（Weather Working Days）计算。即正常的工作日，扣除星期天、节假日或者由于天气原因不能进行装卸工作的时间。

☆ 按工作日计算（Working Days）计算。即按扣除非工作日（星期天、法定节假日）后的港口正常工作的天数计算。

另外，由于各国港口习惯和规定的有所差异，对于星期六、星期日和节假日是否计算在内也应当明确规定。

第三，速遣费和滞期费的规定。承租人在租船合同约定的装卸时间之前将货物全部装卸完毕，对于提前的时间一般由船东向租船人支付一笔约定金额的奖金，以表示鼓励承租人能够缩短船舶在港停留时间的做法，这就是速遣费。这种约定金额，通常是在考虑该船舶的燃料费、港口使用费、营运成本费及其他营运损失后，按每天载重量或每天每艘船若干元来确定。但如果租船人在规定的期限内未能完成装卸作业，为补偿船方由于船舶延期所产生的损失，则要由租船人向船方支付一定的罚金，此项罚金称为滞期费。速遣费通常是滞期费的一半。

拓展阅读

第二节　海洋运输单据

一、海运提单的概念和性质

海运提单（Ocean Bill of Lading，Ocean B/L）是由船长或承运人的代理人签发的证明海上运输合同和货物由承运人接管或装船以及承运人据以保证交付货物的单据。

海运提单的性质表现在下列几个方面。

1. 海运提单是承运人（或其代理人）出具的货物收据，证明收到提单上所列的货物。

2. 海运提单是货物所有权的凭证，在法律上具有物权证书的作用。收货人在目的港提取货物时，必须提交正本提单，提单的持有人还可以在载货船舶到达目的港之前用转让提单的方式将在途货物出售，或者凭提单向银行押汇。

3. 海运提单是运输契约的证明。提单本身不是运输契约，只是承运人与托运人之间订立的运输契约的证明。其条款规定了承运人和托运人各自的权利与义务，是处理双方争议的法律依据。

二、海运提单的基本内容

世界航运业各船公司都有自身印就的提单格式，其基本内容大致相同，一般包括提单正面的记载事项和提单背面印就的运输条款。

1. 提单正面的记载事项，分别由托运人和承运人或其代理人填写，通常包括下列事项：托运人、收货人、被通知人、装货港、卸货港、船名及航次、唛头及件、货名及件数、重量与体积、运费预付或运费到付、正本提单的份数、船公司或其代理人的签章、签发提单的地点及日期。

2. 提单背面印就的条款。在班轮提单背面，通常都有印就的运输条款，这些条款是作为确定承运人与托运人之间以及承运人与收货人及提单持有人之间的权利和义务的主要依据。提单中的运输条款起初是由船方自行规定的，后来由于船方在提单中加列越来越多的免责条款，使货方的利益失去保障，并降低了提单作为物权凭证的作用。为了缓解船、货双方的矛盾并照顾到船、货双方的利益，国际上为了统一提单背面条款的内容，曾先后签署了有关提单的国际公约，其中包括：

☆ 1924 年签署的《关于统一提单的若干法律规则的国际公约》，简称《海牙规则》（The Hague Rules）。

☆ 1968 年签署的《联合国海上货物运输公约》，简称《维斯比规则》（The Visby

Rules)。

☆ 1978 年签署的《联合国海上货物运输公约》,简称《汉堡规则》(The Hamburg Rules)。

由于上述三项公约签署的历史背景不同,内容不一,各国对这些公约所持有的态度也不相同,因此,各国船公司签发的提单背面条款也就互有差异。

三、海运提单的分类

1. 已装船提单(Shipped on Board B/L)和备运提单(Cargo Received for Shipment B/L)。根据货物是否已装船,可分为已装船提单和备用提单。前者是指货物已装上船后签发的提单,而后者是指承运人已接管货物并准备装运时所签发的提单,所以又称收讫待运提单。这种提单除载明一般事项外,通常还必须注明装载货物的船舶名称和装船日期,即是提单项下货物的装船日期。

由于已装船提单对于收货人及时收到货物有保障,所以在国际货物买卖合同中一般都要求卖方提供已装船提单。在结汇时银行一般也只接受已装船提单。近年来随着集装箱运输的发展,承运人在内陆收货越来越多,而货运站不能签发已装船提单,货物装入集装箱后没有特殊情况,一般货物质量不会受到影响。港口收到集装箱货物后,则向托运人签发"场站收据",托运人可持"场站收据"向海上承运人换取"待运提单",这里的待运提单实质上是"收货待运提单"。由于在集装箱运输中,承运人的责任期间已向两端延伸,所以根据《联合国国际货物多式联运公约》和《跟单信用证统一惯例》的规定,在集装箱运输中银行还是可以接受以这种提单办理货款的结汇的。但是在目前国际贸易的信用证仍往往规定海运提单必须是"已装船提单",使开证者放心。

2. 清洁提单和不清洁提单。根据货物外表状况有无不良批注,提单可分为清洁提单(Clean B/L)和不清洁提单(Unclean or Foul B/L)。前者是指货物装船时表面状况良好,一般未经加添明显表示货物及/或包装有缺陷批注的提单。在对外贸易中,银行为安全起见,在议付货款时均要求提供清洁提单。后者是指承运人在提单上已加注货物及/或包装状况不良或存在缺陷等批注的提单。

 链　接

不清洁提单的认定

提单上批注如"几件损坏"(…packages in damaged condition)、"被雨淋湿"(rain west)等,可以构成不清洁提单。但并非加了批注的提单都是不清洁提单。国际海运工会(International Chamber of Shipping)作了解释——即使提单上有下列批注,仍不能构成不清洁提单:

1. 不明确表示货物或包装不能令人满意的批注。如"旧箱""旧桶""二手麻袋包装"等。

2. 强调承运人对于货物或包装性质所引起的风险不负责任的批注。

3. 承认承运人知道货物的内容、重量、容量、质量或技术规格的批注。

四、记名提单、不记名提单和指示提单

根据提单上收货人一栏的不同写法,提单可分为记名提单(Straight B/L),不记名提单(Bearer B/L)和指示提单(Order B/L)。记名提单在收货人一栏内列明收货人名称,所以又称为收货人抬头提单,这种提单不能用背书方式转让,而货物只能交予列明的收货人,这种提单失去了代表货物可转让流通的便利,但同时也可以避免在转让过程中可能带来的风险。记名提单一般只适用于运输展览品或贵重物品,在国际贸易中较少使用。

不记名提单是指在提单上收货人一栏内没有指明任何收货人,而注明"提单持有人"(Bearer)字样或将这一栏空白,不填写任何人的名称的提单。这种提单不需要任何背书手续即可转让,或提取货物,极为简便。承运人应将货物交给提单持有人,谁持有提单,谁就可以提货,承运人交付货物只凭单,不凭人。这种提单丢失或被窃,风险极大,若转入善意的第三者手中时,极易引起纠纷,故国际上较少使用这种提单。

指示提单"收货人"一栏中没有具体的人名,只是填上"凭指示"(To Order)或"凭某人指示"(Order of...)字样。此种提单可凭背书进行转让,有利于资金的周转,在国际贸易中应用较普遍。提单背书(Endorsement)有空白背书和记名背书两种。空白背书是由背书人(即提单转让人)在提单背面签上背书人单位名称及负责人签章,但不注明被背书人的名称,也不需取得原提单签发人的认可。指示提单一经背书即可转让,意味着背书人确认该提单的所有权转让。记名背书除同空白背书须由背书人签章外,还要注明被背书人的名称。如被背书人再进行转让,必须再加背书。指示提单有凭托运人的指示、凭收货人指示和凭进口方银行指示等,则分别需托运人、收货人或进口方银行背书后方可转让或提货。指示提单在国际海运业务中使用较广泛。

五、直达提单、转船提单和联运提单

根据不同运输方式,提单可分为直达提单(Direct B/L)、转船提单(Transshipment B/L)和联运提单(Through B/L)等。直达提单是承运人签发的由起运港以船舶直接运达目的港的提单。如起运港的载货船舶不直接驶往目的港,需在转船港换装另一船舶运达目的港时所签发的提单,称为转船提单。如果货物需经两段或两段以上运输运达目的港,而其中有一段是海运时,如海陆联运、海空联运或海海联运所签发的提单称为联运提单。所以转船提单实际上也是联运提单的一种。

六、全式提单和简式提单

按提单内容的简繁划分,提单分为全式提单(Long Form B/L)和简式提单(Short Form B/L)。全式提单是指提单除正面印就的提单格式所记载的事项,背面列有关于承运人与托运人及收货人之间权利、义务等详细条款的提单。由于条款繁多,所以又称繁式提单。在海运的实际业务中大量使用的大都是这种全式提单。简式提单,又称略式提单,是相对于全式提单而言的,是指提单背面没有关于承运人与托运人及收货人之间的权利、义务等详细条款的提单。这种提单一般在正面印有"简式"(Short Form)字样,以示区别。

简式提单中通常列有如下条款："本提单货物的收受、保管、运输和运费等事项,均按本提单全式提单的正面、背面的铅印、手写、印章和打字等书面条款和例外条款办理,该全式提单存本公司及其分支机构或代理处,可供托运人随时查阅。"简式提单通常包括租船合同项下的提单和非租船合同项下的提单。

七、班轮提单和租船提单

根据船舶经营的性质,提单可分为班轮提单和租船提单。

1. 班轮提单(Liner B/L),即由经营班轮运输的船舶公司或其代理人出具的提单;

2. 租船提单(Charter B/L),是由船方根据租船合同签发的提单。提单上注明"根据租船合同出立"的字样,不另列详细条款。

八、运费预付提单和运费到付提单

1. 运费预付提单(Fright Prepaid B/L),指在货物装船后立即支付运费的提单。由卖方负责租船订舱的交易,通常要求这种提单。

2. 运费到付提单(Fright to Be Collected B/L),指运费在货物到达目的港,收货人提取货物之前支付的提单。这种提单在收货人没有付清运费及其他有关杂费前,承运人行使货物留置权。但对某些货物,轮船公司一般不同意运费到付,如舱面货、冷藏货、散装油、活牲畜、行李、家具和易腐物品等。

九、其他种类的提单

1. 舱面提单(On Deck B/L),又称甲板提单,指承运人在签发的提单表面注有"货装甲板"字样。这种提单的托运人,一般要向保险公司投保舱面险,以保证货物的运输安全。

2. 倒签提单(Ante-Dated B/L),指承运人根据托运人要求,当实际装运日期迟于信用证或合同规定的日期时,将提单上装运期提前,以符合信用证或合同要求,这种倒填装运日期的提单,称为倒签提单。

3. 预借提单(Advanced B/L),指因信用证或其他方面规定的装船期已到,但货物尚未装船,这时,托运人向承运人提出要求,要承运人预先签发提单并借给托运人,以解决它的"困难"。这种预先拿到的提单,称为预借提单。

应该指出的是,倒签提单和预借提单实质上都是错误的做法。个别承运人从本单位的利益出发,为了揽住客户,在得到托运人的书面"保证"后,往往就将已签字的正本提单"借"给托运人。其实,托运人交给承运人以换取提单的"保证",其内容基本相同或相似,即愿意承担一切后果,但实际却不是这样。一旦进口方发现提单弄虚作假,承担责任的不仅是托运人,承运人也难以推脱其应负的责任。这种事例已经屡见不鲜。

知识卡

海　运　单

海运单(Sea Waybill, Ocean Waybill)是一种不可以转让的货物收据和运输契约,不具有物权凭证的性质。这种单据现已开始在西欧、北欧国家使用,性质类似于航空运单。对于关系人仅涉及托运人、承运人和收货人的交易,这种单据使用起来就很方便。但海运单一般不能用于向银行抵押。其格式近似于简式提单,提单背面不列详细条款。

十、海运提单范例及栏目填写说明

1. B/L No 提单的编号:由承运人或其代理人填写;

2. Shipper 托运人:发货人的全称及详细地址;

3. Consignee 收货人:多写"To Order","凭指示"或"To Order of Shipper","凭发货人指示";

4. Notify Party 被通知方:指船到目的港应接货的人,多为收货人的代理人、全称及地址;

5. Pre-carriage 前程运输:第一程的船名,如不需转运则不填写;

6. Place of Receipt 收货地点:收货的港口名称或地点;

7. Ocean Vessel Voy. No. 装货船名和航次:装货的船名和航次,如需转运则填写第二程的船名;

8. Port of Loading 装运港:货物的装运港;

9. Port of Discharge 卸货港:一般为目的港;

10. Place of Delivery 交货地点:货物最终的目的地;

11. Marks and Nos. 唛头(运输标志):按信用证或合同的规定填写;

12. No. of Containers or Pkgs 集装箱箱数或包装件数;

13. Kind of Packages,Description of Goods 包装种类(以及件数)和货名:按信用证或合同的规定填写;

14. Gross Weight 毛重:货物毛重的公斤数,如是裸装货,则载重量前加注 N.W;

15. Measurement 体积(尺码):货物的体积数,小数点后保留三位;

16. Total 合计:集装箱箱数或包装件数合计(大写);

17. Freight and Charges 运费和其他费用:FOB 条件下可填"Freight Collect",CIF、CFR 条件下,可填"Freight Prepaid";

18. Freight Payable at 运费支付地点:FOB 条件下应填目的港名称,CIF、CFR 条件下,应填装运港名称;

19. Place and Date of Issue 签发提单的地点和时间:地点填装运港,时间为装运日期;

20. Number of Original B/L(s)正本提单份数:一般为两份到三份,用英文大写;

21. Signed for the Carrier 承运人签字:由船长、承运人或其代理人签字;

22. Landed on the Vessel Date 装船批注、日期和签署。

第三节　集装箱运输方式

一、集装箱简介

集装箱（Container）又称"货柜""货箱"，是一种具有一定的强度和刚度，专供周转使用并便于机械操作和运输的大型货物容器。集装箱是一种运输辅助工具，它适用于海洋运输、铁路运输、公路运输、内河运输与国际多式联运。集装箱在装卸、堆放和运输中的安全性至关重要，为此，国际标准化组织制定了有关集装箱质量的标准。

集装箱运输方式的应用，大幅度地提高了装卸效率。减少了货损货差，缩短货物的在途时间，加快车船的周转，简化了理货手续，降低了货物的运输费用，推动了货物包装的标准化，为国际货物运输带来了重大变革。

二、集装箱运输商品的交接

（一）装箱方式

根据集装箱货物装入集装箱的方式和数量不同，装箱方式可分为整箱货和拼箱货两种。

1. 整箱货（Full Container Load，FCL），是指在海关的监督下，由货主自行将货物装满整箱后，以箱为单位托运的集装箱。集装箱可以是货主自备的，也可以向承运人或集装箱租赁公司租用。装货一般是在货主仓库，货主将货物装入箱内，加锁、铅封后交承运人。

2. 拼箱货（Less than Container Load，LCL），是指由承运人（或代理人）负责将货主托运的货物装入集装箱，由于单个托运人所托运的货物数量不足以装够一个整箱，由承运人按货物类别、目的地等集中若干个不同货主的货物拼装在一起。拼箱货的装箱（拆箱）一般是在承运人码头集装箱货运站或内陆集装箱转运站进行。

拓展阅读

（二）集装箱的交接方式

由于集装箱装箱方式不同，因此集装箱的交接方式也有所不同，大致上可分为三种类型。

1. 门到门（Door to Door，DD）。即承运人在发货人的工厂或仓库接受货物，在收货人的工厂或仓库交付货物。

2. 集装箱堆场（Container Yard，CY）至集装箱堆场。指整箱货物装箱后，直接运到集装箱堆场等候装运，当运送到目的地后，收货人从集装箱堆场直接将货物提走。

3. 集装箱货运站（Container Fright Station，CFS）至集装箱货运站。指集装箱货运站将统一目的地的几个发货人的货物，拼装在一个集装箱内，商品运抵目的地后，由承运人在集装箱货运站将货物分开，分别交付给收货人。

三、集装箱海运运费

集装箱运费包括内陆运费、拼箱费、堆场服务费、海运运费、集装箱及其设备使用费等。集装箱运费计收方法基本上有两种。

(一) 以每运费吨(Freight Ton)为计算单位

这种方法与班轮运费的计收方式基本相同。

(二) 按包箱费率以每个集装箱为计费单位

集装箱包箱费率有以下三种。

1. FAK 包箱费率(Freight for All Kinds),即不分货物等级,按每个集装箱收取的费率。

2. FCS 包箱费率(Freight for Class),即按货物等级制定的包箱费率。

3. FCB 包箱费率(Freight for Class & Basis),即按货物等级及不同类型的计价标准制定的费率。

以上几种集装箱包箱费率的计算表中,分别订有 20 英尺和 40 英尺包箱费率,如果货物拼箱装运,FAK 和 FCS 方式按 W/M 方式列出基本运费,FCB 则按不同类别的计价标准,列出基本运费。

除基本运费外,集装箱运输的费用还包括附加费,主要有以下几种。

1. 内陆运输费(Inland Transport Charge),指装运港市内运输费、区域运费、变更装箱地点费等。

2. 拼箱服务费(LCL Service Charge),指拼箱货在货运站至堆场之间的空箱、重箱的运输,理货,货运站内的搬运、分票、堆存及装拆箱等方面的费用。

3. 集装箱码头使用费(Terminal Handling Charges,THC)。

需要注意的是,THC 应为港口向船方收取的固定费用,在运费中已经包括了这笔费用。但代表船方利益的国际班轮协会在没有降低运费的情况下,却决定从 2001 年 1 月起,在中国境内需装在国际班轮的集装箱,由货主缴纳 THC。收费标准为:每个 20 英尺普通集装箱 CNY370 元;40 英尺普通集装箱 CNY560 元;20 英尺冷藏集装箱 CNY410 元;40 英尺冷藏集装箱 CNY610 元。这项数目不小的费用,对从事加工贸易的企业形成较大的压力,也削弱了加工产品的国际市场竞争力。

第四节　其他运输方式

一、铁路运输

铁路运输(Railway Transportation),是指利用铁路进行货物运输的一种运输方式。与其他运输方式相比较,铁路运输具有准确性和连续性强的优点,铁路运输几乎不受气候影响,而且运输量比较大。铁路一列货物列车一般能运送 3 000～5 000 吨货物,运输成本也相对较低。国际铁路运输是国际货物运输中仅次于海洋运输的主要运输方式。

(一)铁路运输的运营方式

1.国内铁路货物运输。国内铁路货物运输是指在本国范围内按《铁路货物运输规程》的规定办理的货物运输。我国出口货物运到港口装船和进口货物从口岸运送到内地用货部门,往往离不开铁路运输。我国内地经由铁路供应港澳的货物,也属国内铁路运输。

2.国际铁路货物联运。凡是使用一份统一的国际联运票据,由铁路负责经过两国或两国以上铁路的全程运送,并且由一国铁路向另一国铁路移交货物时不需发货人和收货人参加,这种运输方式称为国际铁路货物联运。

采用国际铁路货物联运,有关当事国必须事先订有书面约定。这方面的书面约定有我国 1951 年 4 月参加的、包括苏联、东欧各国在内的《国际铁路货物联运协定》(简称《国际货协》)。我们对朝鲜、蒙古和俄罗斯等有铁路连通的国家的出口,都采用这种方式运送。

欧洲国家的铁路联运开始较早,西北欧国家之间签订的《国际铁路货物运送公约》(简称《国际货约》),又称《伯尔尼货运公约》。

(二)铁路运输费用

联运货物的运费包括发送国铁路的运送费用、到达国铁路运送费用以及过境国铁路的运送费用三部分。发送国铁路运送费按其国内运价计算,到达国运费也是按该国国内铁路运价计费;而过境国铁路的运送费用,则按国际铁路联运协定统一过境运价规程的规定计算。

(三)国际铁路运单(Railway Bill,RWB)

1.国际铁路货物运单的内容

(1)必须记载的内容:如到站名称,收货人名称和地址,货物名称,货物重量,零担货物件数、包装标志,发货人负责装车时的车号以及私有车辆的自重,单证明细表,发货人名称和地址。

(2)根据需要记载的内容:如货物交付方式,适用的运价规程,货物交付利息的金额数,发货人负责支付的费用,现款交付和运费的金额,发往国和过境国的出口国境站。

（3）可附加记载的内容:该内容仅供收货人参考,对铁路无约束力,用以向收货人提示有关货物的情况,如货物的来向、去向以及货物的保险等。

2.运单的效力

运单是发货人、收货人和铁路之间运输合同存在的证明,对三方均有法律约束力。同时,运单也是铁路向收货人收取运杂费用和清点提交货物的依据。运单正本应随货物由发运站到到达站全程附送,最后交给收货人。但铁路运单不同于海运提单,不能转让,也不能提货。运单的副本可以作为向铁路索赔的证件,同时也是卖方通过银行向买方结算货款的主要单证之一。

发货人应对其在运单中所填报和声明的事项的正确性负责。由于记载和声明事项不正确、不确切或不完备,以及由于未将应报事项记入运单而发生的一切后果,均由发货人负责。铁路有权检查发货人在运单中所作记载是否正确,但途中检查货物内容,仅限于在海关和其他规章有规定的情况下,以及为保证途中行车完全和货物完整时方能进行。

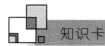 知识卡

国际铁路联运运单（International Through Rail way Bill）与国际海运提单（Bill of Lading）的异同如下。

1.相同点

（1）都是发货人与承运人之间运输契约的证明,规定了承运人与收发货人之间,在货物运输中的权利、义务和责任。

（2）都是银行结算的单证。

（3）都是收货人凭以提货的文件。

2.不同点

（1）海运提单是物权凭证,提单上的收货人可以是代理,可以是实际收货人,也可以是 To Order,海运提单可以转让,而国际联运运单则不是,它不可转让,不是物权凭证。甚至在运单上的收货人只能写实际收货人（这是哈萨克、乌兹别克等中亚国家,俄罗斯、白俄罗斯等国家铁路部门的规定）。

（2）通常使用的国际货协运单为一式五联（如涉及过境第三国的情况,则每涉及一个过境国,就需要增加一张"补充运行报单"）。

第1联:运单正本;

第2联:运行报单;

第3联:运单副本给发货人;

第4联:货物交付单,给到达铁路;

第5联:货物达到通知书,给收货人,只有此联可以提货。

海运提单一般签发 3 份正本和 3 份副本,全套 3 正 3 副全部交发货人,3 份正本具有同等的效力,任何一份都可以提货,但是任何一份提单提货后,其余 2 份正本自然失效。提单副本不具备任何效力。

二、航空运输

（一）航空货运的特点

飞机是各种运输工具中最快捷的一种，其速度大都在每小时 850～900 公里。航空运输大大缩短了货物在途时间，对于那些易腐烂、变质的鲜活商品，时效性、季节性强的报刊，节令性商品，抢险、救急品的运输，明显存在优势。航空运输安全系数远高于其他运输方式，因此许多贵重物品、精密仪器也往往采用航空运输的形式。航空运输利用天空这一自然通道，不受地理条件的限制，对于地面条件恶劣、交通不便的内陆地区非常合适。但航空运输的运输费用高，而且舱容有限，受恶劣气候影响大，因而不适于运送大批量或价值低的货物。

（二）航空运输的方式

1. 班机运输（Scheduled Airline）。班机运输是指在固定航线上定期航行的航班。班机运输一般有固定的始发站、到达站和经停站。由于班机运输有固定的航线、挂靠港、航期，并在一定时间内有相对固定的收费标准，对进出口商来讲可以在贸易合同签署之前预期货物的起运和到达时间，核算运费成本，合同的履行也较有保障，因此成为多数贸易商的首选航空货运形式，尤其适用于鲜活货物、易腐货物、贵重货物、急需货物的运输。

2. 包机运输（Chartered Carrier）。包机运输方式可分为整包机和部分包机两类。整包机即包租整架飞机，指航空公司按照与租机人事先约定的条件及费用，将整架飞机租给包机人，从一个或几个航空港装运货物至目的地。整包机方式的包机人一般要在货物装运前一个月与航空公司联系，以便航空公司安排运载和向起降机场及有关政府部门申请、办理过境或入境的有关手续。整包机的费用采用一次一议制，随国际市场供求情况变化，原则上是按每一飞行公里固定费率核收费用，并按每一飞行公里费用的 80% 收取空放费。因此，大批量货物使用包机时，均要争取来回程都有货载，这样费用比较低。只使用单程，运费比较高。部分包机是指由几家航空货运公司或发货人联合包租一架飞机或者由航空公司把一架飞机的舱位分别卖给几家航空货运公司装载货物。部分包机运用于托运不足一架整飞机机舱但货量又较重的货物运输。

链　接　　　　　　　　**我国航空运输出口货物的程序**

1. 托运人在备齐货物，收到开来的信用证经审核（或经修改）无误后，就可办理托运，即按信用证和合同内有关装运条款以及货物名称、件数、装运日期、目的地等填写《托运单》并提供有关单证，送交外运公司作为订航班的依据。

2. 安排货舱。外运公司收到托运单及有关单据后，会同中国民航，根据配载原则、货物性质、货运数量、目的地等情况，结合航班，安排舱位，然后由中国民航签发航空运单。

3. 装货、装机。外运公司根据航班，代各外贸公司或工贸企业从仓库提取货物送进机场，凭装货单据将货物送到指定舱位待运。

4. 签发运单。货物装机完毕，由中国民航签发航空总运单，外运公司签发航空分运单，航空分运单有正本 3 份、副本 12 份。正本 3 份，第一份交给发货人，第二份由外运公司留存，第三份随货同行交给收货人。副本 12 份作为报关、财务结算、国外代理、中转分拨等用途。

5. 发出装运通知。货物装机后，即可向买方发出装运通知，以便对方准备付款、赎单、办理收货。

（三）航空运单

航空运单（Airway Bill）是承运人与托运人之间签订的运输契约，也是承运人或其代理人签发的货物收据。航空运单还可作为核收运费的依据和海关查验放行的基本单据。但航空运单不是代表航空公司的提货通知单。在航空运单的收货人栏内，必须详细填写收货人的全称和地址，而不能做成指示性抬头。

1. 航空货运单填写的基本要求

（1）托运人托运货物，应当填写或由他人代为填写航空货运单（简称货运单），货运单包括 3 份正本，9 份副本，连同货物交给承运人。运费和其他费用已经确定的，应当由承运人填入货运单。货运单 3 份正本具有同等法律效力，由托运人和承运人签字或者盖章。正本第一份交承运人，第二份交收货人，第三份交托运人。

（2）承运人根据托运人的语气填写货运单的，在没有相反证据的情况下，应当视为代托运人填写。

（3）托运人应当对货运单上所填有关货物的说明和声明的正确性负责。由于货运单上所填写的说明和声明不符合规定，不正确或者不完全，给承运人或者承运人对之负责的其他人造成损失的，托运人应当承担赔偿责任。

（4）货运单上所填写的内容被涂改或者删除的，承运人可以不接收该货运单。

（5）托运人在货运单上填写的内容有错误或者有遗漏的，经托运人授权，承运人可以予以更正或者补充，但不承担义务。

（6）托运人托运的货物超过一个包装件的，承运人可以要求托运人分别填写货运单。

（7）货运单应按编号顺序使用，不得跳号。

（8）货运单的有效期：货运单填制完毕，托运人（或其代理人）和承运人（或其代理人）签字后即开始生于效；货物运至目的地，收货人提取货物并在货运单交付联（和提货通知单）上签收认可后，货运单作为运输的凭证，其有效期即告结束。但作为运输契约，其法律依据的有效期应延至运输停止后两年内有效。

2. 航空货运单的用途

（1）航空货物运输的运输条件及合同订立和承运人接收货物的初步证据。

（2）货物交付后的收据。

（3）运费单据。

（4）保险证明（如托运人要求承运人代办保险）

（5）供向海关申报用。

（6）路单（Waybill）（便于承运人的发运、交付和联运）。

航空货运单一式12份,3份正本,6份副本,3份额外副本（Extra Copy）。

根据《统一国际航空运输某些规则的公约》（简称《华沙公约》）的规定,航空货运单应当由托运人填写,承运人根据托运人的要求填写航空货运单的,在没有相反证据的情况下,应当视为是代替委托人填写的。但是在航空货运业务的操作中,各航空公司承运的货物大量是通过其代理人收运的,某些特种货物由航空公司直接收运。因为填写航空货运单必须具有一定的专业知识,同时为了方便操作和对客户提供服务,托运人以托运书（Shipper's Letter of Instructions）或委托书的形式授权航空公司或其代理人代替填写航空货运单。

链 接

航运单证流转程序

1. 托运人向船东或租船人指定的装港代理公司申报出口单。

2. 装港代理公司根据船东/租船人指示审核相关单证,并签发S/O（Shipping Order）。

3. 托运人持S/O及有关单证向商检申报,合格后再向海关申报以办理货物出口放行手续,最后根据船长宣载货物数量备货装船。

4. 船长/大副编制货物积载计划S/P（Stowage Plan）由船长审核并签字后交装港代理人分送各有关方。

5. 托运人将检验过的货物送至装货码头。

6. 货物装船后,大副根据S/P、S/O和事实记录（SOF）,并且留下S/O,签发大副收据（M/R）。

7. 船方/船舶代理或相关方将M/R交托运人。

8. 托运人持M/R到装港代理公司取正本已装船提单（B/L）。

9. 装港代理公司装港代理人根据M/R和相关单证,签发B/L给托运人。

10. 装港代理公司编制出口载货清单（M/F）向海关办理船舶出口手续,并将M/F交船随带。

11. 装港代理公司将M/F、SOF、B/L等单证一份寄给船东,另一份寄往船东或租方指定的卸港代理。

12. 装港代理公司在收到船舶预抵通知后,通知收货人船舶到港日期,做好提货准备事项。

13. 收货人到开证银行,取回B/L,付款赎单。

14. 卸港代理公司根据船舶货运单证联系有关方,做好卸货准备工作及接船工作。

15. 卸港代理公司在船舶抵港后办理船舶进口报关手续。

16. 收货人向海关办理货物进口手续,支付进口关税。

17. 收货人以正本提单向卸货港代理换取提货单(D/O)。

18. 收货人持 D/O 至码头仓库或船边提货。

(四)航空货物运费

1. 计费标准。航空公司规定,在货物体积小、重量大时,按实际重量计算;在货物体积大、重量小时,按体积重量计算(1 立方米计 166.67 千克)。

2. 航空公司运价和费用的种类。一是运价(Rates):承运人为运输货物对规定的重量单位(或体积)收取的费用称为运价。运价指机场与机场间的空中费用,不包括承运人、代理人或机场收取的其他费用。二是运费(Transportation Charges):根据适用运价计得的发货人或收货人应当支付的每批货物的运输费用称为运费。航空公司按国际航空运输协会所制定的三个区划费率收取国际航空运费。一区主要指南北美洲、格陵兰等;二区主要指欧洲、非洲、伊朗等;三区主要指亚洲、澳大利亚。

3. 航空附加费。航空附加费主要包括声明价值费(Valuation Charges)、制单费、货到付款附加费、提货费等。

三、国际邮政运输

邮政运输(Parcel Post Transport)是一种较简便的运输方式。各国邮政部门之间订有协定和合约,通过这些协定和合约,各国的邮件包裹可以互相传递,从而形成国际邮包运输网。由于国际邮政运输手续简便,费用也不高,还可以实现"门到门""桌到桌"的服务,故其成为国际贸易中普遍采用的运输方式之一。

国际邮政运输过程一般需要经过两个或两个以上国家的邮政局和两种或两种以上不同的运输方式才能完成。但邮政托运人只要向邮政局照章办理一次托运,一次付清足额邮资,并取得一张"邮包收据"(Parcel Post Receipt),全部手续即告完成。至于邮件运送、交接、保管、传递等一切事宜均由各国邮政局负责办理。邮件抵达目的地,收件人即可凭邮政局到件通知和收据向邮政局提取邮件。所以,国际邮政运输具有国际多式联运的性质。

按照万国邮政联盟(Universal Postal Union)的要求,我国邮政部门办理对外寄送邮包时,规定每件重量不得超过 20 千克,长度不得超过 150 厘米。

四、国际多式联运与大陆桥运输

(一)国际多式联运的含义和优点

1. 国际多式联运的含义。国际多式联运(International Multimodal Transport)或称国际联合运输(International Combined Transport)。《联合国国际货物多式联运公约》对国际多式联运下的定义是:"国际多式联运是指按照多式联运合同,以至少两种不同的运输方式,由多式联运经营人把货物从一国境内接运货物的地点运至另一国境内指定交付货物的地点。"根据《联合国国际货物多式联运公约》对国际多式联运下的定义,国际多式联运应具备下列特征：

☆ 有一个多式联运合同，合同中明确规定多式联运经营人和托运人之间的权利、义务、责任和豁免。

☆ 使用一份包括全程的多式联运单据，并由多式联运经营人对全程运输负总的责任。

☆ 是单一运费费率，其中包括全程各段运杂费的总和、经营管理费用和合理利润。

☆ 必须是国际间两种或两种以上不同运输方式的连贯运输。

☆ 运程必须跨两个或两个以上的国家。

2. 国际多式联运的优点。首先是手续简便，责任统一。在国际多式联运方式下，货物运程不论多远，不论由几种运输方式共同完成货物运输，也不论货物在途中经过多少次转运，所有运输事项均由多式联运承运人负责办理。而货主只需办理一次托运，订立一份运输合同，支付一次运费，办理一次保险，并取得一份联运提单。与各运输方式相关的单证和手续上的麻烦被减少到最低限度。发货人只需与多式联运经营人进行交涉。由于责任统一，一旦在运输过程中发生货物灭失或损坏时，由多式联运经营人对全程运输负责，而每一运输区段的分承运人仅对自己运输区段的货物损失承担责任。第二是减少运输过程中的时间损失，使货物运输更快捷。多式联运作为一个单独的运输过程而被安排和协调运作，能减少在运转地的时间损失和货物灭失、损坏、被盗的风险。多式联运经营人通过他的通信联络和协调，在运转地各种运输方式的交接可连续进行，使货物更快速地运输，从而弥补了与市场距离远和资金积压的缺陷。第三是节省了运杂费用，降低了运输成本。国际多式联运由于使用了集装箱，集装箱运输的优点都体现在多式联运中，多式联运经营人一次性收取全程运输费用、一次性保险费用。货物装箱后装上一程运输工具后即可用联运提单结汇，有利于加快货物资金周转，减少利息损失。同时也节省了人、财、物资源，从而降低了运输成本。这有利于减少货物的出口费用，提高了商品在国际市场上的竞争能力。第四是提高了运输组织水平，实现了"门到门"运输，使合理运输成为现实。多式联运可以提高运输的组织水平，改善了不同运输方式间的衔接工作，实现了各种运输方式的连续运输，可以把货物从发货人的工厂或仓库运到收货人的内地仓库或工厂，做到了"门到门"的运输，使合理运输成为现实。

在当前国际贸易竞争激烈的形势下，货物运输要求速度快、损失少、费用低，而国际多式联运适应了这些要求。因此，在国际上越来越多地采用多式联运。可以说，国际多式联运是当前国际货物运输的发展方向。我国地域辽阔，更具有发展国际多式联运的潜力。可以预料，随着我国内陆运输条件的改善，我国国际多式联运必将蓬勃地发展起来。

（二）大陆桥运输

1. 大陆桥运输（Land Bridge Transportation）的含义。大陆桥运输是指以铁路为主体，以集装箱为媒介，海运、公路、航空、河运、管道等多种运输方式相结合，横跨洲际大陆，实行海陆衔接，"一票到底"的国际联运。大陆桥运输一般都是以集装箱为媒介，因为采用大陆桥运输，中途要经过多次装卸，如果采用传统的海陆联运，不仅增加运输时间，而且大大增加装卸费用和货损货差。以集装箱为运输单位，则可大大简化理货、搬运、储存、保管和装卸等操作环节。同时集装箱是经海关铅封，中途不用开箱检验，而且可以迅速直接转换运输工具，故采用集装箱是开展大陆桥运输的最佳方式。

2. 大陆桥运输的优势。与传统的国际运输方式相比，大陆桥运输具有明显的优势：一是运输距离大为缩短。大陆桥横穿大陆，比绕道海路近得多，目前世界上开通的西伯利亚大陆桥、北美大陆桥和新亚大陆桥 3 条主要大陆桥，一般比传统的海运路线缩短 1/2～1/3。二是速度快、时间短。由于大陆桥运距较近，且能使用铁路集装箱专用直达列车，中间环节少，运行速度快，从而节省了大量的途中运输时间，并使运行时间有了保证。三是运行质量高。大陆桥运输实行"一票到底"的"门到门"运输，手续简便，责任明确，加上陆上运输安全可靠，集装运输货损、货差减少，具有运行质量高、效益好的特点。所以，大陆桥运输越来越受到国际运输界、贸易界的广泛重视。

3. 世界主要大陆桥

☆ 西伯利亚大陆桥 西伯利亚大陆桥是利用俄罗斯的西伯利亚铁路作为陆地桥梁，把太平洋远东地区与波罗的海和黑海沿岸以及西欧大西洋口岸连接起来，此条大陆桥运输线东自海参崴的纳霍特卡港口起，横贯欧亚五大陆，至莫斯科，然后分三路，一路自莫斯科至波罗的海沿岸的圣彼得堡港，转船往西欧北欧港口；一路从莫斯科至俄罗斯西部国境站，转欧洲其他国家铁路(公路)直运欧洲各国；另一路从莫斯科至黑海沿岸转船往中东、地中海沿岸。所以，从远东地区至欧洲，通过西伯利亚大陆桥有海—铁—海、海—铁—公路和海—铁—铁三种运送方式。

☆ 北美大陆桥 北美大陆桥是指北美的加拿大和美国都有一条横贯东西的铁路公路大陆桥，它们的线路基本相似，其中美国的大陆桥的作用更为突出。美国有两条大陆桥运输线：一条是从西部太平洋口岸至东部大西洋口岸的铁路(公路)运输系统，全长约 3 200 公里；另一条是西部太平洋口岸至南部墨西哥港口岸的铁路(公路)运输系统，长 500～1 000 公里。美国的大陆桥运输由于东部港口拥挤等原因处于停顿状态，但在大陆桥运输的运用过程中，派生并形成小陆桥和微型陆桥运输方式。所谓小陆桥运输，也就是比大陆桥的海/陆/海形式缩短一段，海上运输，成为海/陆或陆/海形式。例如，远东至美国东部大西洋口岸或美国南部墨西哥湾口岸的货运，由原来全程海运，改为由远东装船运至美国西部太平洋口岸，转装铁路(公路)专用车运至东部大西洋口岸或南部墨西哥湾口岸，以陆上铁路(公路)作为桥梁，把美国西海岸同东海岸和墨西哥湾连接起来。所谓微型陆桥运输，也就是比小陆桥更短一段。由于没有通过整条陆桥，而只利用了部分陆桥，故又称半陆桥运输，是指海运加一段从海港到内陆城乡的陆上运输或相反方向的运输形式。微型陆桥运输近年来发展非常迅速。

☆ 新欧亚大陆桥 1990 年 9 月 11 日，我国陇海—兰新铁路的最西段乌鲁木齐至阿拉山口的北疆铁路与哈萨克斯坦的德鲁贝巴站接轨，第二座亚欧大陆桥运输线全线贯通，于 1992 年 9 月正式通车。此条运输线东起我国连云港(其他港口亦可，如大连、天津、上海、广州等)，西至荷兰鹿特丹，跨亚欧两大洲，连接太平洋和大西洋，穿越中国、哈萨克斯坦、俄罗斯，与第一条运输线重合，经白俄罗斯、波兰、德国到荷兰，辐射 20 多个国家和地区，全长 1.08 万公里，在我国境内全长 4 134 公里。与西伯利亚大陆桥相比，总运距缩短 2 000～2 500 公里，可缩短运输时间 5 天，减少运费 10％以上。

五、内河运输

内河运输(Inland Water Transport)是水上运输的重要组成部分,是连接内陆腹地与沿海地区的纽带,在运输和集散进出口货物中起着重要作用。

从 20 世纪 70 年代起,因为燃料油消耗量和油价的持续向上攀升、劳动力成本增高、公路和铁路基础设施占用土地量大幅度增加以及由此而带来的空气污染和环境污染日益严重等问题,世界上许多国家纷纷把投资开发内河航运提到议事日程上。到如今不少国家的内河航运业已令人刮目相看。仅仅是内河航道网的建设里程,波兰就有 3 898 公里,荷兰有 4 387 公里,法国有 8 568 公里。欧洲内河航运年均货运量更是超过 4.25 亿吨,占欧洲地区货运总量的 24%。美国的内河航运更是发达,建成了从五大湖开始,包括伊利运河、密西西比河主干以及其众多支流、田纳西—汤比格比运河,直到墨西哥湾岸内水道和东部圣劳伦斯河的北美内河航道网。四通八达的水运网,降低了运输成本,使美国内河运输的运费与铁路和公路的运费之比为 1∶4∶30,因此,内河运输具有得天独厚的优势。

我国已对外开放长江、珠江等一些主要河流的内河港口,航线可以同一些邻国与国际河流相连通,为发展我国的对外河流运输提供了有利条件。

六、管道运输

(一)管道运输的优点

在国际货物运输方面,管道运输有着独特的优势。在建设上,与铁路、公路、航空相比,投资要省得多。管道运输既可以输送液体和气体(如石油、天然气),又可以输送固体物资(如煤、矿石、建材等)。在油气运输上,管道运输有其独特的优势。首先在于它的平稳、不间断输送。对于现代化大生产来说,油田不停地生产,管道可以做到不停地运输,炼油化工工业可以不停地生产成品,满足国民经济需要。其次是实现了安全运输。对于油气来说,汽车、火车运输均有很大的危险,国外称为"活动炸弹",而管道在地下密闭输送,具有极高的安全性。三是保质。管道在密闭状态下运输,油品不挥发,质量不受影响。四是经济。管道运输损耗少、运费低、占地少、污染低。

(二)世界主要的管道运输

采用管道运输和分送固、液、气体的构想已经有几百年的历史了。从 20 世纪开始,一些国家通过管道采用气力或水力的方法来运输颗粒状的大批量货物。气力管道输送是利用气体为传输介质,通过气体的高速流动来携带颗粒状或粉末状的物质。可输送的物质种类通常有石油、天然气、煤炭和其他矿物、水泥、谷物、粉煤灰以及其他固体废物等。

地下管道物流运输系统是除传统的公路、铁路、航空及水路运输之外的第五类运输和供应系统。由于近年相关技术的不断成熟(如电子技术、电子商务、地下管道的非开挖施工技术等),该领域的研究也越来越被受到重视,西方许多发达国家正积极开展这方面的研究,主要有德国、美国、荷兰以及日本等国的一些专业公司。有关这方面的国际会议也已经多次召开。

第五节　合同中的装运条款

在国际贸易洽商过程中,买卖双方必须就交货时间、装运地和目的地、能否分批装运和转船、转运等问题商妥,并在合同中具体订明。明确、合理地规定装运条款,是保证进出口合同顺利履行的重要条件。

装运条款的内容及其具体订立与合同的性质和运输方式有着密切的关系。我国的进出口合同大部分是 FOB、CIF 和 CFR 合同,而且大部分的货物是通过海洋运输。按照国际贸易惯例解释,在上述条件下,卖方只要装合同规定的货物,在装运港履行交货手续,取得清洁的装船单据,并将其交付买方或其代理人,即算完成交货义务。因此,上述合同的装运条款应包括装运时间、装运港、目的港、是否允许转船与分批装运、装运通知以及滞期、速遣条款等内容。

交货和装运是否一回事?

国际贸易中,存在着交货(Delivery)和装运(Shipment)两个不同的用语。在使用 FCA、FOB、FAS、CFR、CIF、CIP 贸易术语的情况下,卖方只要在合同规定的装运地(港)将货物装到船上或交付承运人监管就算完成了交货义务,这种情况下装运和交货可以作为统一含义来理解。而当使用 EXW、FAS 和 D 组的 DDU、DDP、DES、DAF 六种贸易术语时,则是卖方必须将货物置于买方的实际控制之下,这时就不能将装运和交货混为一谈。

一、装运时间

装运时间(Time of Shipment)又称装运期,是买卖合同中的要件,是卖方履行交货义务的时间或期限,卖方推迟和提前交货都构成违约。

(一)规定装运期的方法

装运合同中对于装运期的规定,通常有下列做法。

1. 规定某月份装运。如 2005 年 12 月装运(Shipment at or before the end of December)。指从 2005 年 12 月 1 日至 12 月 31 日是规定的装运期,不得早于 12 月 1 日,也不得晚于 12 月 31 日。

2. 规定跨月装运。对数量比较大的货物,或者数量大、目的港不是主要挂靠港口,会常用这种规定方法。如 2005 年 6—7 月装运(Shipment during Jun./Jul.2005),指从 2005 年 6 月 1 日至 7 月 31 日都是装运时间,不得早于 6 月 1 日,也不得晚于 7 月 31 日装运。

3. 规定某某时间或以前。如 2005 年 12 月 31 日或以前(Shipment not later than

December 31th)装运,指装运不得迟于 2005 年 12 月 31 日。

4. 将装运时间与支付方式相结合。如规定收到信用证后 30 天内装运(Shipment within 30 days after receipt of L/C);收到信汇/电汇/票汇后 15 天内装运(Shipment within 15 days after receipt of M/T or T/T or D/D)。

(二) 规定装运期时的注意事项

1. 要考虑货物的性质。尤其是性质不稳定的货物,如农副产品,更要注意装运时的季节。

2. 要考虑货源、运输和市场需求等实际情况。

3. 对装运和交货期限的规定要明确,但不宜定得过死,尤其不能规定限于某日装运。

4. 装运期和交货期的长短的规定要适度,并考虑开信用证日期的规定是否合理。

二、装运港(地)、目的港(地)的规定

装运港(Port of Shipment)是指货物起始装运的港口。目的港(Port of Destination)是指货物最后卸货的港口。

(一) 确定装运港和目的港

装运港一般由出口方提出,经进口方同意后确定。目的港则由进口方提出,经出口方同意后确定。规定装运港和目的港都要事先考虑港口的设施情况、港口水深、是否是班轮主要或比较重要的挂靠港,以及距离车站、机场距离远近等。

对于一些批量较大、货源分散、可以在几个地方交货的合同,也可以不规定具体的装运口岸,而是笼统规定某一航区的口岸为装运港,如"中国主要港口""西欧主要口岸"等。但这种方法没有统一的解释,容易引起歧义,而且各港口距离不一,条件不同,运费和附加费也有差别,所以在订立合同时应尽量避免使用这种规定方法。

(二) 确定装运港和目的港的注意事项

1. 规定国外装运港或目的港。

☆ 对国外装运港或目的港的规定,应力求具体明确,不能笼统写成 EMP(欧洲主要港口)或 AMP(亚洲主要港口)。

☆ 不能接受内陆城市为装运港或目的港的条件。

☆ 必须注意装卸港的具体条件。

☆ 应注意国外港口有无重名问题。应在港口或地名后加上国名为好。

☆ 如规定选港(Optional Port),则选择港口不宜过多,并应该在一条航线上,至少要在一个航区内。如国外买方在成交后提出要增加选港,则选港费应由买方承担。

2. 规定国内装运港或目的港应注意的问题。

☆ 应考虑货物的合理流向并贯彻就近装卸的原则。

☆ 应考虑港口的设施、装卸条件等实际情况。

☆ 出口货物时,装运港离生产地要尽量接近,以减少运送货物的运费支出。

三、分批装运和转运

(一) 分批装运(Partial Shipment)

在大宗货物交易中,买卖双方根据运输条件和供需情况,可在合同中规定分批装运条款。分批装运条款可笼统规定允许卖方分批装运,也可具体规定各批次的数量和装运的日期,即分期装运。后种做法对卖方有严格限制,按照《跟单信用证统一惯例》规定,若其中有一期未按信用证规定装运,信用证对该期及以后各期均告失效。《惯例》还规定,除非信用证明示不准分批装运,可视作允许分批装运。运输单据表面上注明同一运输工具、同一航次、同一目的地的多次装运,即使注明不同的装运日期或不同装货地点,也不能视作分批装运。

合同中的分批装运条款可如下规定:

☆ partial shipments are(not)permitted　(不)允许分批;

☆ partial shipments(are)allowed(prohibited)　准许(不准)分批。

(二) 转运(Transshipment)

转运包括运输过程中的转船、转机以及从一种运输工具上卸下再装上另一种运输工具的行为。经修订后于 1993 年生效的《跟单信用证统一惯例》,大大放宽了对转运的限制。按其规定,信用证未明确禁止转运,即为允许转运;即使信用证禁止转运,只要运输单据包括全程运输,该禁止只对港到港方式中非集装箱化的件杂货、散装货有效。

合同中的转船条款可如下规定:

☆ without transshipment　不允许转运;

☆ transshipment at Hong Kong is allowed　允许在香港转船。

国际贸易实践中,买卖双方应在合同中明确规定装船条款,具体做法如下。

☆ 信用证中没有规定是否准许转船,则视作"准许转船";

☆ 以 C 组或 D 组贸易术语成交,且卖方无法租用直达船时,合同中必须订明"准许转船",还应该提醒买方在来证中订明该条款。

另外,需特别注意,按国外合同法,如合同中没有关于转船、分装的规定,不等于可以转船和分装。所以为了减少争议,最好在合同中予以明确。

四、装运通知

(一) 装运通知的主要内容和意义

装运通知(Advice of Shipment)是指卖方将货物装运完毕后,给买方发出的关于货物业已装妥的通知。其内容繁简因合同或信用证要求不同而有所差异,一般应包括品名、实装数量、船名、船期、金额、唛头、起运港、目的港等。装运通知是运输条款中不可或缺的一项内容。按照国际贸易的一般做法,在按 FOB 条件成交时,卖方应在约定的装运期开始以前,一般是 30 天或 45 天,向买方发出货物备妥通知,以便买方及时派船接货。买方接到卖方发出的备货通知后,应按约定的时间,将船名、船舶到港受载日期等通知卖方,以便卖方及时安排货物出运和准备装船。

如按 FOB、CFR 和 CIF 术语签订的合同,卖方应在货物装船后,按约定时间,将合同、货物的品名、件数、重量、发票金额、船名及装船日期等项内容电告买方;如按 FCA、CPT 和 CIP 术语签订的合同,卖方应在把货物交付托运人接管后,将交付货物的具体情况及交付日期电告买方,以便买方办理保险并做好接卸货物的准备,及时办理进口报关手续。

(二)约定装运通知的注意事项

交易双方在规定装运通知时,应当注意下列问题:

1. 交易双方彼此都有相互通知的义务。为了便于交易双方在履约过程中互相配合,共同做好车、船、货衔接和货物交接等工作,双方都应承担相互通知的义务。因此,在规定装运通知时,既要考虑卖方通知买方的事项,也要考虑买方通知卖方的事项。

2. 要明确装运通知的时间。为了便于顺利履行合同,事先明确相互通知的时间很有必要,以免因装运通知不及时而使车、船、货的衔接与货物的交接出现脱节情况,或者出现来不及投保货运险甚至漏保情况。例如,在 FOB 合同中,一般都规定:在装运期开始前若干天,卖方应向买方发出货物备妥通知,买方接到通知后,应在若干天内向卖方发出船舶到港受载的通知。当卖方将其出售的货物装上买方指定的船舶,应在装船完毕后若干小时内向买方发出装船通知,以便买方及时投保货运险。

特别是在 CFR 合同中,如卖方装船后未及时向买方发出装船通知,而使买方未能及时投保货运险,按有关法律和惯例规定,由此产生的一切损失,均应由卖方负担。由此可见,装运通知的时间,应当在合同中具体列明,以利于合同的履行。

3. 酌情确定装运通知的内容。装运通知的内容繁简不一,一般按实际需要来规定。

 链 接

美国 OCP 运输条款

"OCP"是 Overland Common Points 的简写,意即"内陆公共点地区",简称"内陆地区"。其含义是:根据美国费率规定,以美国西部九个州为界,也就是以落基山脉为界,其以东地区均为内陆地区范围,这个范围很广,约占美国全国 2/3 的地区。按 OCP 运输条款规定,凡是经过美国西海岸港口转往上述内陆地区的货物,如按 OCP 条款运输,就可享受比一般直达西海岸港口优惠的内陆运输费率,一般低 3%～5%。而凡从美国内陆地区起运经西海岸港口装船出口的货物同样可按 OCP 运输条款办理。同时,按 OCP 运输条款,尚可享受比一般正常运输为低的优惠海运运费,每吨低 3～5 美元。采用 OCP 运输条款时必须满足以下条件。

1. 货物最终目的地必须属于 OCP 地区范围内,这是签订运输条款的前提。

2. 货物必须经由美国西海岸港口中转。因此,在签订贸易合同时,有关货物的目的港应规定为美国西海岸港口,即为 CFR 或 CIF 美国西海岸港口条件。

3. 在提单备注栏内及货物唛头上应注明最终目的地 OCP 某城市。

例如，我国出口至美国一批货物，卸货港为美国西雅图，最终目的地是芝加哥。西雅图是美国西海岸港口之一，芝加哥属于美国内陆地区城市，此笔交易就符合OCP 规定。经双方同意，就可采用 OCP 运输条款。在贸易合同和信用证内的目的港可填写"西雅图"（内陆地区），即"CIF Seattle(OCP)"。除在提单上填写目的港西雅图外，还必须在备注栏内注明"内陆地区芝加哥"字样，即"OCP Chicago"。

案例回放与分析

日商这样做的目的是想将运费转嫁由我方承担。我方可采取以下两种做法确保我们的利益不受损害：一是要求日方修改信用证，将"运费已付"改为"运费到付"；二是要求日方在装船前将中国口岸到悉尼的运费付给我方，在此基础上同意在提单上表明"运费已付"字样。

篇末点述

海洋运输是国际货物运输的主要方式，可分为两大类：班轮运输和租船运输。一般说来，班轮适合于数量较小的货物，而程租船适合于大宗货物。海运提单是国际商品交易中的重要运输单据，具有物权凭证的性质。近年来，由于国际贸易的迅猛发展，集装箱运输方式方兴未艾，其装箱方式和运费计算具有自身的特点，也是我们应当掌握的内容。

除海运外，国际贸易的货物也采用铁路、航空、大陆桥、邮包以及管道等运输方式。不同方式下，货物的交接时间、地点和要求以及单据的性质和内容都有所差异。

装运条款是国际贸易合同中的重要条件，关于装运时间、装运港、目的港、是否允许分运和转船以及装运通知的规定，都是有关买卖双方的主要责任和义务，只有深入学习和领会条款的意义，才能在今后的实际工作中正确应用。而本章的学习应在理论知识的基础上更加注重案例分析和技能训练。

专业词汇

Method of Transportation 运输方式　　Ocean Transport 海洋运输
Liner Transport 班轮运输　　Charter Shipment 租船运输
Railway Transportation 铁路运输　　Air Transportation 航空运输
Land Bridge Transportation 大陆桥运输　Container Transportation 集装箱运输
Transport Document 装运单据　　Bill of Lading, B/L 提单
Multimodal Transportation Document　多式联运单据
Seaway Bill 海运单　　Parcel Post Receipt 邮包收据
Airway Bill, AWB 航空运单　　Transshipment 转船

Partial Shipment 分批装运　　　　　Time of Shipment 装运期

Shipping Advice 装运通知　　　　　Port of Shipment 装运港

Time of Delivery 交货期　　　　　　Full Container Load 整箱货

Port of Destination 目的港　　　　　Container Yard 集装箱堆场

Less than Container Load 拼箱货　　Dispatch Money 速遣费

Demurrage 滞期费

Container Fright Station 集装箱货运站、中转站、拼装货站

本章习题

一、名词解释题（如系英文，先译成中文，然后就其含义作解释）

1. 班轮运输
2. 国际多式联运
3. 多式联运经营人
4. 大陆桥运输
5. 美国 OCP 运输条款

即练即测

二、计算题（要求列出计算公式和计算过程）

1. 我方某公司向东京某进口商出口某商品 100 箱，每箱的体积是 20 厘米×50 厘米×120 厘米，计收运费的标准为 M，基本运费为每一运费吨 280 美元，另加收燃油附加费 30％和港口拥挤费 10％。计算该批商品的运费。

2. 某公司拟向日本出口冻兔肉 30 公吨，共需装 1500 箱，每箱毛重 25 公斤，每箱体积为 20cm×30cm×40cm，已知该种货物前往日本的航线每运费吨的运价为 144 美元。应如何计算该批货物的运费？

3. 某公司出口商品 100 箱，每箱毛重 55 公斤，箱子的体积为 50 厘米×30 厘米×20 厘米，基本运费的计收标准是每一运费吨 100 美元，另收取燃油附加费 30％，港口拥挤费 5％。计算该批商品的运费。

三、简答题

1. 简述班轮运输的特点。
2. 简述国际多式联运的特点。

四、案例分析题

1. 我国某外贸公司以 FOB 中国口岸与日本某公司成交矿砂一批，日商即转手以 CFR 悉尼价售给澳大利亚的某公司，日商来证价格为 FOB 中国口岸，目的港为悉尼，并提出在提单上标明"运费已付"。

问：日商为何要这样做？我们应该如何处理才是我方的利益不受损害？

2. 我某外贸公司与国外某公司达成一笔出口合同,信用证规定"数量 9 000 公吨, 7—12 月份分批装运,每月装 1 500 公吨"。卖方在 7—9 月份每月装 1 500 公吨,银行已分批凭单付款。第四批货物原定于 10 月 15 日装运出口,但由于台风登陆,第四批货物延迟到 11 月 2 日才装船运出。当受益人凭 11 月 2 号的装船提单向银行议付货款时,遭银行拒付。后来受益人又以不可抗力为由要求银行付款,亦遭银行拒绝。

问:在上述情况下银行有无拒付的权利? 为什么?

第 六 章

国际货物运输保险

开篇导读

国际货物在运输途中可能会遇到自然灾害、意外事故等风险，从而造成损失并产生费用。为补偿这些损失及费用，货主可以向保险公司投保。国际货物运输保险是指保险人与被保险人订立保险合同，在被保险人交付约定的保险费后，保险人根据保险合同的规定，在被保险货物遭遇承保责任范围内的风险而受到损失时，按保险金额及损失程度承担赔偿责任，它属于财产保险的范围。本章重点介绍中国人民保险公司的各种险别及英国伦敦保险协会货物保险险别。

引导案例

某年9月，我国某技术进出口公司以 FOB 加拿大渥太华为价格条件进口一套设备，合同总价为85万美元。合同签订后，技术进出口公司在安排了货物运输事宜后，于11月份与某保险公司签署了一份《国际运输预约保险起运通知书》。技术进出口公司向保险公司支付了保险费，并收到保险公司出具的收据。但不幸的是，被保险货物在渥太华承运人仓库被盗。12月，技术进出口公司将出险情况告知了保险公司，同时向保险公司提出索赔，保险公司以技术进出口公司不具有保险利益而主张合同无效并拒赔，技术进出口公司遂向法院起诉。

第一节 国际货物运输保险概述

一、货物运输保险的内涵与作用

货物运输保险就是投保人对某一特定的运输货物，按一定的险别和规定的费率，向保险公司办理投保手续，并缴纳保险费，保险公司依约承保并发给投保人保险单作为凭证。保险公司对所承保的风险损失承担赔偿责任。

货物运输保险的作用是使运输中的货物在水路、铁路、公路和联合运输过程中，因遭受保险责任范围内的自然灾害或意外事故所造成的损失能够得到经济补偿，并加强货物运输的安全防损工作，以利于商品的生产和流通。货物运输保险的具体作用体现在以下几个方面。

1. 转移风险。买保险就是把自己的风险转移出去,而接受风险的机构就是保险公司,它为众多有危险顾虑的人提供保险保障。

2. 均摊损失。转移风险并非灾害事故真正离开了投保人,而是保险人借助众人的财力,给遭灾受损的投保人补偿经济损失。自然灾害、意外事故造成的经济损失一般都是巨大的,是受灾个人难以应付与承受的。保险人以收取保险费用和支付赔款的形式,将少数人的巨额损失分散给众多的被保险人,从而使个人难以承受的损失,变成多数人可以承担的损失,这实际上是把损失均摊给有相同风险的投保人。

3. 实施补偿。实施补偿要以双方当事人签订的合同为依据,其补偿的范围主要有:第一,投保人因灾害事故所遭受的财产损失;第二,投保人因灾害事故依法对他人应付的经济赔偿;第三,灾害事故发生后,投保人因施救保险标的所发生的一切费用。

二、货物运输保险的基本要素

1. 被保险人(Insured)。在国际货物运输保险中,被保险人也就是投保人,他对投保货物具有保险利益。在 FOB、CFR 价格条件下,运输保险的投保人按惯例是买方,并且在货物越过船舷之时获得保险利益;CIF 术语下按惯例由卖方投保,但由于 CIF 条件下的保险是代办性质,因此在货物越过船舷之后,买方才对货物享有保险利益。

2. 保险人(Underwriter)。保险人也称承保人。国际货物运输保险中,保险人也就是承办保险业务的保险公司。保险公司承保后,如果承保货物发生约定范围内的损失,保险公司负责赔偿;但如果发生不在约定范围内的损失,保险公司不予赔偿,保险公司已经收取的保险费,将不退还给投保人,该笔保险费成为保险公司的收入。

3. 保险标的(Subject of Insurance)。保险标的又称保险对象,是指作为保险对象的财产。货物运输保险是以运输中的货物价值作为保险标的,货物价值及其保险加成比例影响保险费的高低。

4. 保险合同(Insurance Policy)。保险合同是投保人与保险人约定保险权利义务关系的协议。国际货物运输保险中,保险单据是保险公司和投保人之间的保险合同,也是保险公司对投保人的承保证明,它具体规定双方之间的权利和义务,也是索赔和理赔的依据。在国际贸易中,保险单据可以转让。

5. 承保险别(Conditions)。保险人对不同的险别承担不同的责任范围,投保人在投保时按照买卖双方约定投保的险别进行投保。

6. 保险金额(Insured Amount)。保险金额是保险人所应承担的最高赔偿金额。国际货物运输保险金额可由买卖双方经过协商确定,按照国际保险市场习惯,通常按 CIF 或 CIP 总值加 10% 计算,所加的百分率称为投保加成率。

7. 保险费(Insured Premium)。由投保人交付保险费用,它是保险合同生效的前提条件。保险费是保险人经营业务的基本收入。保险公司收取保险费的计算方法是:保险费=保险金额×保险费率。保险费率是按照不同商品、不同目的地、不同运输工具和不同险别,由保险公司在货物损失率和赔付率的基础上,参照国际保险费率水平而制定的。

8. 保险索赔(Insurance Claims)。当货物遭受承保范围内的损失时,具有保险利益的人,在确定责任为保险公司的保险范围内时,在索赔时效内向保险公司提出赔偿,保险公司根据损失程度给予理赔。

第二节　海上货物运输保险承保的范围

在国际货物运输保险中,保险人是按照不同险别包括的风险所造成的损失和费用来承担赔偿责任的。在保险业务中,风险、损失、费用和险别之间有着密切的联系。

一、风险的分类

风险的分类如图 6-1 所示。

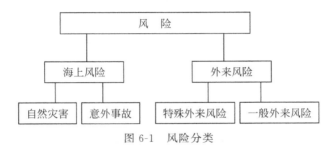

图 6-1　风险分类

(一)海上风险

海上风险(Perils of Sea)也称海难,这是保险业的专门术语,有其特定的含义和范围。它一方面包括海上发生的自然灾害和意外事故,但并不指发生在海上的一切风险;另一方面又不局限于在海上航行中发生的风险,与海运相连的包括陆上、内河、驳船运输过程中的风险也包含在内,如洪水、地震、船舶与码头或驳船碰撞等。

1. 自然灾害。自然灾害(Natural Calamities)是指不以人们的意志为转移的自然力量所引起的灾害,但在海上保险业务中它并不是泛指一切由自然力量所造成的灾害。按照我国现行《海洋运输货物保险条款》(Ocean Marine Clauses)的规定,自然灾害仅指恶劣气候、雷电、海啸、地震、洪水和火山爆发等人力不可抗拒的灾害。其中的恶劣气候(Heavy Weather)又称暴风雨(Wing Storm),是指海上发生的飓风、大浪引起船只颠覆和倾斜造成船体机械设备的损坏或者因此引起的船上所载货物相互挤压碰撞而导致破碎、泄漏、凹瘪等损失。

2. 意外事故。意外事故(Fortuitous Accidents)是指偶然的、非意料中的事故。按照我国《海洋运输货物保险条款》(Ocean Marine Clauses)的规定,意外事故仅指海运途中运输工具遭受搁浅、触礁、沉没、互撞;与流冰或其他物体碰撞以及倾覆、失火、爆炸等。

意 外 事 故

1.搁浅(Grounded)是指船舶在航行中,由于意外或异常的原因,船底与水下障碍物紧密接触牢牢地被搁住,并且持续一定时间失去进退自由的状态。

2.触礁(Stranding)是指船舶在航行中触及海中岩礁或其他障碍物如木桩、渔栅等造成的一种意外事故。

3.沉没(Sunk)是指船舶因海水浸入失去浮力,船体全部沉入水中,无法继续航行的状态,或虽未构成船体全部沉没,但是大大超过船舶规定的吃水标准,使应浮于水面的部分浸入水中无法继续航行,由此造成保险货物损失属沉没责任。如果船体只有部分浸入水中而仍能航行,则不能视为船舶沉没。

4.碰撞(Collision)是指载货船舶同水以外的外界物体如码头、船舶、灯塔、流冰等发生的猛力接触,由此造成的船上货物的损失。若发生碰撞的是两艘船舶,则碰撞不仅会带来船体及船上货物的损失,还会产生碰撞责任损失。碰撞是船舶在海上航行中的一项主要风险。

5.倾覆(Capsized)是指船舶在航行中遭受自然灾害或意外事故导致船体翻倒或倾斜,失去正常状态,非经施救不能继续施行,由此造成保险货物的损失,属倾覆责任。

6.火灾(Fire)是指由于意外、偶然发生的燃烧失去控制,蔓延扩大而造成的船舶和货物的损失。海上货物运输保险不论是直接被火烧毁、烧焦、烧裂,或间接被火熏黑、灼热或为救火而导致损失,均属火灾风险。

7.爆炸(Explosion)是指物体内发生急剧的分解或燃烧,迸发出大量的气体和热力,致使物体本身及其周围的其他物体遭受猛烈破坏的现象。

(二)外来风险

外来风险(Extraneous Risks)一般是指由于海上风险以外的其他原因所造成的风险。货物运输中所指的外来风险必须是意外的、事先难以预料的,而不是必然发生的。外来风险包括一般外来风险和特殊外来风险两类。

1.一般外来风险。一般外来风险是指被保险货物在运输过程中由于偷窃、短量、渗漏、碰损、破碎、钩损、锈损、淡水雨淋、沾污、混杂、受潮受热、串味等一般外来原因所引起的风险。

2.特殊外来风险。特殊外来风险是指由于军事、政治、国家政策法令以及行政措施等特殊外来原因所造成的风险与损失。常见的特殊外来风险有战争、罢工、交货不到、拒收或没收、产生黄曲霉素等。

二、损失

损失的分类如图 6-2 所示。

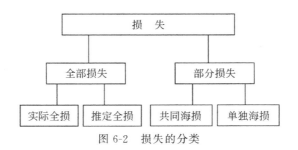

图 6-2　损失的分类

（一）全部损失

全部损失（Total Loss），简称全损，是指整批或不可分割的一批被保险货物在运输途中遭受全部损失。按损失的情况不同，全部损失又可分为实际全损和推定全损两种。

构成全损的情况

　　我国《海商法》第二百四十五条规定：保险标的发生保险事故后灭失，或者受到严重损坏完全失去原有形体、效用，或者不能再归被保险人所拥有的，为实际全损。具体有四种表现形式：

　　（1）保险标的灭失，即货物实体完全损毁和不复存在。如载货船沉入深海无法打捞。

　　（2）保险标的完全失去原有形体、效用，即实体虽存在但已丧失原有商业价值和使用价值。例如，茶叶经水浸泡后已失去原有的价值；水泥受海水浸泡后变硬已失去原有的用途。

　　（3）保险标的不能再归被保险人所有。例如，战时货物被敌对国俘获作为战利品分发殆尽。

　　（4）船舶失踪，根据我国《海商法》第四十五条和英国《1906 年海上保险法》第五十八条的规定，船舶失踪视为全部损失。在国际贸易中，一般根据航程的远近和航行的区域来决定确认船舶失踪时间的长短。

　　1. 实际全损。实际全损（Actual Total Loss）又称绝对全损，是指被保险货物在运输过程中全部灭失或等同于全部灭失，如货物完全变质或货物实际上已不可能归还被保险人。

　　2. 推定全损。推定全损（Constructive Total Loss）是指货物发生保险事故后，实际全损已经不可避免，或者为了避免发生实际全损所需支付的费用与继续将货物运抵目的地的费用之和超过保险价值。在这种情况下，被保险人可以要求保险人按投保金额予以全部赔偿。但残损的货物，必须交由保险人处理。这种做法，称为"委付"。

　　所谓委付（Abandonment），是指被保险人在保险标的物处在推定全损状态时，将货物的一切权利、义务都转给保险人，然后要求保险人按全损给予赔偿的一种做法。委付的条件是：要将被保险货物全部进行委付，并不得附带任何条件。委付经保险人同意之后才能生效，但保险人应当在合理的时间内将接受委付或不接受委付的决定通知被保险人。委付一经保险人接受，不得撤回。但当被保险人要求作推定全损赔偿时，必须向保险人发出"委付通知"(Notice of Abandonment)，经保险人同意后才能作全部损失处理。

例如，汽车运往销售地销售，每辆售价为 10 000 美元。途中船舶遇险，导致货物遭受严重损失。如要修复汽车，所需修理费用，再加上继续运往目的地的费用，每辆车将超过 10 000 美元。此时，被保险人有权要求保险公司按投保金额予以全部赔偿，并将残损汽车交保险公司处理。

(二) 部分损失

部分损失(Partial Loss)是指货物的损失没有达到上述全部损失的程度。按损失产生的原因不同，部分损失又可分为共同海损与单独海损两种。

1. 共同海损。共同海损(General Average, G. A.)是指载货的船舶在海运途中遇到灾害、事故，威胁到船、货的共同安全，为了解除这种威胁，维护船、货的安全或者使航程得以继续完成，由船方有意识地、合理地采取措施所作出的某些特殊牺牲(如抛货)或支出某些额外费用(如雇用拖轮拖拉搁浅的船舶)。

构成共同海损必须具备以下条件：

第一，船方在采取紧急措施时，必须确有危及船、货的共同危险存在，且风险是不可避免的，而不是主观臆测的。

第二，共同海损的危险必须是危及船、货各方的共同安全的，采取的措施是为了解除船、货的共同危险。若是仅为维护船舶一方或货物一方的利益而采取措施所造成的损失，则不能视为共同海损。

第三，共同海损的牺牲必须是有意识的、合理的行为所致，其支出的费用是额外的，且作出的牺牲和支出的费用是有效果的。

第四，共同海损的损失必须是共同海损措施的直接结果，即损失是由解除危险的措施造成的，而不是由风险本身造成的。

共同海损的牺牲和费用支出都是为了使船舶、货物和运费免于损失，因而应该由全体受益方，即船方、货方、运费收入方按最后获救的价值多寡，共同按比例分摊，这种分摊叫作共同海损分摊(General Average Contribution)。然后各方再向各自的保险人索赔，共同海损分摊涉及的因素比较多，一般由专门的海损理算机构进行理算。

2. 单独海损。单独海损(Particular Average, P. A.)是指被保险货物受损后，尚未达到全部损失程度，仅为部分损失，而这部分损失不属于共同海损，它只涉及船舶或货物所有人单方面的利益损失，并不涉及其他方；同时仅指保险标的本身的损失，不包括由此而引起的费用损失。例如，载货船舶在海上航行遇到风浪，海水入舱造成部分货物受损；又如某公司装运 100 箱货物出口，在运输途中，有 10 箱货被船上水管流出的热水浸泡损坏，类似这样的损失可称为单独海损。

链 接

共同海损与单独海损的区别和联系

共同海损与单独海损的区别主要表现为：

1. 在损失的构成上，共同海损既包括货物牺牲，又包括因采取共同海损措施而引起的费用的损失；单独海损仅指货物本身的损失，不包括费用项目。

2. 在致损原因上，共同海损是为了解除或减轻承保风险而人为采取合理措施造成的；而单独海损是由承保风险直接造成的船、货损失。

3. 在损失的承担上，共同海损的损失是由受益各方按获救财产价值的大小比例分摊；而单独海损的损失由受损方自己承担。

共同海损和单独海损之间的联系表现为：

一般而言，单独海损先发生，进而引起共同海损，在采取共同海损措施之前的部分损失，一般被列为单独海损。

链 接

共同海损的比例分摊

假设有一艘货轮，投保价值为 5 000 万美元。船东将其租赁给 Y 公司，Y 公司在本航次中可收入 30 万美元运费。船上载有 A、B、C、D、E 五家货主的货物，但在航行中触礁遇险，海水大量涌入船舱，整条船有倾覆的危险。为了挽救船、货及船上人员，船长下令抛弃部分货物，以减轻载重量，使船舶可以浮起维修。E 货主的货物被全部抛入海中后，船舶浮起到安全水平。经过抢修后，船舶可以继续航行，并安全抵达港口。此次抛货造成的共同海损，各方的分摊比例，可见下表。

当事方	各方价值/万美元	占总值比重/%	各方承担 E 货值/美元
船东	5 000	90.25	600 000×90.25%＝541 500
运费方	30	0.54	600 000×0.54%＝3 240
A 货方	150	2.71	600 000×2.71%＝16 260
B 货方	130	2.35	600 000×2.35%＝14 100
C 货方	90	1.62	600 000×1.62%＝9 720
D 货方	80	1.45	600 000×1.45%＝8 700
E 货方	60	1.08	600 000×1.08%＝6 480
合计	5 540	100	600 000

说明：(1)有关当事各方如果在事故发生之前已经投保，则保险公司负担共同海损分摊金额。(2)虽然 E 方货物已被完全抛入海中，但它也应承担分摊给它的金额；即如果 E 方已投保，保险公司将赔偿它全部货值的损失，包括它自己应承担的 6 480 美元；但是如果 E 方没有投保，各方给它赔偿的金额为 593 520 美元（即 600 000 美元与 6 480 美元的差额）。

三、海上费用

海上风险不仅会造成海运货物的损失，还会产生费用方面的损失，即为抢救受损货物,防止损失进一步扩大而形成的费用,这部分费用就是海上费用,它一般也是由保险人支付。海上费用包括施救费用和救助费用。

1. 施救费用(Sue and Labour Expenses)。施救费用是指被保险货物在遭遇承保责任范围内的灾害事故时,被保险人或其代理人,雇用人或受让人,为了避免或减少货物损失,采取各种抢救措施所支出的合理费用。

我国和世界各国的保险法规保险条款一般都规定,保险人对被保险人所支付的施救费用应承担赔偿责任,赔偿金额以不超过该批货物的保险金额为限。

我国《海商法》第二百四十条有下列规定:"被保险人为防止或者减少根据合同可以得到赔偿的损失而支出的合理费用,应当由保险人在保险标的赔偿之外另行支付。"

构成施救费用的条件:

第一,对保险标的进行施救必须是被保险人或其代理人或受让人,其目的是为了减少标的物遭受的损失,其他人采取此项措施必须是受被保险人的委托,否则不视为施救费用。

第二,保险标的遭受的损失必须是保单承保风险造成的。否则,被保险人对其进行抢救所支出的费用,保险人不予承担责任。

第三,施救费用的支出必须是合理的。

2. 救助费用(Salvage Charges)。救助费用是指被保险货物遭受承保范围内的灾害事故的,由保险人和被保险人以外的第三者采取救助措施并获成功,由被救方付给救助方的一种报酬。救助费用一般都可列为共同海损的费用项目,因为它通常是在船、货各方遭遇共同危难的情况下,为了共同安全由其他船舶前来救助而支出的费用。

在海上救助中,救助人与被救助人之间明确双方的权利与义务,一般都在救助开始之前或在求救的过程中订立救助合同(口头的或书面的)。

长期以来,在国际海上救助中普遍采用的救助合同格式是英国的以"无效果,无报酬"为原则的"劳合社救助合同标准格式"。在1980年的劳合社救助合同格式中,对"无效果,无报酬"的原则作了一些例外的规定:对于遇难的油船,救助人只要没有过失,即便救助无效,也可以获得合理的报酬。此外,在联合国国际海事组织1989年4月主持召开外交会议上通过的《1989年国际救助公约》中,对救助报酬的问题也作了若干新的规定,大意

拓展阅读

如下:如果救助人对危及环境的船货所进行的救助没有效果,按规定虽然得不到救助报酬,但救助人对其在救助中所支出的费用,有权要求被救船舶船东给予特别补偿。

在我国,中国贸促会海事仲裁委员会也制定有"海上救助契约格式",这个格式所采用的也是"无效果,无报酬"的原则。

链接

施救费用与救助费用的区别

施救费用与救助费用的区别主要有以下四点。

1. 采取行为的主体不同。施救是由被保险人及其代理人等采取的行为,而救助是保险人和被保险人以外的第三者采取的行为。

2. 给付报酬的原则不同。施救费用是施救不论有无效果，都予赔偿，而救助则是"无效果，无报酬"。

3. 保险人的赔偿责任不同，施救费用可在保险货物本身的保额以外，再赔一个保额；而保险人对救助费用的赔偿责任是以不超过获救财产的价值为限，亦即救助费用与保险货物本身损失的赔偿金额二者相加，不得超过货物的保额。

4. 救助行为一般总是与共同海损联系在一起，而施救行为则并非如此。

第三节　我国海洋货物运输保险险别与条款

保险险别是保险人对风险和损失的承保责任范围，它是保险人和被保险人履行权利与义务的基础，也是保险人承保责任大小和被保险人缴付保险费多少的依据。我国现行的《海洋运输货物保险条款》是由中国人民保险公司于 1981 年 1 月 1 日修订实施的，可分为基本险、附加险和专门险三大类。

中国保险条款（China Insurance Clause，C.I.C.）是中国人民保险公司根据我国保险业务的实际需要，并参照国际保险市场的惯例制定的。根据运输方式的不同，中国保险条款又可分为海洋货物运输保险条款、陆运货物保险条款、航空货物运输保险条款、邮包货物运输保险条款等；对某些特殊的商品，还配备有海运冷藏货物、陆运冷藏货物、海运散装桐油及活牲畜、家禽的海陆空运输保险条款，以及适用于上述各种运输方式货物保险的各种附加条款。这里我们重点介绍海洋货物运输保险条款。

一、基本险别

基本险别亦称主险。我国海洋货物运输保险条款包括三种基本险别，即平安险（Free from Particular Average，F.P.A.）、水渍险（With Particular Average，W.P.A.或 W.A.）和一切险（All Risks）。

1. 平安险的承保责任范围。

☆ 被保险货物在运输途中由于恶劣气候、雷电、海啸、地震、洪水自然灾害造成整批货物的实际全损或推定全损。

☆ 由于运输工具遭受搁浅、触礁、沉没、互撞、与流冰或其他物体碰撞以及失火、爆炸等意外事故造成货物的全部或部分损失。

☆ 在运输工具已经发生搁浅、触礁、沉没、焚毁等意外事故的情况下，货物在此前后又在海上遭受恶劣气候、雷电、海啸等自然灾害所造成的部分损失。

☆ 在装卸或转运时由于一件、数件或整批货物落海造成的全部或部分损失。

☆ 被保险人对遭受承保责任内危险的货物采取抢救、防止或减少货损的措施而支付的合理费用，但以不超过该批被救货物的保险金额为限。

☆ 运输工具遭遇海难后，在避难港由于卸货所引起的损失，以及在中途港、避难港由于卸货、存仓以及运送货物所产生的特别费用。

☆ 共同海损的牺牲、分摊和救助费用。

☆ 运输契约订有"船舶互撞责任"条款，根据该条款规定应由货方偿还船方的损失。

2. 水渍险的承保责任范围。

☆ 平安险所承保的全部责任。

☆ 被保险货物在运输途中，由于恶劣气候、雷电、海啸、地震、洪水等自然灾害所造成的部分损失。

3. 一切险的承保责任范围。其承保责任范围是除包括上列平安险和水渍险的各种责任外，还负责被保险货物在运输途中由于一般外来风险所造成的全部或部分损失，如偷窃、钩损、碰损、受潮受热、淡水雨淋、短量和包装破裂等。可见，一切险是承担赔偿责任最大的险别。

上述三种基本险别，被保险人可以选择一种投保。险别不同，保险责任范围不同。一切险的保险范围和责任最大，水渍险次之，平安险则相对最小，因此其保险费率也由高到低而有所不同。

二、附加险别

海洋货物运输保险的附加险可分为一般附加险和特殊附加险两类。附加险不能单独投保，只有在投保某一种基本险的基础上才能加保附加险。

（一）一般附加险

一般附加险（General Additional Risk）。一般附加险可以承保一般外来风险所造成的损失，具体的险种包括以下 11 项。

1. 偷窃、提货不着险（Theft, Pilferage and Non-delivery，T.P.N.D.）。在保险有效期内，保险货物被偷走或窃走，以及货物运抵目的地以后，货物的全部或整件未交的损失，由保险公司负责价值赔偿。

2. 淡水雨淋险（Fresh Water and/or Rain Damage，F.W.R.D.）。货物在运输过程中，由于淡水、雨水以及冰雪融化所造成的损失，保险公司都应负责赔偿。淡水是与海水相对而言的，包括船上淡水管水、舱汗等。

3. 短量险（Risk of Shortage）。保险公司承担承保货物数量和重量发生短缺的损失。通常对于包装货物的短少，保险公司必须查清外包装是否发生异常现象，如破口、破袋、扯缝等，如属散装货物，往往以装船重量和卸船重量之间的差额作为计算短量的依据，但不包括正常运输途中的自然损耗。

4. 混杂、沾污险（Risk of Intermixture & Contamination）。承保货物在运输过程中混进杂质或被沾污所造成的损失。

5. 渗漏险（Risk of Leakage）。流质、半流质的液体物质和油类物质，在运输过程中因为容器损坏而引起的渗漏损失。如以流体装存的湿肠衣，因为流体渗漏而使肠衣发生腐烂变质等损失，均由保险公司负责赔偿。

6. 碰损、破碎险（Risk of Clash & Breakage）。保险人承保货物碰损和破碎的损失。碰损主要是针对金属、木质等货物来说的；破碎则主要是针对易碎性物质来说的。前者是指在运输途中，因为受到震动、颠簸、挤压而造成货物本身的损失；后者是在运输途中由于装卸野蛮、粗鲁,运输工具的颠震造成货物本身的破裂、断碎的损失。

7. 串味险(Risk of Odour)。承保货物在运输途中因受其他带异味货物的影响而造成串味的损失。例如,茶叶、香料、药材等在运输途中受到一起堆放的异味货物影响使其品质受到破坏所造成的损失。

8. 受热、受潮险(Damage Caused by Heating & Sweating)。承保货物在运输途中因受气温变化或水蒸气的影响而使货物发生变质的损失。例如,船舶在航行途中,由于气温骤变,或者因为船上通风设备失灵等使舱内水汽凝结、发潮、发热引起货物的损失。

9. 钩损险(Hook Damage)。保险货物在装卸过程中因为使用手钩、吊钩等工具所造成的损失。例如,粮食包装袋因被吊钩损坏而造成粮食外漏所造成的损失,保险公司在承保该险别的情况下,应予赔偿。

10. 包装破裂险(Loss or Damage Caused by Breakage of Packing)。保险人承保因包装破裂造成物资短少、沾污等损失。此外,对于因保险货物在运输过程中续运安全需要而产生的修补包装、调换包装所支付的费用,保险公司也应负责。

11. 锈损险(Risk of Rust)。保险公司承保货物在运输过程中因为生锈而造成的损失。不过这种生锈必须在保险期内发生,如原装时就已生锈,保险公司不负责任。

上述 11 种附加险,不能单独投保,而只能在投保平安险或水渍险的基础上加保。但如果投保"一切险",上述险别均包括在内,因此不需加保。

(二) 特殊附加险

特殊附加险(Special Additional Risk)是指承保由于军事、政治、国家政策、法令以及行政措施等特殊外来原因所引起的风险与损失的险别。

中国人民保险公司承保的特殊附加险,目前主要包括以下 8 种。

1. 战争险(War Risk)。战争险是承保战争或类似战争行为等引起保险货物的直接损失。我国保险公司对这种险别的承保责任范围包括:由于战争或类似战争行为和敌对行为、武装冲突或海盗行为以及由此而引起的捕获、拘留、扣留、禁制、扣押所造成的损失,或者由于各种常规武器(包括水雷、鱼雷、炸弹)所造成的损失,由于上述原因所引起的共同海损的牺牲、分摊和救助费用。

战争险的除外责任是指由于敌对行为使用原子弹或热核制造的武器导致被保险货物的损失和费用,保险公司不负责赔偿。

2. 罢工险(Strikes Risk)。保险人承保因罢工者,被迫停工工人,参加工潮、暴动和民众战争的人员采取行动所造成的承保货物的直接损失。对于任何人的恶意行为造成的损失,保险公司不予赔偿。

3. 交货不到险(Failure to Deliver)。不论何种原因,从被保险货物装上船开始,如货物不能在预定抵达目的地的日期起 6 个月内交付的,保险公司负责按全损赔偿。

4. 进口关税险(Import Duty Risk)。承保货物虽然受损仍需按完好的价值缴纳进口关税所造成的损失。货物在运输途中受损后,其价值降低,但某些国家规定不论进口的货物是否受损,进口时仍需按完好价值完税。在这种情况下,保险公司负责赔偿关税损失。但如果货物本身遭受的损失不是在保险责任范围之内的,其所引起的关税损失,保险公司是不负责赔偿的。

5. 舱面险(On Deck Risk)。当货物置于船舶甲板上时,保险公司除按保单所载条款负责外,还赔偿货物被抛弃或浪击落海的损失。海运货物一般都是装在舱内的,但也有一些体积大或有污染性的货物按搬运习惯装载于舱面,而装在舱面的货物很容易损坏及生锈。投保时通常在基本险的基础上加保舱面险。

6. 拒收险(Rejection Risk)。承保货物在进口国由于各种原因,被进口国的有关当局拒绝进口或没收所产生的损失。但在投保时被保险人必须保证持有进口所需的一切特许证、许可证或进口配额。

7. 黄曲霉素险(Aflatoxin Risk)。花生、谷物等易产生黄曲霉素,对此类产品因黄曲霉素含量超过进口国限制标准而被拒绝进口、没收或强制改变用途所遭受的损失,保险公司负责赔偿。

8. 出口货物到我国香港(包括九龙在内)或澳门地区的存仓火险责任扩展条款。出口到港澳、九龙地区的货物,如直接卸到保险单载明的过户银行所指定的仓库时,加保该险,则保险公司负责存仓期间的火险责任。存仓期间可延长30天,在30天内不另收保险费;如超过30天仍需延长存仓时间,每月按0.05%的保险费率计收保险费。

三、专门险别

(一)海洋运输冷藏货物保险条款

海洋运输冷藏保险条款[Ocean Marine Insurance Clause (Frozen Products)]分为冷藏险和冷藏一切险两个险种,可单独投保。冷藏险对被保险的冷藏货物在运输途中由于自然灾害或意外事故造成的腐败和损失予以赔偿。冷藏一切险的责任范围更广,在冷藏险的责任基础上还负责被保险货物在运输途中由于外来原因所致的腐烂和损失。

海洋运输冷藏货物保险的除外责任在海洋运输货物保险条款的基础上稍有改变。一是将"因未存放有冷藏设备的仓库或运输工具中,或辅助运输工具没有隔湿设备所造成的鲜货腐烂的损失"列入除外责任。二是将海洋运输货物保险条款除外责任中的"由于在保险责任开始前,被保险货物已经存在的品质不良或数量短差所造成的损失"改为"被保险鲜货在保险责任开始时,因未保持良好状态所引起的货物腐烂和损失"。

(二)海运散装桐油保险条款

海运散装桐油保险条款[Ocean Marine Insurance Clause (Wood oil Bulk)]是根据散装桐油的特点而专门设立的,可单独投保。海运散装桐油保险只有一个险别,负责任何原因导致的桐油超过保单所规定的免赔率的短少、渗漏损失和污染或变质损失。

四、海洋货物保险承保责任的起讫期限

(一)基本险的责任起讫期限

平安险、水渍险和一切险的承保责任的起讫期限采用"仓至仓条款"。

根据国际保险市场的习惯做法,中国人民保险公司的海洋运输货物保险条款规定的

基本险保险责任起讫期限为"仓至仓条款"（Warehouse to Warehouse Clause，W/W Clause），即规定保险公司对被保险货物所承担的保险期限为：从被保险货物运离保险单上载明的起运港（地）发货人的仓库开始，包括正常运输过程中的海上、陆上、内河和驳船运输在内，一直到货物运达保险单所载明的目的港（地）收货人的仓库为止。该条款中所说的"远离"，是指货物一经离开发货人仓库，保险责任即开始；所指到达，是指货物一经进入收货人仓库，保险责任即终止。对在仓库中发生的损失概不负责。

如果货到目的港，因港口泊位拥挤或提单迟到等无法控制的原因，不能及时运到收货人仓库，则保险有效期可延长60天，60天届满时，不论被保险货物有没有进入收货人的仓库，保险责任均告终止。如货物在60天内运达收货人仓库，则以运达时间为保险责任终止时间。若收货人提货后，并不运往仓库，就对货物进行分配、转运等，则保险责任终止于分配、转运之时。

（二）海运战争险的起讫期限

海运战争险的承保责任的起讫期限采用"岸至岸条款"。战争险的责任起讫与基本险的责任起讫不同，不采用"仓至仓条款"，其责任起讫期限仅限于水上危险。它规定保险责任从货物装上保险单上所载明的起运港的海轮或驳船时开始，直到卸离保险单上所载明的目的港海轮或驳船为止。如果货物不卸离海轮或驳船，则保险责任最长延至货物抵达目的港之当日午夜起算满15天为止。如在中途港转船，则不论货物在当地卸载与否，保险责任以海轮抵达该港或卸货地点的当日午夜起算满15天为止，待货物再装上续运的海轮时，保险公司仍继续负责。

（三）罢工险的责任起讫

罢工险承保责任起讫采用"仓至仓条款"。

链　接

准确理解"仓至仓条款"

以FOB、CFR、CIF条件成交，投保海运险"仓至仓条款"，如果货物在从起运地仓库运往装运港途中遭受承保范围内的损失，是否只要货物在"仓至仓"的运输过程中，发生承保责任范围内的损失，都会得到保险公司的赔偿呢？

索赔人要想获得保险公司的赔偿，必须同时满足四个条件：（1）保险公司与索赔人之间存在保险合同关系；（2）索赔人是保险合同的合法持有人，是指投保人、被保险人或受让人；（3）索赔人对该保险标的具有保险利益，如果保险标的受到损失，而被保险人并未受到任何利益影响，那么他就不具有保险利益；（4）该保险标的所受的风险损失在保险合同所承保的范围内。

从以上四个条件看，以FOB、CFR条件成交，货物越过船舷前的风险由卖方承担，卖方对保险标的享有可保利益，但保险由买方办理并持有保单（保险合同），卖方不是保险单的被保险人或合法的受让人，因而与保险公司之间不存在合法有效的合同关系,因此卖方没有索赔权。买方虽然是保险单的持有人,与保险公司存在合法有效的合同关系,但他当时对保险标的尚未取得所有权,因此,买方对装船前的标的不具有可保利益,所以同样不具备索赔条件。CIF 条件下,由卖方投保,卖方与保险公司间存在合法有效的合法关系;而且装船前的风险由卖方承担,也享有可保利益,所以保险公司可对卖方给予赔偿。

可见,在不同的贸易术语下,并不是说只要货损发生在"仓至仓条款"所涵盖的运输途中,且为承保责任范围内的风险所造成的,保险公司就会赔偿。关键是要看损失发生时,被保险人是否对货物享有可保利益。在 FOB 和 CFR 条件下,保险责任起讫实际上是"船至仓";只有在 CIF 价格条件下,保险责任起讫才是真正的"仓至仓"。因为货物越过船舷之前的货损是由卖方承担的(拥有可保利益);货物装船后,卖方将提单和保险单背书转让给买方,买方付款赎单后可保利益也随即转让到手中。所以 CIF 术语下,从起运港发货人仓库到目的港收货人仓库为止的整个过程中,如果发生保险责任范围内的风险,被保险人都能从保险公司获得赔偿。因此可以认为,CIF 条件下卖方投保并不完全是代办性质的,至少货物装船前这一段是为自己利益而投保的。所以卖方在签订合同时必须根据自己产品的特点,选择投保相应险种。

(四)扩展保险期限

被保险人可以要求扩展保险期限。例如,我们对某些内陆国家的出口业务,如在港口卸货转运内陆,无法按保险条款规定的保险期限在卸货后 60 天内到达目的地时,即可申请扩展。经保险公司出具证明予以延长,但需加收一定的保险费。但是,在办理扩展责任时,必须注意,在买卖合同的保险条款中对扩展期限和扩展地点应作具体明确的规定。对于没有铁路、公路、内河等正常运输路线的地区,除非事先征得保险公司同意,一般不能规定扩展保险责任,对于散装货一般也不办理扩展责任。

(五)专门险承保责任的起讫

海洋运输冷藏货物保险的保险期间与海运货物保险的保险期间大致相同,区别仅在于冷藏险关于责任终止期限的规定根据冷藏货物的特点和储藏条件的特定要求而有所差异。海运散装桐油保险的保险期限和海运基本险的保险期限基本一致。

第四节　伦敦保险协会海运货物保险条款

在国际货物保险市场上,各国保险组织都分别有自己的保险条款。但在各种保险条款中具有较大影响的是英国伦敦保险协会所制定的《协会货物条款》("Institute Cargo Clause,ICC"),该条款最早制定于 1912 年,现行的条款是 1982 年 1 月 1 日修订完毕并于 1983 年 4 月 1 日实施的。目前,世界上有很多国家在海上保险业务中直接采用 ICC 条款,或者在制定本国保险条款时参考或部分地采用该条款。由于在我国出口业务中采用

CIF 贸易术语时,国外客户有时要求按 ICC 条款进行投保,因此,了解和掌握有关《协会货物条款》方面的知识是十分必要的。

一、ICC 海运货物保险条款的种类

伦敦保险协会的海运货物保险条款主要有 6 种:

☆ 协会货物条款(A)[Institute Cargo Clauses (A),ICC (A)];

☆ 协会货物条款(B)[Institute Cargo Clauses (B),ICC (B)];

☆ 协会货物条款(C)[Institute Cargo Clauses (C),ICC (C)];

☆ 协会战争险条款(货物)(Institute War Clauses—Cargo);

☆ 协会罢工险条款(货物)(Institute Strikes Clauses—Cargo);

☆ 恶意损害险条款(Malicious Damage Clauses)。

在这六种险别中,前三种为主险,可以单独投保;战争险和罢工险也可以单独投保,只有恶意损害险不能单独投保。

二、ICC 主要险别的承保责任与除外责任

ICC 主要险别是 ICC(A)、ICC(B)与 ICC(C)。其中,ICC(A)条款其承保风险类似于我国的"一切险";ICC(B)条款类似于"水渍险";ICC(C)条款类似于"平安险",但比"平安险"的责任范围要小一些。下面分别介绍这三种险别。

(一) ICC(A)

1. 承保风险。这是基本险中承保责任范围最大的险别。根据伦敦保险协会新条款的规定,对 ICC(A)是采用"一切风险减除外责任"的办法,即除"除外责任"项下所列风险保险人不予赔偿外,其他风险均予赔偿。

2. 除外责任。包括以下四种情况。

☆ 一般除外责任。例如,因被保险人故意的不法行为造成的损失或费用;自然渗漏、自然损耗、自然磨损、包装不足或不当所造成的损失或费用;保险标的内在缺陷或特性所造成的损失或费用;直接由于延迟所引起的损失或费用;由于船舶所有人、租船人经营破产或不履行债务所造成的损失或费用;由于使用任何原子或核武器所造成的损失或费用。

☆ 不适航,不适货除外责任。所谓不适航、不适货除外责任是指保险标的在装船时,如保险人或其受雇人已经知道船舶不适航以及船舶、装运工具、集装箱等不适货,保险人不负赔偿责任。

☆ 战争除外责任。例如,由于战争、内战、敌对行为等造成的损失或费用;由于捕获、拘留、扣留等(海盗行为除外)所造成的损失或费用;由于漂流、水雷、鱼雷等造成的损失或费用。

☆ 罢工除外责任。由于罢工者、被迫停工工人造成的损失或费用,由于罢工、被迫停工所造成的损失或费用;任何恐怖主义者或者其他任何人出于政治目的采取的行动所造成的损失或费用。

（二）条款（B）的承保风险和除外责任

ICC(B)的承保责任范围小于 ICC(A)，采用"列明风险"的方式，与原水渍险（WPA）比较，增加了船舶搁浅和倾覆、陆上运输工具倾覆或出轨、地震或火山爆发、浪击入海等条款，对不属于共同海损行为中的抛货责任和海水、湖水或河水进入船舶、驳船、运输工具的风险也可负责。

1. 条款（B）的承保风险。条款（B）的承保是采用"列明风险"的方式。其承保的风险是：

☆ 火灾、爆炸所造成的灭失和损害；

☆ 船舶、驳船的触礁、搁浅、沉没、倾覆；

☆ 陆上运输工具的倾覆或出轨；

☆ 船舶、驳船或运输工具同除水以外的任何外界物体碰撞；

☆ 在避难港卸货；

☆ 地震、火山爆发或雷电；

☆ 共同海损牺牲；

☆ 抛货；

☆ 浪击落海；

☆ 海水、湖水或河水进入船舶、驳船、运输工具集装箱、大型海运箱或储存处所；

☆ 货物在船舶或驳船装卸时落海或跌落，造成任何整体的全损。

2. 条款（B）的除外责任。ICC(B)的除外责任，除对"海盗行为"和恶意损害险的责任不负责外，其余均与 ICC(A)的除外责任相同。

（三）条款（C）的承保风险和除外责任

条款（C）的承保风险只包括"重大意外事故"（Major Casualties）的风险，采用"列明风险"的方式。

条款（C）的承保责任范围是灭失或损害要合理归因于：

☆ 火灾、爆炸；

☆ 船舶或驳船触礁、搁浅、沉没或倾覆；

☆ 陆上交通工具倾覆和出轨；

☆ 船舶、驳船或运输工具同除水以外的任何外界物体碰撞；

☆ 在避难港卸货；

☆ 共同海损牺牲。

☆ 抛货。

ICC(C)比原平安险（FPA）的责任范围小，采用"列明风险"的方式，它仅对"重大意外事故"（Major Casualties）风险负责，对非重大事故风险和 ICC(B)中的自然灾害风险均不负责。与 ICC(B)比较，免除了由于地震、火山爆发、雷电、浪击落海、海水、潮水或河水进入船舶、驳船、运输工具等造成的损失以及货物在装卸时落海或跌落造成的整件全损等。ICC(C)的除外责任与 ICC(B)完全相同。

（四）协会战争险、罢工险和恶意损害险条款

协会新战争险和罢工险条款与中国保险条款内容相比差别不是很大，也是采用"仓至仓"责任，与我国海运保险期限大体相同，但规定更为详细，其区别是协会新战争险和罢工险在需要投保时可以作为独立的险别进行投保。

恶意损害险是新增加的附加险别，承保除被保险人以外的其他人（如船长、船员）的故意破坏行为所造成的被保险货物的灭失或损坏，但出于政治动机的人的行为则除外，而应属于罢工险的承保范围。恶意损害的风险在 ICC（A）中列为承保责任，但在 ICC（B）和 ICC（C）中均列为除外责任。因此，在投保 ICC（B）或 ICC（C）时，如欲取得这种风险的保障，应另行加保恶意损害险。

链　接

《中国保险条款》（CIC）与《协会货物保险条款》（ICC）的区别

在国际保险市场上，英国伦敦保险协会所制定的《协会货物保险条款》对世界各国有广泛的影响。现行的是 1981 年 1 月 1 日协会修订公布的，它规定了 A 险、B 险、C 险、战争险、罢工险和恶意损害险六种险别。其中 A 险相当于中国人民保险公司中的一切险，其责任最广，并采用承保"除外责任"之外的一切风险的概括式规定方法。B 险和 C 险则采用列明风险的办法把承保风险一一列举出来。B 险大体相当于水渍险。C 险承保的责任范围最小。六种险别中，只有恶意损害险属于附加险别。因此，除 A 险、B 险和 C 险可单独投保外，必要时，战争险和罢工险可征得保险公司同意作为独立险别进行投保。

第五节　其他运输方式下的货物运输保险

在国际贸易中，货物除了采用海洋运输方式之外，还采用陆上运输、航空和邮包运输等方式，对于不同运输方式，保险公司都订有专门的保险条款。现根据中国人民保险公司制定的货物运输保险条款，将陆运、空运、邮包运输货物保险的主要内容分别加以简单介绍。

一、陆上运输货物保险

陆上运输货物保险（Overland Transportation Cargo Insurance）主要承保以火车、汽车等陆上运输工具进行货物运输的保险。中国人民保险公司现行的《陆上运输货物保险条款》是 1981 年 1 月 1 日修订的。该条款规定，陆上运输货物保险的基本险别分为陆运险和陆运一切险两种，为适应陆运冷藏货物的需要，专门制定了陆上运输冷藏货物保险（具有基本险性质）；此外还有附加险、陆上运输货物战争险，这与海洋运输货物保险的各种附加险是相同的。

（一）陆运基本险

1. 陆运险。陆运险的承保责任范围与海洋运输货物保险条款中的"水渍险"相似，保险公司负责赔偿：（1）被保险货物在运输途中遭受暴风、雷电、地震、洪水等自然灾害，或由于陆上运输工具遭受碰撞、倾覆或出轨所造成的全部或部分损失。如有驳运过程，则包括驳运工具碰撞、搁浅、触礁、沉没或由于遭受隧道坍塌、崖崩或失火、爆炸等意外事故所造成的全部或部分损失。（2）被保险人对遭受承保责任内危险的货物采取抢救、防止或减少货损的措施而支付的合理费用，但以不超过该批被救货物的保险金额为限。

2. 陆运一切险。陆运一切险的承保责任范围与海上运输货物保险条款中的"一切险"相似。除包括陆运责任外，保险公司对被保险货物在运输途中由于外来原因造成的短量、偷窃、渗漏、碰碎、钩损、雨淋、生锈、受潮、受热、发霉、串味、沾污等全部或部分损失，也负赔偿责任。

陆运险、陆运一切险的除外责任与海洋运输货物险的除外责任相同。陆上货物运输保险责任起讫也采用"仓至仓条款"原则。

（二）陆上运输冷藏货物险是陆上货物险中的一种专门险

其主要责任范围是：保险公司除负责陆运险所列举的各项损失外，还负责被保险货物在运输途中由于冷藏机器或隔温设备的损坏或者车厢内储存冰块的融化所造成的解冻融化以致腐败的损失。但对由于战争、罢工或运输延迟而造成的被保险冷藏货物的腐败或损失，以及被保险货物开始时因未保持良好状态，包括整理加工和包扎不妥、冷冻上的不符合规定及骨头变质所引起的货物腐败和损失则不负责任。至于一般的除外责任条款，也适用于本险别。

陆上运输冷藏货物的责任自被保险货物远离保险单所载明起送地点的冷藏仓库装入运送工具开始运输时生效，包括正常陆运和与其有关的水上驳运在内，直至该项货物到达保险单所载明的目的地收货人仓库为止。保险责任以被保险货物到达目的地车站后 10 天为限。中国人民保险公司的该项条款还规定：装货的任何运输工具，都必须有相应的冷藏设备或隔离温度的设备；或供应和储存足够的冰块使车厢内始终保持适当温度，保证被保险冷藏货物不致因融化而腐败，直至到达目的地收货人仓库为止。

（三）陆运附加险

1. 陆上运输货物战争险（火车）（Overland Transportation Cargo War Risks—by Train）。该险别是陆上运输货物险的特殊附加险，在投保陆运险的陆运一切险的基础上可加保该险。陆上运输货物战争险承保在火车运输途中由于战争、类似战争行为和敌对行为、武装冲突等所造成的损失，以及各种常规武器包括地雷、炸弹所致的损失。保险责任起讫以货物置于运输工具时为限。

2. 陆上运输罢工险。该险别承保责任范围与海洋运输货物罢工险相同，其保险手续的办理也与海运货物罢工险相同，即在投保战争险的前提下加保罢工险，不另收费。若仅要求加保罢工险,则按战争险费率收费。

二、我国航空运输货物保险险别与条款

中国人民保险公司于 1981 年 1 月 1 日修订的《航空运输货物保险条款》规定:航空运输货物保险分为航空运输险和航空运输一切险两种基本险别。在两种基本险的基础上,还可以加保航空运输货物战争险,这也是一种附加险。

(一)航空运输险的责任范围

航空运输险(Air Transportation Risks)的责任范围与海洋货物运输保险条款中的"水渍险"相似,包括被保险货物在运输中遭受雷电、火灾、爆炸或由于飞机遭受恶劣气候或其他危难事故而被抛弃,或由于飞机遭受碰撞、倾覆、坠落或失踪等自然灾害和意外事故所造成的全部或部分损失。

(二)航空运输一切险的责任范围

航空运输一切险(Air Transportation All Risks)的责任范围与海洋运输保险条款中的"一切险"相似,除包括航空运输险的各项责任外,还包括被保险货物由于一般外来原因所造成的全部或部分损失。

(三)航空货物运输保险的除外责任

航空运输险和航空运输一切险的除外责任与海洋货物运输保险条款中基本险的除外责任基本相同。

(四)航空货物运输保险责任起讫期限

航空货物运输保险的保险责任起讫也采用"仓至仓条款"。与海运、陆运货物保险的"仓至仓条款"不同的是,如果货物运达保险单所载明的目的地而未运抵收货人仓库或储存处,则以被保险货物在最后卸离飞机满 30 天时责任终止。如在上述 30 天内被保险货物需转送到非保险单所载明的目的地时,则自该项货物开始转运时责任终止。

三、我国邮包运输货物保险险别与条款

邮政包裹运输保险包括邮包险和邮包一切险两种基本险别。在投保基本险的基础上,还可以加保邮包战争险。

(一)邮包险的责任范围

邮政运输不外乎采用陆、空、海等常用的交通运输方式,因此,邮包险(Parcel Post Risks)的责任范围包括水渍险、陆运险和航空运输险的责任范围。

(二)邮包一切险的责任范围

邮包险一切险(Parcel Post All Risks)的责任范围包括一切险、陆运一切险和航空运

输一切险的责任范围。

（三）邮政包裹运输保险的除外责任

邮包险和邮包一切险的除外责任与前几种运输保险的除外责任基本相同。

（四）邮政包裹运输保险责任起讫期限

邮包保险的责任起讫期限是从邮包离开起运地寄件人处所运往邮局开始，至目的地邮局给发件人发出通知的当日午夜起满 15 天为止。在此期限内，邮包一经送交收件人处所，保险责任即告终止。如加保战争险，则责任起讫期限为被保险邮包经邮局收验后，从储存处所起运时开始生效，直到该邮包运达目的地邮局送交收件人为止。

链　接

卖方利益险和出口信用保险

货物运输保险除上述险种外，中国人民保险公司还承办两种独立的险别——卖方利益险和出口信用保险。

1. 卖方利益险(Contingency Insurance Clause-Cover Seller's Interest Only)。卖方利益险是指在 FOB(FCA)或 CFR(CPT)条件下，采用了非信用证结算方式，万一货物在运输途中受损，买方又拒不付款赎单，若卖方事先投保了这一险别，可由保险公司赔偿卖方的损失。办理此项保险，保险公司是按海上一切险和战争险承保，费率按一切险的 1/4 再加上战争险的费率计收。

2. 出口信用保险(Export Credit Insurance)。出口信用保险是指以出口贸易中国外买方按期支付货款的信用作为保险标的，或以海外投资中借款人按期还款的信用作为保险标的的保险，由债权人(出口商或贷款银行)为了保障自己的债权利益向保险公司投保，保险人对被保险人(债权人)因国外买方或借款人到期不能履行清偿债务的义务而造成的相关损失负经济赔偿责任。

开办出口信用证保险的目的是鼓励和促进本国的出口贸易的发展，而不以盈利为目的。它不仅是出口商获取银行贷款的前提条件，也是出口商开拓新市场，扩大出口的安全保障。

第六节　合同中的保险条款

在国际货物买卖合同中，货运保险条款是一个重要的内容，如何订立，应取决于买卖双方在合同中所采用的贸易术语。

一、合同中的保险条款举例

以 EXW、FAS、FOB、CFR 或 FCA、CPT 术语成交，合同中的保险条款可订为：
"保险由买方办理"(Insurance is to be covered by the Buyers)。或者"由买方委托卖

方按发票金额 110％代办投保××险和××险,保险费用由买方负担,按 1981 年 1 月 1
日中国人民保险公司海洋运输货物保险条款负责。"(Insurance：To be covered by the
Sellers on behalf of the Buyers for 110％ of invoice value against ×× and ×× as per
Ocean Marine Cargo Clauses of the People's Insurance Company of China dated Jan.
1，1981.)

【例】　以 CIF 或 CIP 术语成交,条款内容要明确由卖方办理保险,保险险别是什么,
保险金额是多少,受何种保险条款的约束以及保险条款的生效日期等。具体订法如下：

"由卖方按发票金额的 110％投保一切险和战争险,按 1981 年 1 月 1 日中国人民保
险公司海洋货物运输保险条款负责。"(Insurance is to be covered by the Sellers for 110％
of the Invoice Value against All Risks and War Risk as per Ocean Marine Cargo Clauses
of the People's Insurance Company of China dated Jan. 1，1981.)

二、订立保险条款应注意的问题

1. 应明确按什么保险条款进行投保,是按 ICC 条款还是按 CIC 条款。

2. 应明确投保险别,是平安险还是水渍险或一切险。如需另加某一种或某几种附加
险也应一并写明。

3. 应明确由何方负责投保,如系 FOB、CFR 合同,应明确由买方负责投保,但卖方为
避免工厂仓库至码头的运输风险可加保"仓至船"险(Before Loading Risk)。如系 CIF 合
同,应明确由卖方负责投保。

4. 应明确投保加成率,如超过 10％,由此而产生的超额保险费应由买方负担。如加
保战争险(SRCC),应明确"若发生有关的保险费率调整,所增加的保费由买方负担"。

5. 应明确不同保险条款的生效日期。

6. 保险单的签订日期不能迟于装运日期,如果货物在装运以后才签订保险合同,则
货物从装运到签订保险合同的一段时间没有被保险。

7. 保险货币应与发票货币一致,以避免汇率风险。

8. 注意合同的价格条件与船舶的船龄和适航性。

以 CFR 或 CIF 价格条件成交的进口合同,是由出口方负责租船的。发货人关心的是
运输费的高低,而不很重视船舶的船龄和适航性。对于进口方来说,不能因为投保了运输
保险而不关心货运的安全系数。如果发货人与承运人互相勾结,以破旧船不装或少量装
后,在途中故意沉没的情况也不是绝对没有。即使不存在欺诈行为,收货方也应注意船龄
和适航性,按照国际惯例,保险公司对超过 15 年船龄的船舶所载货物的货运保险,要加收
保险费。为使进口方避免负担增加的保险费,以 CFR 或 CIF 成交的合同中,应订明老船
加费的条款。

第七节　进出口货物运输保险实务

在进出口业务中,通常由价格条件来确定由哪一方负责投保,如按 FOB 条件和 CFR
条件成交,保险由买方办理;按 CIF 条件成交则由卖方投保。无论哪一方办理货运保险,

都需要注意以下一些问题。

一、保险险别的选择

不同的保险险别规定的保险责任范围是不同的,被保险人投保时要选择适当的保险险别,险别选择不恰当可能导致被保险货物在遭受自然灾害或意外事故受损时,得不到充分的赔偿保障或多支出不必要的保险费。选择险别必须考虑货物的种类、性质、包装、运输工具、运输航线及港口以及采用的贸易术语等不同情况;既要确保获得所需的保险保障,又要适当节省保险费支出。货物种类及险别选择见表 6-1。

运输方式不同,投保的险别也不同。海运货物投保海运险别;陆运货物、空运货物则应分别投保陆运或空运险别。货物的运输路线也会对货物的情况有不同程度的影响,例如,货物途经赤道地区就容易受潮、受热。各国的港口设备、安全等情况也有很大差异,这时货物的装卸安全会有不同程度的影响。此外,国际形势的变化也可能会影响运输货物的安全,尤其是在局部地区发生战争或形势紧张的情况下,运往该地区的货物应考虑加保战争险。

表 6-1　某些货物种类及险别选择

货 物 种 类	常 见 危 险	险 别 选 择
粮谷类	短量、霉烂、受热、受潮	• 一切险 • 水渍险＋短量险＋受热受潮险
食品类	包装破碎、包装生锈、被盗	• 一切险 • 平安险＋偷窃、提货不着险＋包装破裂险
酒、饮料	破碎、被盗	• 一切险 • 平安险＋偷窃、提货不着险＋碰损和破碎险
玻璃、陶瓷制品、家电、工艺品、仪器仪表类	破碎、被盗	• 平安险＋偷窃、提货不着险＋碰损和破碎险
毛绒类、纺织纤维类	水湿导致色变、霉烂	• 一切险 • 水渍险＋混杂和沾污险
杂货类	水湿、被盗	• 水渍险＋偷窃、提货不着险＋淡水雨淋险
散装矿石类	散落、短量	• 平安险＋短量险
木材、车辆(舱面货)	浪击落海或被抛弃	• 平安险＋舱面险
活牲畜、家禽、活鱼	死亡	• 活牲畜、家禽海陆空运输保险条款
原糖	溶解短量、吸湿、被盗、可能发生爆炸、油渍沾污	• 一切险

二、保险费的计算

保险费是被保险人从保险人那里获得货物损失赔偿的代价,也是保险人经营业务的基本收入。保险费的多少受保险金额与保险费率的影响,因此在办理保险时,首先要确定保险金额,然后再根据相应的保险费率计算保险费。

（一）保险金额的确定

保险金额（Insured Amount）是指保险人承担赔偿或给付保险金责任的最高限额，也是保险人计算保险费的基础。保险金额一般由买卖双方商订。

在出口贸易中，凡是按 CIF 或 CIP 条件达成的合同一般均规定保险金额为发票金额的 110％，即在发票金额基础上增加 10％（实际业务中也称作"加一成"）计算。增加的比例（如 10％）称为保险加成率，用以在出现风险后弥补买方的经营管理费用和预期利润。如买方投保时要求按较高的加成率计算保险金额，在保险公司同意承保的情况下，卖方亦可接受，但由此而增加的保险费原则上由买方承担。

根据国际保险业的习惯，保险金额的计算公式为

$$保险金额＝CIF（或 CIP）价×（1＋投保加成率）$$

出口贸易中如果是以其他贸易术语（如 FOB、CFR）成交，则应先折算为 CIF 或 CIP 值再按加成率计算保险金额。

我国进口货物的保险金额，在原则上虽也按进口货物的 CIF 或 CIP 值计算，但不另加成。目前，我国进口合同较多采用 FOB（或 FCA）条件，为简化手续，方便计算，一些外贸企业与保险公司签订预约保险合同，共同议定平均运费率（也可按实际运费计算）和平均保险费率。其计算保险金额的公式为

$$保险金额＝FOB（或 FCA）价×（1＋平均运费率）/（1－平均保险费率）$$

这里的保险金额即估算的 CIF（或 CIP）价，而不另加成。如投保人要求在 CIF（或 CIP）价基础上加成投保，保险公司也可接受。

（二）计算保险费

我国进出口货物保险费率是按照不同货物、不同目的地、不同运输工具和投保险别，由保险公司以货物损失率和赔付率为基础，参照国际保险费率水平，结合我国国情而制定的。

保险费的计算公式为

$$保险费＝保险金额×保险费率$$

如按 CIF 或 CIP 加成投保，保险费的计算公式为

$$保险费＝CIF（或 CIP）价×（1＋投保加成率）×保险费率$$

 互动演练

某公司出口一批货物，CFR 纽约价为 1 980 美元，现外商来电要求改报 CIF 纽约价，并要求按 CIF 价加 20％投保一切险并加保战争险，假定一切险的保险费率为 0.8％，战争险费率为 0.03％。

请问：（1）我方应向外商报 CIF 纽约价为多少？

（2）我方应向保险公司支付多少保险费？

解 （1）CIF ＝CFR/［1－（1＋投保加成率）×保险费率］

＝1 980/（1－120％×0.83％）

＝1 999.92（美元）

我方应向外商报 CIF 纽约价为 1 999.92 美元。

(2) 保险费＝CIF 价×(1＋投保加成率)×保险费率

$$= 1\,999.92 \times 1.2 \times 0.0083$$

$$= 19.92(美元)$$

三、取得保险单据

保险单据既是保险公司对被保险人的承保证明,也是保险公司和被保险人之间的保险契约,它具体规定了保险公司和被保险人的权利和义务。在被保险货物遭受损失时,保险单据是被保险人索赔的依据,也是保险公司理赔的主要依据。

在国际贸易中,海运保险单是可以经背书转让的单据。根据《INCOTERMS 2000》的规定,在 CIP 和 CIF 条件下,卖方必须向买方提供保险或其他保险证据,以使买方或任何其他对货物具有保险利益的人可直接向保险人索赔。在这一情况下,通常卖方是保险单的被保险人,他通过背书将保险单转让给买方,从而使得买方可以凭保险单向保险公司索赔。

保险单的转让是指保险单权利的转让,也就是被保险人将保险单所赋予的损害索赔及相应的诉讼权转让给受让人。这种权利的转让与被保险货物本身所有权的转让是两种不同的法律行为。买卖双方交接货物并转移货物所有权,并不能自动转移保险单的权利,而必须由被保险人在保险单上以背书表示转让的意思,才能产生转让的效力。

各国海上保险法律,关于保险单的转让一般有以下规定。

1. 海运货物保险单可以不经保险公司同意而自由转让。

2. 海运货物保险单的转让,必须在保险标的所有权转移之前或转移的同时进行,如果所有权已经转移,事后再办理保险单的转让,这种转让是无效的,因为被保险人将保险标的所有权转移给他人之后,他对保险标的已丧失了可得利益,保险单的转让也就失去了依据。

3. 在海运货物保险单办理转让时,无论损失是否发生,只要被保险人对保险标的仍然具有可保利益,保险单均可有效转让。

4. 保险单的受让人只能享有与原被保险人在保险单下所享有的相同的权利和义务,他不能取得优于原被保险人的权利。

5. 保险单转让后,受让人有权以自己的名义向保险人进行诉讼,保险人也有权如同对待原被保险人一样,对保险合同项下引起的责任进行辩护。

6. 保险单的转让,可以采取由被保险人在保单上背书或其他习惯方式进行。按照习惯做法,采用空白背书方式转让的保险单,可以自由转让;采用记名背书方式转让的保险单,则只有被背书人才能成为保险单权利的受让人。

四、保险索赔

保险索赔(Insurance Claim)是指当被保险的货物在保险责任有效期内发生属于保险责任范围内的损失时,被保险人可向保险公司提出索赔。

（一）被保险人提出索赔应具备的条件

1. 被保险人是保险单的合法持有人。

2. 被保险人要求赔偿的损失必须是承保责任范围内风险造成的损失。

3. 被保险人必须拥有可保利益。可保利益，又称保险利益或可保权益，是指被保险人对被保险货物因具有某种利害关系而享有的为法律所承认可以投保的经济利益。例如，在按 FOB 或 CFR 贸易术语成交条件下，保险是由买方办理的，而买方是在货物装船后才承担风险，亦即此时他才享有可保利益。

（二）保险人索赔时应注意做好的几项工作

被保险人或其代理人向保险人索赔时，应做好下列几项工作。

1. 分清责任。当被保险货物运抵目的地，被保险人或其代理人提货时发现货物有明显的受损痕迹或短少等情况时，首先应分清责任，并向有关责任方提出索赔。比如，被保险人或其代理人在提货时发现货物包装有明显的受损痕迹，或整件短少或散舱货物已经残损，除向保险公司报损外，还应立即向承运人、海关、港务当局等索取货损货差证明，及时向有关责任方提出索赔，并保留追偿的权利，必要时还要申请延长索赔时效。

2. 及时向保险公司发出损失通知。当被保险人得知或发现货物已遭受保险责任范围内的损失，应及时通知保险公司，并尽可能保护现场。保险公司在接到损失通知后，即可采取相应措施。如会同有关方面进行检验，勘察损失程度，调查损失原因，确定损失性质和保险责任，查核发货人或承运人责任，采取必要的施救措施，并签发联合检验报告。检验报告是被保险人向保险公司索赔的重要证件。

3. 采取合理的施救措施。保险货物受损后，被保险人和保险人都有责任采取可能的、合理的施救措施，以防止损失扩大。因抢救、阻止、减少货物损失而支付的合理费用，保险公司负责补偿，但以不超过该批被救货物的保险金额为限。被保险人能够施救而不履行施救义务，保险人对于扩大的损失甚至全部损失有权拒赔。

4. 备齐索赔单证。被保险人在向保险人或其代理人索赔时，应提交索赔必需的各种单证，否则会使索赔的过程复杂化。按照保险惯例，被保险人在索赔时通常需提交的单证有：保险单或保险凭证正本、运输单据、商业发票、装箱单、磅码单、货损货差证明、货物残损检验报告、海事报告摘录、向承运人或其他第三者请求赔偿的有关文件和来往函电、费用清单及索赔清单等单据。

（1）保险单或保险凭证：是保险人的承保证明，保险人是否负赔偿责任，就是依据保险单及其所列具体条款来确定的。

（2）运输单据、发票、提单、装箱单或磅码单：是证明被保险货物原有状况的依据，对于货物残损情况有重要参考价值。

（3）货物残损检验报告：是检验机构对受损货物实地检验的客观记录，证明被保险货物损失情况，是被保险人索赔的客观证据，是保险人了解货物损失情况的重要依据。

（4）海事报告摘录：是载货船舶在航行途中遭遇恶劣天气、意外事故或其他海难时，船长据实记录的报告。其目的在于证明航程中遭遇海难，船舶或货物可能遭致损失，并且声明船长及船员已经采取一切必要措施,是人力不可抗拒的损失,船方应予免责。海事报告对于海难情况、货损原因以及采取的措施都有证明,对于确定损失原因和保险责任都有重要的参考作用。

(5)向承运人或其他第三者请求赔偿的有关文件和来往函电:保险人可根据损失情况和理赔需要,要求被保险人提交其他证据。这些单据和文件是被保险人提赔的依据,保险人是否承担赔偿责任,除根据现场调查搜集的资料外,主要是依据这些文件进行判断。它是保险人审核理赔案件的重要内容之一。

(6)费用清单及索赔清单:是被保险人为保全被保险货物采取合理措施所支付的费用以及货物残损检验费用的开支及各类其他费用明细说明。根据保险条款规定,这些费用均可从保险人处获得赔偿。

5.应了解索赔免赔的一些规定。当货物发生全损时,应赔偿全部保险金额,如果是部分损失,则应合理确定赔偿比例。对易碎和易短量货物的索赔,应了解是否有免赔的规定。保险业有两种规定方法:一种是所谓不论损失程度均予赔偿;另一种是规定免赔率。免赔率是指保险人对于保险货物在运输途中发生的货损货差,在一定比率内不负赔偿责任。这是因为有些货物由于商品本身的特点或在装运作业过程中,必然会发生损失,是正常现象,而非偶然事故,保险公司不予赔偿。

6.有关代位追偿和委付的问题。在保险业务中,当货物遭受承保范围内的损失但是损失应由第三方负责的时候,为了防止被保险人双重获益,保险人在全部赔偿或部分赔偿后,要求被保险人转让其对造成损失的第三者责任方要求全损赔偿或相应部分赔偿的权利,这种权利就是代位追偿权。

当进出口货物处于推定全损状态时,被保险人向保险人发出通知,愿将本保险承保的被保险人对保险标的的全部权利和义务转让给保险人,而要求保险人以全部损失予以赔偿,这就是委付。如果被保险人不发出委付通知,保险人只按部分损失赔偿;如果发出委付通知并经保险人接受,则保险人按推定全损赔偿,并取得处理残损货物的权利。

根据国际保险业的惯例,保险索赔或诉讼的时效为自货物在最后卸离运输工具时起算,最多不超过2年。被保险人应在索赔时效内提出索赔或诉讼。中国人民保险公司为便利我国出口货物运抵国外目的地后及时检验损失,就地给予赔偿,已在100多个国家建立了检验或理赔代理机构。至于我国进口货物的检验索赔,由有关的专业进出口公司或其委托的收货代理人的港口或其他收货地点,向当地人民保险公司要求赔偿。

 **链 接**

关于免赔率的若干规定

免赔率分相对免赔率和绝对免赔率两种。

1.相对免赔率(Franchise)。相对免赔率是指如果货损或货差的程度超过免赔率,保险公司在赔偿时不扣除免赔率,全部予以赔偿。

2.绝对免赔率(Deductible)。绝对免赔率是指如果货损或货差超过免赔率,保险公司在赔偿时要扣除免赔率,只负责赔偿超过免赔率的部分。

相对免赔率和绝对免赔率两者的相同点是：如果损失数额不超过免赔率，均不予赔偿。两者的不同点是：如果损失数额超过免赔率，相对免赔率不扣除免赔率全部予以赔偿；绝对免赔率要扣除免赔率，只赔超过部分。

中国人民保险公司现在实行的是绝对免赔率，但现行的伦敦保险业协会的《协会货物条款》则无免赔率的规定。

案例回放与分析

法院经审理后认为，本案的焦点问题是保险利益的认定问题。本案中技术进出口公司是否具有保险利益取决于其对买卖合同项下货物承担的风险，而对货物承担的风险及其起始时间又取决于买卖合同约定的价格条件。本案买卖合同约定的价格条件是 FOB 加拿大渥太华，意为货物在渥太华越过船舷或装机后，货物的风险才发生转移。在此之前，货的风险仍由卖方承担。因此，本案技术进出口公司购买的货物在海外运输公司仓库被盗时，技术进出口公司不具有保险利益。法院最终判定保险公司与技术进出口公司的保险合同因投保人对保险标的物不具有保险利益而无效。

在国际货物运输保险中，投保人（被保险人）对投保货物是否具有保险利益，取决于货物风险是否转移，而货物风险的转移又与买卖双方采取的价格条件密切相关。在 FOB 价格条件下，货物风险自货物越过船舷之时即由卖方转移给买方，因此，只有在货物越过船舷之后，买方（投保人、被保险人）才能对货物享有保险利益。所以本案中法院对投保人（被保险人）是否具有保险利益作出了正确的认定。

篇末点述

国际贸易中货物往往需要经过长途运输，在运输、装卸和存储过程中，货物有可能遇到各种风险和遭受各种损失。为了保障货物在遭受损失时能得到经济上的补偿，买方或卖方需要办理货物的运输保险。

由于保险涉及买卖双方在货物发生风险损失时各自的切身利益，所以订立保险条款也就成了合同条款中的一个重要组成部分。为了有效地办理货物的运输保险，并使买卖合同中的保险条款规定得合理，我们必须深入了解和认真研究有关货运保险方面的问题。

专业词汇

Insured 被保险人	Strike Risk 罢工险
Underwriter 保险人	Warehouse to Warehouse Clause 仓至仓条款
Total Loss 全部损失	Overland Transportation Risks 陆运险
Partial Loss 部分损失	Overland Transportation All Risks 陆运一切险
Particular Average 单独海损	Insured Amount 保险金额

General Average 共同海损　　　　Insurance Premium 保险费

Insurance Policy 保险单　　　　　Free from Particular Average,FPA 平安险

Insurance Certificate 保险凭证　　With Particular Average,WPA 水渍险

Combined Certificate 联合凭证　　All Risks,A.R. 一切险

War Risk 战争险

General Additional Risk 一般附加险

Insurance Cargo Clause,ICC 协会货物条款

Special Additional Risk 特殊附加险

🎯 本章习题

一、名词解释题

1. 共同海损

2. 预约保险

二、案例分析题

即练即测

　　1.我国 A 公司与某国 B 公司于 2007 年 10 月 20 日签订购买 52 500 吨化肥的 CFR 合同。A 公司开出信用证规定,装船期限为 2008 年 1 月 1 日至 1 月 10 日,由于 B 公司租来运货的"顺风号"轮在开往某外国港口途中遇到飓风,结果装货至 1 月 20 日才完成。承运人在取得 B 公司出具的保函的情况下,签发了与信用证条款一致的提单。"顺风号"轮于 1 月 21 日驶离装运港。A 公司为这批货物投保了水渍险。2008 年 1 月 30 日"顺风号"轮途经巴拿马运河时起火,部分化肥烧毁。船长在命令救火过程中又造成部分化肥湿毁。由于船在装货港口的延迟,使该船到达目的地时正遇上化肥价格下跌,A 公司在出售余下的化肥时,价格不得不大幅度下降,给 A 公司造成很大损失。

　　请根据上述事例,回答以下问题:

　　(1) 途中烧毁的化肥损失属于什么损失,应由谁承担? 为什么?

　　(2) 途中湿毁的化肥损失属于什么损失,应由谁承担? 为什么?

　　(3) A 公司可否向承运人追偿由于化肥价格下跌造成的损失? 为什么?

　　2. 某货轮在航行途中因偏离航道而搁浅,为了摆脱船舶搁浅困境,船长下令抛弃船上部分货物,以减轻船舶负重,但仍无效果。船长只好下令发出呼救信号,决定请救助船将货轮拖至深水处,使其能继续航行至目的港。由此造成下列损失和费用:(1)在救助过程中使货轮船底划破受损;(2)给救助船支付一笔救助费用;(3)抛弃船上部分货物的损失;(4)额外增加的燃料费、船员工资、给养开支。

试问：上述各项损失应作何种性质的损失处理？

3.某货代公司接受货主委托,安排一批茶叶海运出口。货代公司在提取了船公司提供的集装箱并装箱后,将整箱货交给了船公司。同时,货主自行办理了货物运输保险。收货人在目的港拆箱提货时发现集装箱内异味浓重。经查明,该集装箱前一航次所载货物为精萘,致使茶叶受精萘污染。

请问：（1）收货人可以向谁索赔？为什么？

（2）最终应由谁对茶叶受污染事故承担赔偿责任？

第七章

国际贸易支付工具

开篇导读

在国际贸易中,按约定的条件支付货款是买方的基本义务。因此,支付条款是买卖合同中的重要条款。支付条款中主要涉及支付工具和支付方式。支付工具又称支付手段,货币和金融票据均可作为支付工具。在当代国际结算业务中,绝大多数采用非现金结算方式,即使用金融票据作为支付工具。国际贸易中使用的金融单据主要包括汇票、本票和支票,其中,汇票使用最多。

引导案例

某省公司一位业务员与国外客户商订,货款的结算使用美元电汇支付。货物发出后十余天,该公司业务员收到客户电汇付款的银行收据传真件,当即书面指示船公司将货物电放(凭提单正本影印件提货)给提单上的通知人,客户将货提走,而各货款却未到账。经查该客户在银行办理电汇付款手续并取得银行收据后,马上传真给卖方(即某省公司),并要求立即电放货物,在拿到卖方给船公司的电放指示附件后,即去银行撤销了这笔电汇付款。从而造成了上述公司 8 万美元的损失。那么这个国外客户为什么能够这样做呢?我国公司又该吸取怎样的教训呢?

第一节　货币支付

在国际贸易中,主要的支付工具是货币和票据。前者用于计价、结算和支付,后者用于结算和支付。1968 年起,我们开始在进出口业务中逐步使用人民币作为计价和结算的货币,从而结束了我国对外贸易长期只使用外币的历史。目前,我国的进出口合同中,有使用人民币计价和结算的,但只限于账面收付,还有很大一部分是使用对方国家或第三国的货币。因此就存在着在一笔具体交易中如何确定计价、结算和支付货币的问题。

一、货币的概念

国际贸易中使用的货币属于外汇的范畴,一般有三种情况,即使用进口国的货币、出口国的货币或第三国的货币,由买卖双方协商确定。

二、货币支付应注意的问题

在当前国际金融市场普遍实行浮动汇率制的情况下,在选择使用货币时,应该从实际情况出发,一方面需考虑货币汇价升降的风险;另一方面还要结合企业经营意图、国际市场供需情况及价格趋势,进行综合分析,灵活选择兑换比较方便、市值又相对稳定的货币,以尽量减少由于外汇汇值的变动可能造成的损失,有利于国家外汇的调度和使用。

三、期货买卖货币支付方法

由于对外贸易一般买卖的都是期货,自合同签订至履约结汇,需要有一定时间。在此期间,用来计价和结算的外国货币的汇价在浮动汇率情况下,随时都会发生变动,有时甚至是重大的变动。因此,如果能在出口方面采用一些比较稳定或趋于上浮的货币,在进口方面争取用地位相对疲软的外币,则对我方是比较有利的。有时,在对外成交时会出现不得不在进口时使用硬币(Hard Currency),在出口时使用软币(Weak Currency)的情况,在这种情况下,一般可采取下述两种方法来排除或减轻汇价变动的风险。

其一是在作价时考虑所选用货币的汇价在合同执行期间可能变动的幅度,并且把它包括在进口价格中间。

其二是在合同中订立保值条款。过去在固定汇率时期,流行所谓黄金保值条款,即在出口合同中列入所使用货币的法定含金量。如果该项货币的法定含金量发生变化,即所谓法定升值或贬值,合同价格即按比例相应调整。目前,在浮动汇率制度的条件下,一国货币的汇率的变动往往不是由政府宣布改变其法定含金量来实现,而是听任市场上的供需情况决定它对其他货币的汇率是上浮或是下浮。黄金保值已失去其实际意义,于是人们往往采用汇率保值条款,即在签订合同时,规定合同货币和其他一种货币的汇率。付款时,如果汇率发生变动,即按比例调整合同价格。

总之,货币的选择问题是一个复杂而又细致的问题,它一方面要充分体现我国对外政策,根据不同对象、不同商品的具体情况进行考虑外;另一方面需要有一定的有关金融、货币方面的知识。现代国际贸易以现金结算货款是极个别的,而且仅限于少量的货款,通过信用工具的票据结算则是主要的。其中,以汇票使用最多,本票、支票次之。

拓展阅读

链接

票据法的发展

票据在国际贸易中普遍使用,因此,票据法成为国际商法的重要内容。票据法是调整票据的发生、转让及其行使之关系的法律规范的总和。世界各国的票据法,无论是在编制体例上还是在内容上均存在着较大差别,目前主要分为两大类:一类是以英国《1882年票据法》为代表的英美法系;一类是以《日内瓦统一法》为代表的大陆法系。

国际票据法的统一先后经历了海牙统一票据法、日内瓦统一票据法和联合国统一票据法三个发展阶段。最具代表意义、影响最大的是1930年和1931年日内瓦统一票据法，包括统一票据汇票本票法、解决汇票本票法律冲突公约、汇票本票印花税法公约、统一支票法约、解决支票法律冲突公约、支票印花税法公约。这些公约是相互独立的，各国可分别加入。在1988年的联合国第43次大会上，通过了汇票本票公约，考虑了日内瓦统一票据法和英美票据法的差异，但并不试图加以调和。而仅着眼于解决国际贸易中汇票、本票使用上的不便，其适用范围仅限于"作为国际贸易结算手段"而使用的"国际票据"，并且该票据也不具有强制适用的效力，而是由出票人或者承兑选择是否适用。

《中华人民共和国票据法》（以下简称《票据法》）于1996年1月1日起施行，该法以规范票据行为、保护票据权利为宗旨，为促进经济的发展提供了有利的法律保障，并于2004年配合行政法的修改做了微小改动。我国《票据法》特设第五章作为涉外票据的法律规定。按其规定，涉外票据的行为采用适用行为地法律和国际惯例的原则。

第二节　汇　票

作为国际结算中的一个主要组成成分，国际贸易货款的支付一般也是利用汇票这种支付凭据通过银行进行的。我国在对外贸易中也大量地使用汇票作为支付工具。

一、汇票的含义

按照各国广泛引用的英国票据法可下的定义，汇票（Bill of Exchange 或 Draft）是一种债权证书，它是由一个人向另一个人签发的无条件的书面支付命令。它要求对方立即或者在一定时间之内，对某人或其指定的人或持票人，支付一定的金额。

我国《票据法》第19条对汇票的定义是："汇票是出票人签发的，委托付款人在见票时或者在指定日期无条件支付确定的金额给收款人或持票人的票据。"

二、汇票的基本内容

（一）汇票的当事人

1. 出票人（Drawer），又称"收款人"，就是开出汇票的人，在进出口业务中，通常就是出口人或银行。

2. 受票人（Drawee）又称"付款人"，就是汇票的付款人（Payer），在进出口业务中，通常就是进口人或银行。在托收方式下，付款人一般为买方或债务人；在信用证方式下，一般为开证行或其指定的银行。

3. 受款人（Payee）又称"汇票抬头人"，就是受领汇票所规定的金额的人，在进出口业务中，通常就是出口人或其指定的银行。托收方式下，汇票的付款人一般为国外进口商；

信用证方式下,应按信用证规定填写,一般为开证行或指定的付款银行。

（二）金额和货币

汇票必须明确具体地规定受票人应付的金额,并注明使用的货币。在国际贸易中,汇票的金额原则上应在合同或信用证金额的范围内,如无特殊规定,其具体金额和货币一般必须与发票金额和货币一致,否则受票人有权拒付。

（三）付款时间

汇票还需规定明确的付款时间,如"见票即付""见票后 30 天付款"等。根据英、美等国法律的规定,付款日期不确定的汇票不是汇票。例如,在汇票上规定"见票后"或者"船只到达××时"付款,都是无效的。我国《票据法》第 23 条也有具体规定:"汇票上记载付款日期、付款地、出票地等事项的,应当清楚、明确。"

（四）出票和付款地点

汇票一般应注明开票和付款地点。一般分别以汇票上所列的出票人和受票人的所在地表示。根据有关国家法律的解释,受票人对未注明付款地的汇票可提出付款地点。而我国《票据法》第 23 条规定:"汇票上未记载付款地的,付款人的营业场所、住所或者居住地为付款地。汇票上未记载出票地的,出票人的营业场所、住所或经常居住地为出票地。"

（五）出票人签字

应当指出,上述只是汇票的基本内容,是构成汇票的要项,但并不是全部要项。按照英美等国法律的规定,汇票的要项必须齐备,否则受票人有权拒付。但一张汇票应包括哪些要项,目前不同国家,在有关汇票要项的规定上却互有出入。例如,关于汇票上面是否必须书明汇票字样和出票日的问题,一些欧洲国家明确指出必须写明,但属于英美法系的国家却认为并无必要。鉴于国际上构成汇票要项方面的规定存在分歧,国际贸易中的汇票就存在着一个究竟应以哪个国家的标准来判断一张汇票是否成立的问题。按照目前的情况,国际贸易中的汇票一般是根据出票地的法律作为决定汇票是否成立的标准。但是为了慎重起见,我方在出票时,最好是在汇票上列明一般要项,如注明汇票字样、各方当事人、付款金额、货币、时间、地点,并附出票人签字,以免引起不必要的纠纷。

三、汇票的种类

汇票从不同的角度可分为以下几种。

（一）商业汇票（Commercial Draft）和银行汇票（Banker's Draft）

按出票人身份不同,汇票分为银行汇票和商业汇票。由银行开立的汇票,即为银行汇票,它一般是银行应汇款人的要求,开立以汇入行为付款人的汇票,这种汇票一般由汇款人直接寄交收款人,凭票向汇入行取款。银行汇票的出票人和付款人都是银行。凡由出口商签发,向进口商或银行收取货款或其他款项的汇票,都属商业汇票。商业汇票的出票人可以是工商企业或个人,付款人可以是工商企业或个人,也可以是银行。

(二) 光票(Clean Draft)和跟单汇票(Documentary Draft)

汇票按流转时是否附有提单、发票、保险单等货运单据,可分为光票和跟单汇票两种。前者是指不附货运单据的汇票,即只凭汇票付款,不附交任何单据。银行汇票多为光票。跟单汇票是指附有货运单据的汇票。商业汇票多为跟单汇票。其作用在于,出票人必须提交约定的货运单据才能取得货款。受款人必须在付清货款或提供一定保证后,才能取得货运单据,提取货物。由此可见,跟单汇票是体现了货款和单据对流的原则,出票人如没有提供单据或所提供的单据不合规定,受票人即无付款责任;反之,受票人如不付款或拒绝接受汇票,即得不到货物所有权凭证——提单及其他货运单据。这对买卖双方来说,都提供了一定的安全保障。所以在国际贸易中大量使用跟单汇票作为支付工具。

(三) 即期汇票(Sight Draft)和远期汇票(Time/Usance Draft)

汇票按付款时间的不同,分为即期汇票和远期汇票两种。凡汇票上规定见票即行付款的称即期汇票。凡汇票上规定付款人在将来一个可确定的日期付款的,称远期汇票。远期汇票的付款日期有四种规定方法:一种是规定付款人见票后(After days after sight)若干天付款,如见票后 30 天、60 天、120 天付款;一种是在出票后(After days after data of draft)若干天付款;再一种是在提单签发日期后(After days after bill of lading)若干天付款。第一种方法的付款时间的起算是决定于付款人"见票",因此,对付款人比较主动,他可以用避而不见票以推迟付款时间;第二种办法不受付款人见票的限制,而且可节省从出票到见票这段时间,对出票人比较有利,但不易为付款人接受;第三种办法是以货物装运签发提单起算,比较客观合理,容易为双方接受。在实际业务上,使用什么办法计算付款日期,需由双方洽商协定,并在合同和汇票中加以明确规定。第四种是指定日期付款(To pay at...),即汇票上直接规定一个明确、具体的付款日期。

以上仅是从不同角度介绍汇票的种类,以便于我们掌握它的特征。在实际业务中,一张汇票往往同时具备几方面的特性。例如,国际贸易中最常用的汇票既是商业汇票,同时又可以是即期汇票和跟单汇票。

四、汇票的使用

(一) 汇票使用的一般程序

在国际贸易实际业务中,使用汇票支付货款一般须经过出票、提示、付款等程序。如系远期汇票,受票人在到期付款之前,还必须办理承兑手续。

1. 出票(Issue)。出票是指出口人根据合同签发汇票并交给受款人的行为。汇票是一种无条件支付命令书,体现着一定的债权和债务关系,因此,它们开立需要有一定的合法前提,从国际贸易的角度来看,这个前提就是双方当事人订立的合同及其履行。

2. 提示(Presentation)。提示是持票人将汇票提交付款人要求付款或承兑的行为。付款人看到汇票叫作见票(Sight)。如果持票人提示的是即期汇票,付款人应立即付款,如果是远期汇票,通常需要两次提示。第一次为"承兑提示",持票人提示时,付款人需在汇票上签字、盖章;第二次提示才是"付款提示",此时付款人应支付货款。

3. 承兑(Acceptance)。承兑是远期汇票到期之前办理的一道手续,由付款人在汇票正面签字、盖章、承诺到期付款的行为。远期汇票只有经过付款人承兑,付款人才承担到期付款的义务。

4. 付款(Payment)。分为即期付款和远期付款两种。前者为"见票即付",也就是在持票人提示汇票时付款人即应付款。对远期汇票来说,是指付款人经过承兑后,在汇票规定的某一时间或某一时段付款。付款后,汇票上的一切债务即告终止。

(二)汇票的转让

在国际金融市场上,汇票既是一种支付凭据,又是一种流通工具。除少数在汇票上书明"仅付××公司"(Pay ×× Co. Only)或"付××公司,不得转让"(Pay ×× Co. Not Transferable)的所谓限制性抬头的汇票外,国际贸易中的汇票都可以通过贴现而辗转转让。汇票在转让时,除了来人抬头(Bearer)即以持票人作为收款人的汇票,只需交付汇款,无须办理其他手续外,其他汇票的转让都需要通过背书(Endorsement)交付。背书就是由原来的持票人在汇票的背面签上自己的名字,表示该汇票已转让出去。汇票经转让后,受让人还可以通过背书方式再次转让。所以,一张汇票可以有许多背书人,而对于某一个受让人来说,凡是在他以前背书的人,都是他的前手(Prior Endorser),在他后面的人都是他的后手(Subsequent Endorser),前手对后手负有担保汇票必然会被承付的责任。

汇票的贴现(Discount)是指银行或金融公司对未到期的远期汇票在扣除一定的到期利息和手续费后,将票款支付给出让人的行为。

从上述有关汇票的转让和背书可以看出,汇票这种作为债权证书的支付凭据,可以通过转让,也就是债权的转让,而承担一系列债权债务的结算任务,避免使用现金。汇票的转让也给买卖双方的资金融通带来方便,它一方面使得卖方可通过汇票的议付或贴现,提前从第三者取得资金;另一方面也给买方提供了一定的付款期限,避免过早地付出资金。

链 接

汇票背书的方法

背书是指汇票持有人将票据权利转让他人的一种票据行为。票据权利是指票据持有人向票据债务人直接请求支付票据中所规定的金额的权利。通过背书转让其权利的人称为背书人,接受经过背书汇票的人就被称为被背书人。由于这种票据权利的转让,一般都是在票据的背面(如果记在正面就容易和承兑等其他票据行为混淆)进行的,所以叫作背书。

通常的背书方法有:

A. 限定性背书(Restrictive Endorsement),如"仅付给××公司"(Pay to … Co. only),"付给××银行,不可转让"(Pay to … bank, not transferable)。凡做成限制性背书的汇票不能再转让或流通,只能由制定的被背书人凭此提款。

B. 特别背书(Special Endorsement),又叫记名背书,指背书人在汇票背面签名后,有注明被背书人或其指定人名称。如"付给××银行或其指定人"(Pay to …bank or order)。此种汇票被背书人可以再作背书,将汇票权利再转让给他人。

C. 空白背书(Blank Endorsement),又称不记名背书,是指背书人只在票据背面签名,不指定被背书人,即受让人。此种汇票无须背书,只凭交付即可转让。

(三)汇票的拒付和追索

汇票的转让是以转让人向被转让人保证付款人将承担汇票的付款义务作为前提的。但汇票遭到付款人拒付的现象仍是时有发生的。所谓拒付(Dishonour),包括拒绝付款和拒绝承兑两个方面。汇票被拒付时,持票人有权向出票人及所有"前手"背书人进行追索(Recourse)。汇票的背书人为了避免承担这种责任,也可以在背书时注明"不受追索"(Without Recourse)。

在汇票拒付时,持票人行使其追索权,除出票人已在汇票写明不必作出拒绝证书外,应及时作出拒绝证书(Protest),凭以向其"前手"追索。拒绝证书是由付款地的法定出证人或其他依法有权作出这种证书的机构作出的,证明付款人拒付的文件,是持票人向其"前手"追索的法律依据。

 链 接

远期汇票到期日的计算方法

(1) "At××days after sight/date/stated date,见票/出票日/说明日后××天付款",这种表述方式指:不包括所述日期,即从该日的第二日起算。

(2) "At ×× days from stated date,从说明日起若干天付款",其含义是:包括说明日,即从该日起算。

(3) "At××month(s) after sight/date/stated date,见票/出票日/说明日以后若干月付款",其含义是:到期日为应该付款之月的相应日期,如果没有相应日期,则以该月最后一日为到期日。

例如:(1) Payable at 90 days after sight,若 4 月 15 日持票人第一次提示,则4 月 16 日起算,90 天的时间按下述方法计算:

4 月 16—30 日,15 天

5 月 1—31 日,31 天

6 月 1—30 日,30 天

7 月 1—14 日,14 天(若 14 日为假日,则顺延至 15 日)

(2) Payable at 90 days from 15th April,则要从 4 月 15 日起算。

(3) Payable at 2 months after date,如果出票日为 4 月 15 日,则付款期限为6 月 15 日。

第三节　本票和支票

一、本票

（一）本票的概念及分类

本票(Promissory Note)是出票人对受款人承诺无条件支付一定金额的票据。本票的当事人只有两个：出票人和受款人。本票的付款人就是出票人本人。因此，远期本票不需承兑。

本票有由工商企业签发的商业本票和由银行签发的银行本票两种。商业本票有即期与远期之分。银行本票都是即期的。国际贸易结算中使用的本票大多是银行本票。

（二）本票的基本内容

按照我国《票据法》第76条规定，本票必须记载下列事项。

1. 表明"本票"的字样；

2. 无条件支付的承诺；

3. 确定的金额；

4. 收款人名称或其指定人；

5. 出票日期和地点；

6. 出票人签章。

本票上未记载规定事项之一的，本票无效。本票上未记载付款地的，出票人的营业场所为付款地；未记载出票地的，出票人的营业场所为出票地。

（三）本票的特点

与汇票相比，本票具有以下特点：

1. 性质：本票允诺由自己付款，而不是命令他人付款。

2. 当事人：本票只有出票人和受款人两个当事人，本票的付款人就是出票人。

3. 承兑：由于本票的出票人与付款人是同一人，远期本票由他人签发，就等于本人已经承诺在本票到期日付款，所以远期本票无须承兑。

4. 份数：本票只能开出一式一份。

5. 付款责任：本票的出票人始终是本票的主债务人，承担在规定期限内付款的责任。

二、支票

（一）支票的概念及分类

支票(Cheque 或 Check)是存款户对银行签发的委托银行对受款人在见票时无条件支付一定金额的票据。出票人在签发支票时应在付款银行存有不低于票面金额的存款。支票只有即期，没有远期。用于远期支付的，可将出票日期按需要往后填。支票如在左上角划上两道平行线的,称为划线支票,这种支票的受款人只能通过往来银行代为收款入账。未经划线的支票,受款人可径自凭以向付款银行提取现款。

（二）支票的基本内容

支票应包括的基本内容有:

1. 表明"支票"字样;

2. 无条件的支付委托;

3. 确定的金额;

4. 出票日期和地点;

5. 出票人签章;

6. 付款银行名称、地址;

7. 必须写明"即付"字样(如未写明即付,视为即期支付);

8. 受款人或其指定人。

（三）支票的特点

与汇票相比支票具有以下特点:

1. 当事人:支票的出票人一定是银行存款客户,付款人一定是其开户行。

2. 承兑:支票都是即期的,不需要经过承兑。

3. 银行对支票可以保付。

4. 出票人可以向付款银行发出办理支票止付手续的通知。

5. 支票的主债务人是出票人。

6. 支票只能开出一张。

旅 行 支 票

在我国,"旅行支票"是指境内商业银行代售的、由境外银行或专门金融机构印制、以发行机构作为最终付款人、以自由兑换货币作为计价结算货币、有固定面额的票据。国家外汇管理局于2004年3月发布了《关于外币旅行支票代售管理等有关问题的通知》(以下简称《通知》,该《通知》于2004年4月1日开始实施)。根据《通知》的规定,旅行支票原则上应限于境外旅游、探亲会友、境外就医、留学等非贸易项下的对外支付,不得用于贸易项下或资本项下的对外支付。

目前在中国银行能够购买的旅行支票有:通济隆集团公司发行的 Thomas Cook 旅行支票、美国运通国际股份有限公司发行的 American Express 旅行支票、日本住友银行发行的日元及美元旅行支票等。这些旅行支票能够在很多国家兑现,而且兑现基本上是免费的。

案例回放与分析

从上述案例来看,国际货款结算(就是货款的收付)涉及信用和使用何种货币、票据以及在什么时间、以何种方式收付的问题。货款的顺利收回是一笔交易圆满结束的重要标志,采用什么样的结算方式能够及时、安全地收回货款,是每个业务员应当知道的基本常识。在进出口贸易实务中,买卖双方都极力争取有利于自身的结算方式,以便买方融通资金和卖方安全收汇,因此,成为买卖合同中的重要交易条款。正如上述案例所示,对汇付的商业性质认识不透,或不能识别信用证中的陷阱条款,以致造成买方随意撤销付款通知,证下货款无端地收不回来的严重后果。因此,业务员必须准确地选用合适的结算方式,了解必要的结算知识,避免不必要的贸易争端和收汇风险。

篇末点述

当今国际贸易的结算主要使用汇票、本票、支票。汇票是出票人向付款人签发的无条件支付一定金额的书面命令;本票是出票人签发的支付一定金额的无条件的书面承诺;支票是银行存款者签发的委托银行向收款人或持票人付款的书面支付命令。三者在内容、当事人的责任等方面有许多不同。本章重点介绍了汇票,在实际业务中要注意把握汇票的基本内容和使用方法。

专业词汇

Bill of Exchange，Draft 汇票
Drawer 出票人
Drawee 受票人
Payer 付款人
Payee 受款人
Clean Draft 光票
Documentary Draft 跟单汇票
Sight Draft 即期汇票
Time/Usanee Draft 远期汇票
Banker's Draft 银行汇票
Commercial Draft 商业汇票

Trader's Acceptance Draft 商业承兑汇票
Banker's Acceptance Draft 银行承兑汇票
Draw，Issue 出票
Presentation 提示
Acceptance 承兑
Payment 付款
Endorsement 背书
Dishonour 拒付
Bearer，Holder 持票人
Promissory Note 本票
Cheque，Check 支票

即练即测

本章习题

一、填空题

1. 国际结算中的支付工具主要包括 _____ 和 _____ 。票据主要有 _____ 、_____ 和 _____ ,以 _____ 为主。

2. 银行汇票是指出票人是_____,受票人是_____的汇票。

3. 本票和汇票的当事人_____同,承诺的_____不同,出票人_____同,主债务人_____同,远期_____票需承兑,而远期_____票不需承兑,_____票只能开一张,_____票可开一套。

4. 远期汇票的付款期限的规定方法主要有:_____、_____、_____和_____四种。

二、名词解释题

1. 汇票
2. 本票
3. 支票

三、简答题

1. 简述汇票的分类方法。
2. 简要分析汇票、本票和支票的区别。

第 八 章

国际贸易主要支付方式——商业信用证

开篇导读

现代国际贸易中广泛使用的信用证支付方式,是在银行与金融机构参与国际贸易结算的过程中逐步形成的。由于信用证是银行信用,优势在于一定程度上解决了进出口双方互不信任的矛盾,并能够为双方提供资金融通便利。但使用信用证支付方式,必须严格遵守国际惯例,否则信用证的作用就难以发挥。本章介绍信用证的有关知识和应用技巧。

引导案例

20 世纪 90 年代中期,我国北方海港城市 T 市的一家纺织品出口公司 S,经人介绍联系到了美国的一家进口商 H。经过双方磋商,S 公司向 H 公司出口一批服装,价值总计 6 万美元,支付方式为不可议付的(即必须单到付款)、即期付款信用证,贸易术语为 CFR 某某港口。

国外 H 公司按照约定开来了信用证,信用证当中除了要求一般的交易单据以外,还要求我出口方出示一张由生产厂家的厂长和生产车间主任签名的品质证明书。这没有什么困难,S 公司也没有多加留意,就答应下来。

接下来,S 公司积极地联系生产厂家组织生产,按时将货物准备好,装运到港口码头装船出口。随后,S 公司就将所有信用证内规定的单据送到当地银行,由于该信用证是不可议付的,因此出口当地银行将全套单据核对无误后寄到进口地的开证行办理议付手续,单据中当然也包括由生产厂家的厂长和生产车间主任签名的品质证明书。

但是出乎 S 公司意料的是,不久从银行方面传来消息,国外开证行拒绝付款。经过进一步联系打听原因,得知问题就出在那张由生产厂家的厂长和生产车间主任签名的品质证明书上面。国外开证行称单证基本相符,在由生产厂家出具的品质证明书上面虽然有签名,但是在签名的前面没有注明哪一位是厂长,哪一位是车间主任,因此造成不符点。

第一节 信用证概述

一、信用证的含义和性质

商业信用证(Commercial Letter of Credit),简称信用证(Letter of Credit,L/C),是

银行作出的有条件的付款承诺，即银行根据开证申请人的请求和指示，向受益人开具的有一定金额并在一定期限内凭规定的单据承诺付款的书面文件；或者是银行在规定金额、日期和单据的条件下，愿意代开证申请人承购受益人汇票的保证书。属于银行信用，采用的是逆汇法。目前，有的国家和地区还把信用证称为"信用状"。

根据《跟单信用证统一惯例》（国际商会第 600 号出版物，简称 UCP600）第 2 条的规定，信用证定义为："信用证是指按任何安排，不论其如何命名或描述，该安排是不可撤销的，从而构成开证行对相符交单（Complying Presentation）作承付的确定承诺。承付是指：①见单即付，如果信用证为即期付款信用证；②承担延期付款的责任和到期付款，如果信用证为延期付款信用证；③承兑由受益人出具的汇票和到期付款，如果信用证为承兑信用证。"

二、信用证的当事人

信用证的当事人较多，但在国际贸易实践中主要涉及以下几种。

1. 开证人（Opener）。又称开证申请人（Applicant），指向银行申请开立信用证的人，一般是进口人。

2. 开证银行（Opening Bank，Issuing Bank）。指受开证人之托或为其自身行事开具信用证、保证付款的银行，一般是进口人所在地的银行。

3. 通知行／转递银行（Advising Bank，Notifying Bank/Transmitting Bank）。指受开证银行的委托将信用证通知或转交出口人的银行，它只证明信用证的真伪，并不承担其他义务。通知行一般在出口人所在地，通常是开证银行的分行或代理行。转递银行（Transmitting Bank）指接受开证银行的委托，将信用证原件转交给受益人的银行。根据 UCP600 的规定，通知行如愿意将信用证通知受益人，就应鉴别信用证的表面真实性；如不愿意通知或难以鉴别信用证真伪，则应立即告知开证行；如无法鉴别信用证真伪而又想通知受益人，则应在通知时必须告知受益人它未能鉴别该证的真实性。除此之外，通知行无需承担责任。

4. 受益人（Beneficiary），指信用证上所指定的有权使用该证的人，通常为出口人。

5. 议付行（Negotiating Bank），也称为押汇银行。指愿意买入或贴现受益人跟单汇票的银行，它可以是指定银行，也可以是非指定银行，视信用证条款的规定。如果受益人经单据送交当地银行后，只是委托银行代为收取货款而不是办理押汇手续，该银行只能称为寄单银行（Remitting Bank）。议付行常以受益人的指定人或善意持票人的身份出现，所以它对作为出票人的信用证受益人的付款拥有追索权。

6. 付款行（Paying Bank，Drawee Bank）。系开证行指定的付款银行，一般是开证行本身，也可以是开证行委托代为付款的另一家银行（代付行），视信用证条款的规定。

以上 6 种是信用证在流转过程中不可或缺的当事人。除此之外，根据具体情况还可能涉及保兑行、偿付行、受让人等其他当事人。

保兑银行（Confirming Bank），只根据开证银行的请求，在信用证上加具保兑的银行。保兑银行加具保兑后，即对信用证独立负责，承担付款或议付责任。

偿付银行（Reimbursing Bank），又称清算银行（Clearing Bank），是接受开证银行的委托，代替开证银行偿还款项的第三国银行，也就是开证银行指定的对议付银行或代付银行进行偿付的代理人（Reimbursing Agent）。之所以出现偿付行，往往是由于开证银行的外汇资金在第三国的缘故。

再押汇银行(Renegotiating Bank),指信用证上指定有押汇银行,但受益人由于各种原因,不愿意到给指定的银行办理押汇手续,而径自到与其关系密切的其他银行办理押汇。该银行接受了受益人的单据并办理押汇手续后,再将单据送到信用证上的指定押汇银行办理押汇手续。此银行就称为再押汇银行。

受让人(Transferee),又称为第二受益人(Second Beneficiary)。指从受益人转让信用证使用权利的人,他们大多是实际供货人。在可转让信用证的条件下,受益人将信用证内的金额全部或部分转让给另一方时,则另一方就为原信用证的受让人。

"议付"和"押汇"

所谓议付,其实就是出口地银行"买进"信用证项下的汇票及所附单据,并将票款"付给"受益人(出口商)的过程。如汇票遭到拒付,议付行有权向受益人追索票款。当然,议付行可以是开证行指定银行,也可以由出口商自定。不言而喻,议付就是出口银行在审核单据无误后,扣除本身的手续费及转让汇票之日起到开证行(进口银行)付款之日前这段时间的利息,并将其余货款付给出口商的一种行为。这个行为从受益人的角度来说,叫作"押汇",而从银行角度来说,就叫做"议付"。《UCP600》对议付这一概念有明确界定:议付是指在指定银行获得偿付的银行营业日当天或之前,在相符交单的情况下,指定银行买入汇票(以指定银行以外的一家银行为付款人的)和/或单据,向受益人预付或同意预付资金。由此可见,国际惯例规定得相当明确,即只审核单据而不付出对价,并不构成所谓议付。

三、信用证的主要内容和开立方式

(一)信用证的主要内容

信用证虽然是国际贸易中的一种主要支付方式,但它并无统一的格式。国际商会虽然专门设计了跟单信用证的标准格式,但也只是供各银行参考,不是法定格式。银行在开立信用证时,可以适用国际商会的格式,也可以自行设计格式。尽管如此,各银行开立的信用证的主要内容基本相同。当前使用的信用证,一般包括以下内容。

1. 对信用证自身的说明。如信用证的编号、种类、性质、金额、开证日期、有效期和到期地点、当事人的名称和地址、使用本信用证的权利可否转让等。

2. 信用证是否需要汇票。如需要汇票,则应列出付款期限(Tenor)和出票依据(Drawn Clause)等内容。

3. 货物的名称、品质、规格、数量、包装、运输标志(唛头)等。

4. 货物的单价(包括使用的贸易术语)。

5. 对运输的要求。包括装运期限、装运港(地)、目的港(地)、运输方式、运费预付还是到付,可否分批装运和中途转运等。

6. 对单据的要求。如单据的种类、名称、内容和份数等。

7. 其他事项。主要包括以下内容:(1)开证银行对议付银行的指示,如索汇办法和寄送单据的办法。(2)开证行保证付款的文句。(3)开证行的名称及地址。(4)其他特别条款。如限制由某银行议付、限制运输工具的国别、限制船龄、限制装运港口、限制航线等。这些特别条款根据进口国政治经济情况而有所不同。(5)根据《跟单信用证统一惯例》开立的文句、信用证编号、到期日期、地点、开证行的印鉴或密押等。印鉴一般由印章和签字组成,用于信开信用证;密押是数字和英文大写字母,用于电开信用证。

(二)信用证开立的形式

信用证开立的形式主要有信开本和电开本两种。

1. 信开本(To Open by Airmail)。信开本是指开证银行采用印就的信函格式的信用证,开证后以航空邮寄的方式寄送通知行。这种形式由于效率低,已很少使用。

2. 电开本(To Open by Cable Telex,SWIFT)。电开本是指开证行用电报、电传、传真、SWIFT 等各种电讯方法将信用证条款传达给通知行。电开本又分为简电本(Brief Cable)和全电本(Full Cable)。

顾名思义,简电本内容简单,开证行只是通知已经开证,将信用证主要内容,如信用证号码、受益人名称和地址、开证人名称、金额、货物品名、数量、价格、装运期及信用证有效期等预先通告通知行,详细条款另行邮寄通知行。所以简电本没有法律效力,不足以作为交单议付的依据。简电本中有时注明"详情后告"(Full Details to Follow)等类似词语,这样的简电本只能作为参考,不是有效的信用证文件,开证行应立即寄送有效的信用证。

全电本,即开证行以电讯方式将信用证全部条款传达给通知行。全电本就是一个内容完整的信用证,可以作为交单议付的依据。

3. SWIFT 信用证。SWIFT 是环球银行金融电讯协会(Society for World-wide Interbank Financial Telecommunication)的简称,因而 SWIFT 信用证也称为"全银电协信用证"。过去银行进行全电开证时,一般都采用电报或电传开证,各国银行的标准不一样,而信用证的格式也不相同,同时文字也较烦琐。而以 SWIFT 形式开出的信用证具有标准化、固定化和统一化的格式,而且具有传递速度快,开证成本也较低,自动加核密押的特点,所以目前被西北欧、美洲和亚洲的许多国家和地区的银行广泛应用,现在我国银行使用得也日渐普遍。

知识卡

SWIFT 信用证

SWIFT 1973 年在比利时布鲁塞尔成立,设有自动化的国际金融电信网,成员银行可以通过该电信网办理信用证业务以及外汇买卖、证券交易、托收等。目前,该组织已拥有 1 000 多家成员银行。

采用 SWIFT 信用证,必须遵守 SWIFT 使用手册的规定,使用规定的代号(tag),也必须遵照国际商会制定的《跟单信用证统一惯例》的规定。目前,使用 SWIFT 开立信用证的格式代号为 MT700 和 MT701。

第二节　信用证应用的一般流程

信用证业务的基础交易由双方签订买卖合同,合同规定以信用证作为支付货款的方式。在处理信用证时,虽然各种不同类型的信用证在具体细节上有所不同,但大体上都要经过申请开证、开立信用证、证到通知、审证、核证、议付及索汇赎单等环节。

（一）开证申请开立信用证

一般情况下,开证人就是进口人。但进口人与出口人签订买卖合同之后,即应根据合同规定的内容,向开证银行申请开立信用证。进口人申请开证时,应填写开证申请书（Application for Opening Letter of Credit）。开证申请书是开证银行开立信用证的依据。申请书基本包括两大部分内容:一是进口人支付货款的条件,即出口人应当做到什么程度进口人才会付款,实际上是提供给开证行开立信用证的初稿。二是进口人对开证银行的声明,用以明确双方的责任。

开证人申请开证时,应向开证银行缴纳一定比例的押金（Margin）。开证人也可以提供有价证券、物权凭证等其他物品,或提供开证银行认可的保证人进行担保。此外,开证申请人还应缴纳开证手续费和邮电费等有关费用。

（二）开证银行开立信用证

开证银行开出的信用证,其内容条款必须和开证申请书所列明的内容一致。信用证开出后,一般由开证银行将信用证内容用电讯方式通知出口地的联行或代理银行,请他们将信用证转交受益人。

（三）通知银行转递信用证

当通知银行或转递银行接到开证银行开来的信用证后,应立即核对密押（如系电开信用证）和印鉴。经核对无误后,应立即将信用证转交受益人。

（四）审核和修改信用证

受益人收到信用证后,应立即审核。审核信用证的依据之一是买卖合同,即检查信用证的内容是否与买卖合同一致。另外,还要审核信用证的条款是否存在相互矛盾之处,受益人是否有能力履行各条款的规定。受益人审核信用证后,如发现有自身做不到的条款,应当及时和开证人联系,要求修改信用证。开证人如打算修改信用证的内容,需要通过原来的开证路线,将修改的内容传递到受益人。

（五）议付和索偿

受益人收到信用证后,经过审核没有发现问题,或发现有不能克服的不符之处,经提请开证人修改并受到修改通知后,受益人就可以根据信用证规定的装运期限和其他条款开始备货、租船订舱（如系海运）、报验、保关及装运工作。同时还要缮制并提供全套信用证所规定的单据,递送银行办理议付(Negotiation),从银行角度说,就是押汇,或提取货款(即所谓收妥结汇)手续。

(六)开证申请人付款赎单和提货

待开证银行审核单据无误后,将全部货款拨交出口地银行,继而通知开证人付款赎单。开证人接到银行通知后,也应立即到开证银行核验单据。如申请开证时曾交付押金,则与银行结算时要扣除押金。如开证时交付过抵押品,则在付清货款后由开证行发还。此时,开证人与开证银行由于开立信用证所构成的权利义务关系即告结束。若开证人提货后发现货物与买卖合同不相符,开证人不能向银行提出赔偿要求,只能与受益人直接联系。

(七)信用证支付的一般程序(见图8-1)

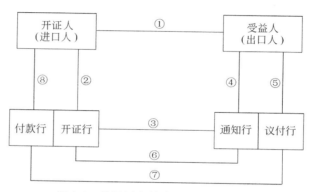

图 8-1 信用证支付的一般程序示意图

说明:
① 订立买卖合同。进出口双方达成交易后订立国际货物买卖合同,明确规定进口人以信用证方式支付货款。
② 申请开证。开证申请人即合同的进口方,应按合同规定的期限向所在地银行(开证行)申请开证。申请开证时,申请人填写并向开证行递交开证申请书。同时,申请人一般向开证行交付一定比例的押金或其他担保品。
③ 开证行开立信用证。开证行接受申请人的开证申请后,据其开立的出口人为受益人的信用证,并邮寄或电传或通过 SWIFT 电信网络送交出口地的代理行(通知行),请其代为通知或转交受益人。
④ 通知行通知受益人。通知行收到信用证后,经核对签字印鉴或密押无误,立即将信用证转交受益人,并留存一份副本备查。
⑤ 交单议付。受益人对信用证的内容审核无误,即可根据信用证的规定发运货物,缮制并取得信用证规定的全套单据,并开立汇票(或不开汇票,视信用证规定),连同信用证正本在信用证规定的有效期和交单期内,递交给通知行或与自己有往来的银行或信用证中指定的银行办理议付。
⑥ 索偿。议付行办理议付后,根据信用证规定将单据连同汇票和索偿证明(证明单据符合信用证规定)寄给开证行或其指定的付款行,请求偿付货款。
⑦ 偿付。开证行或其指定的付款行收到单据后,核验认定与信用证相符,即将货款偿付议付行。如有不符点可以拒付,应在还迟于收到单据的次日起 7 个营业日内,通知议付行表示拒绝接受单据。
⑧ 申请人付款赎单。开证行在向议付行偿付后,即通知申请人付款赎单。开证人应到开证行审核单据,若单据无误,即应付清全部货款与有关费用。若单据与信用证不符,申请人有权向开证行拒付。申请人付款后,即可从开证行取得全套单据。

收妥结汇的理解

改革开放以来,我国内地银行在议付的操作上,实行的是所谓"收妥结汇"办法。其全过程是:出口银行收到出口商送来信用证项下全套单据后,进行全面审核,要求做到"单证一致,单单一致";然后,将审核后的单据寄往国外开证行或付款行索取货款;等到国外发出付款通知,议付行收到货款后,一般按收汇当日的外汇牌价,折成等值人民币付给出口商,这就是人们所说的"收妥结汇"。可以说,银行在信用证项下的外贸结汇上,所承担的风险相当有限。简言之,这种收妥结汇办法,并非实质的议付。这时的银行,只是审核和寄送单据,没有议付行为,所以只能称为"寄单银行"(Remitting Bank),而不能统称为"议付银行"。

第三节　信用证的特点和作用

一、信用证支付方式的主要特点

(一)信用证付款是一种银行信用

信用证支付方式是一种银行信用,由开证行以自己的信用作出付款保证,开证行提供的是信用而不是资金,其特点是在符合信用证规定的条件下,首先由开证行承担付款的责任。《跟单信用证统一惯例》(UCP600)规定:"信用证是指任何安排,不论其如何命名或描述,该安排是不可撤销的,从而构成开证行承付相符交单的确定承诺。"信用证是开证行的付款承诺。因此,开证银行是第一付款人,承担首要付款责任。

如果信用证受益人接受开证人开来的信用证,并已经按信用证备货和装运时,忽然收到进口方破产倒闭的消息。请思考,这种情况下,出口商应该如何作出反应?出口商是否应该继续发运货物和提交单据议付货款?开证银行还会履行付款责任吗?

(二)信用证是独立于合同之外的一种自足的文件

信用证虽以贸易合同为基础,但它一经开立,就成为独立于贸易合同之外的另一种契约,不受买卖合同的约束。贸易合同是买卖双方之间签订的契约,只对买卖双方有约束力;信用证则是开证行与受益人之间的契约,开证行和受益人以及参与信用证业务的其他银行均应受信用证的约束,但这些银行当事人与贸易合同无关,故不受合同的约束。对此,《跟单信用证统一惯例》(UCP600)规定:"信用按其性质是一项与凭此开立信用证的销售合同或其他合同不相连的交易。即使信用证援引这类合同,银行也与之毫无关系并不受其约束。"

（三）信用证支付方式是纯单据业务

《跟单信用证统一惯例》（UCP600）第5条明确规定："在信用证业务中，银行处理的是单据，而不是与单据有关的货物、服务及/或履约。"可见，信用证业务是一种纯粹的凭单据付款的单据业务。该惯例在第14条、第34条对此做了进一步的规定和说明，就是说，只要单据与单据相符、单据与信用证相符，只要能确定单据在表面上符合信用证条款，银行就得凭单据付款。这里的"表面上"（Onface）是要求单据与信用上对单据的条款必须完全相符。因此，单据成为银行付款的唯一依据，这也就是说，银行只认单据是否与信用证相符，而"对于任何单据的形式、完整性、准确性、真实性、伪造或法律效力，或单据上规定的或附加的一般及/或特殊条件，概不负责任"，（UCP600第34条）对于货物的品质、包装是否完好，数（重）量是否完整等，也不负责任。所以，在使用信用证支付的条件下，受益人要想安全、及时收到货款，必须做到"单证一致、单单一致"。

互动演练

　　CIF贸易术语下的象征性交货与信用证业务这种纯单据买卖的特点之间有什么联系？

二、信用证的作用

国际贸易中采用信用证作为支付方式，对进出口双方都会带来一定的便利和好处。信用证在国际贸易与国际结算中的作用如下。

（一）对出口商的好处

1. 保证出口合同的履行和货款的收付。根据信用证的单证严格相符的原则，出口商交货后只要能够做到提交的单据与信用证规定严格相符，即"单证一致，单单一致"，银行就有义务保证支付货款。因为信用证是银行信用，比商业信用可靠，所以出口商的货款收付得到了比较安全的保障，不必担心进口商不按时付款。此外，信用证对于我们向进口管制和外汇管制严格的国家的进口商收取货款也很有利。因为这种国家的进口商如果开来信用证，则意味着他已经得到该国外汇管理机构使用外汇的批准，出口商从而得到安全收汇的保证。

2. 获得资金融通的便利。出口商在交货前，可凭进口商开来的信用证作抵押，向出口地银行借取单据，即"打包贷款"（Packing Loan），将银行贷款用于购置、加工、生产出口货物并装船。而在货物装运后，出口商可以将信用证规定的全套单据交议付银行"押汇"（Negotiation），提前取得货款，用于资金周转。

3. 有利于扩大对外贸易。国际贸易中进出口双方距离遥远，对彼此资信的了解有限，这种潜在风险制约国际贸易的发展。而信用证是银行信用，出口人即使在不大了解进口人资信的情况下，也可以凭信用证的严格规定，规范进口商履行责任和义务，从而有利于国际贸易的拓展。

（二）对进口商的好处

1. 保证取得代表货物的单据。信用证方式下，开证行、付款行、保兑行的付款和议付都要求单证相符，单单一致，都要审核单据的表面真实性。因此，可以保证进口商收到的代表货物的单据特别是提单等物权凭证的真实性和可靠性。

2. 信用证方式下，进口商可以通过信用证条款，控制出口人的交货日期、单据种类和份数以及商品检验机构等，从而保证了订购商品的品质、数量、包装等符合进口商的要求。

3. 有效地利用银行资金。进口商申请开立信用证时，通常要缴纳一定比例的押金。但如果开证行认为进口商资信可靠，就会在少收或免收进口商押金的条件下履行开证义务。如采用远期信用证，进口商还可以凭信托收据（Trust Receipt）向银行借单，先行提货、转售，到期再付款，这就为进口商提供了资金融通的便利。

拓展阅读

第四节　信用证的种类

信用证的种类很多，从其性质、用途、期限、流通方式等不同角度可划分为多种类型，现介绍国际贸易中常用的信用证。

一、跟单信用证和光票信用证

根据信用证项下的汇票是否需要随附单据，信用证可分为跟单信用证和光票信用证。

1. 跟单信用证（Documentary Credit）是开证行仅凭跟单汇票或仅凭单据付款的信用证。此处的单据指代表货物所有权的单据，或证明货物已交运的单据，即运输单据以及商业发票、保险单据、商检证书、产地证书等。国际贸易结算中使用的信用证绝大多数是跟单信用证。受益人应提交的单据一般在信用证条款中有明确规定。

2. 光票信用证（Clean Credit）是开证行凭不随附货运单据的光票（Clean Draft）付款的信用证。银行或者凭光票信用证付款，或者要求受益人附交一些非货运单据，如发票、垫款清单等。在采用信用证方式预付货款时，通常采用光票信用证。

二、保兑信用证和不保兑信用证

根据信用证有无另一银行保证兑付货款，信用证可分为保兑信用证和不保兑信用证。

1. 保兑信用证（Confirmed Credit）是指开证行开出的信用证由另一家银行保证对符合信用证条款规定的单据履行付款责任。对信用证加保兑的银行，称为保兑行。需要注意的是，只有不可撤销的信用证才可能加以保兑。

信用证的"不可撤销"说的是开证行对信用证的付款责任；"保兑"则是指开证行以外的银行保证对信用证承担付款责任。可撤销的保兑信用证不但有开证行不可撤销的付款保证，而且又有保兑行的兑付保证。两者都负第一性的付款责任。这种有双重保证的信用证对出口商最为有利。保兑行可以是通知银行或转递银行，有时也可以是第三方银行。

2. 不保兑信用证（Unconfirmed Credit）是指未经另一家银行加以保兑的信用证。当开证行银行信誉好而且成交额不大时,一般使用不保兑信用证。

保兑一般是受益人或通知银行对开证银行的资信不够了解或不太信任时,或对进口国在政治上、经济上有所考虑时,才提出这种要求。有的开证银行考虑到本银行开出的信用证不能被受益人接受或不易被其他银行议付时,主动要求另一家银行对该信用证加具保兑。也有的开证人开出金额大的信用证时,主动要求开证银行加具保兑。应该指出的是,有不少进出口公司的出口合同上事先印好国外开来的必须是保兑信用证,这种做法显然与上述内容的精神不相符。因为买卖双方签订合同时,进口人还没有开出信用证,进口人从哪家银行开出信用证,尚未确定,而在合同里不问青红皂白一律规定进口人开来的必须是保兑信用证,未免过于主观,没有道理。合同内的这种规定,容易引起对方不满或增加开证人保兑费用的支出,影响贸易开展。所以销售合同上的这条规定不列为宜。

三、即期信用证、远期信用证和议付信用证

按照付款期限的不同,信用证可分为即期信用证和远期信用证。从付款方式上,信用证可划分为付款信用证和议付信用证。《UCP600》第6条第6款规定:"信用证必须规定,它是以即期付款、延期付款、承兑或议付方式兑付。"

1. 即期信用证(Credit Available by Payment at Sight)也称为即期付款信用证,是受益人根据信用证的规定,可凭即期跟单汇票或仅凭单据收取货款的信用证。信用证上一般列有"当受益人提交规定单据时,即行付款"的文句。付款银行审单无误后即付款,付款行付款后无追索权。即期信用证又可分为单到付款信用证和电汇索偿条款信用证(L/C with T/T Reimburse-ment Clause)两种。前者是指开证行或其指定付款行一旦收到符合信用证规定的汇票和单据,便立即付款,开证人也应于单到立即向开证行付款赎单;后者是指开证行将最后审单付款的权利交给议付行,只要议付行审单无误,在对受益人付款的同时,即以电报或电传向开证行或其指定付款行索偿,开证行或其指定付款行接到通知后立即以电汇方式向议付行偿付。使用电汇索偿条款信用证,比一般即期信用证收汇快,通常只需2~3天时间,有时当天即可收回货款。

2. 远期信用证(Usance Credit)即远期付款信用证,是指开证行或其指定付款行收到受益人交来的远期汇票后,并不立即付款,而是先行承兑,俟汇票到期再行付款的信用证。远期信用证可分为承兑远期信用证和延期付款信用证两类。

(1) 银行承兑远期信用证(Banker's Acceptance Credit)是指以开证行或其指定的另一家银行为付款人的信用证。使用这种信用证时,一般由出口地的议付行对受益人交来的符合信用证规定的远期汇票和单据进行审查,无误后再送交开证行或其指定付款行在议付行所在地的分行或代理行,请求承兑;如无此分行或代理行,议付行也可将汇票和单据径寄开证行或其指定付款行,请求承兑。承兑后,到期付款。开证行或其指定付款行或其在议付行所在地的分行或代理行承兑远期汇票后,留下单据,退还汇票;在汇票到期前,受益人或议付行可持退回的承兑汇票向当地贴现市场进行贴现,扣除贴现日至到期日的利息,立即收入现金;如当地无贴现市场,可向承兑银行要求贴现,也可等到汇票到期日再向承兑银行兑款。

（2）商号承兑信用证（Trader's Acceptance Credit）是以开证人作为远期汇票付款人的信用证。远期汇票需由开证人办理承兑，但开证行仍要对开证人的承兑和到期付款负责。商号承兑汇票也可贴现，但其贴现条件比银行承兑汇票差，故受益人一般不乐意接受商号承兑信用证而要求开立银行承兑信用证。

链接　银行承兑信用证的应用方法

受益人开出以开证行或指定行为受票人的远期汇票，连同商业单据一起提交信用证指定银行。银行审核单据无误，则在汇票正面注明"承兑"字样并签章，然后将汇票交还受益人，只保留单据。待信用证到期时，受益人重新向银行提示汇票要求付款，这时银行才进行支付。银行付款后无追索权。受益人取得银行承兑汇票后可向当地的贴现市场办理贴现提前取得货款，也可持有承兑汇票等待到期收款。

银行承兑远期信用证通常在信用证上以下列条款表示：

Credit available with The Bank of...

☐by payment at sight

☐by deferred payment

☐by acceptance of drafts at...

☐by negotiation

Against the documents detailed herein：

☐And Beneficiary's drafts drawn on The Bank of...

（3）延期付款信用证（Deferred Payment Credit）是指开证行在信用证上规定受益人交单后若干天付款的信用证，也属于远期付款信用证的一种。延期付款信用证不要求受益人出具远期汇票，因此，信用证中必须明确规定付款时间，如"装运日后……天付款"或"交单日后……天付款"。由于这种信用证没有汇票，出口商也就无法利用贴现市场的资金，而只能自行垫款或向银行借款。延期付款信用证主要用于资本货物的交易、投标和承包工程业务。

链接　假远期信用证

所谓假远期信用证，实际上就是"远期信用证即期付款"（Usance Credit Payable at Sight）。在买卖双方商订以即期信用证付款的交易中，开证人出于某种需要，在开出的信用证内规定受益人开具远期汇票，但开证人愿承担贴现利息和费用。这种信用证，对出口人来说仍属于即期十足收款的信用证。

进口人所以愿意使用假远期信用证，是因为：其一，可以利用贴现市场或国外银行资金以解决资金周转不足的困难；其二，是摆脱进口国外汇管制法令的限制。至于我们是否接受国外开来的假远期信用证，关键取决于来证中是否说明下述三项内容：其一是出口人的远期汇票由付款行保证贴现；其二是贴现费用和迟期付款利息由开证人负担；其三是受益人能即期收到十足货款。同时具备了这三个条件才可接受。

3. 议付信用证。议付信用证(Negotiation L/C)是指开证行允许受益人向某一指定银行或任何银行交单议付的信用证。按是否限定议付银行,议付信用证分为限制议付信用证(Restricted L/C)和公开议付信用证(Open negotiation L/C)两种。限制议付是指开证行指定某一银行办理议付业务;公开议付信用证则不专门限定议付的银行。议付与付款的主要区别在于付款后的追索权。议付行议付后如因单据与信用证条款不符而无法向开证行收款时,还可向受益人追索货款;而付款行(含开证行、保兑行)一经付款,再无法向受益人追索。UCP600 第 8 条对此明确规定:"议付,无追索权,如果信用证的兑付是由保兑行议付。"

四、可转让信用证与不可转让信用证

按受益人对信用证权利可否转让,信用证可分为可转让信用证与不可转让信用证。

1. 可转让信用证(Transferable Credit)是开证行授权被委托付款、承兑的银行,或议付银行在受益人提出申请后,可以将信用证的全部或部分转让给一个或数个第三方使用的信用证。可转让信用证只能转让一次。这里的第三方,被称为第二受益人。可转让信用证中,一般会明确注明类似词句:"本信用证可以转让"(This credit is transferable)。

进口人开出可转让信用证,只是表示他同意出口人的交货、交单义务可以由出口人所制定的其他人来执行。但信用证的转让不等于买卖合同也转让,当第二受益人提交的货物出现问题时,第一受益人仍需负责。在实际业务中,除非对信用证受益人非常信任,或对货物的需求特别殷切,进口人一般不会随便开立可转让信用证。

2. 不可转让信用证(Non-transferable Credit)是指受益人不能将信用证权利转让给第三者的信用证。凡可转让信用证,必须注明"可转让"(Transferable)字样,如未注明,则被视为不可转让信用证。

五、循环信用证

循环信用证(Revolving Credit)是指信用证的金额被受益人全部或部分使用后,仍可以恢复到原金额,并可以再次使用的信用证。它与一般信用证的不同之处在于,一般信用证内的金额使用完毕后,信用证即告失效,而循环信用证可以多次循环使用,直至规定的循环次数、规定的总金额或规定的时间期满为止。

循环信用证主要是用于长期或较长期内分批交货的供货合同。使用这种信用证,买方可节省开证押金和逐单开证的手续及费用,卖方也避免了等证、催证、审证的麻烦,因而有利于买卖双方业务的开展。

循环信用证按运用的方式分为按时间循环和按金额循环两种。

1. 按时间循环信用证是指受益人在一定时间内可多次支取信用证规定金额的信用证。这种信用证又有两种做法:一是受益人上次因故未交或未交足货物从而未用完信用证规定的金额,其货物可移至下一次一并补交,其金额可移至下次一并使用的,称为可积累使用的循环信用证(Cumulative Revolving Credit);二是受益人上次因故未交或未交足货物,该批货物的支款权也相应取消,其金额不能移至下次一并使用的,称为非积累使用的循环信用证(Non-cumulative Revolving Credit)。

2. 按金额循环信用证是指受益人按信用证规定金额议付后,仍恢复原金额再继续使用,直至用完规定的循环次数或总金额为止。在该项下,恢复到原金额的做法有三种。

第一,自动式循环:信用证规定的每次金额使用后,无须等待开证行通知,即可自动恢复到原金额,可再次使用。

第二,半自动循环:信用证规定的每次金额使用后,需等待若干天,若在此期间开证行未发出停止循环使用的通知,即可自动恢复到原金额,可继续使用。

第三,非自动循环:信用证规定的每次金额使用后,必须等待开证行的通知到达后,方能恢复到原金额,继续使用。

六、对背信用证

对背信用证(Back to Back Credit)又称背对背信用证(Subsidiary)或从属信用证(Secondary Credit),是适应中间商经营进出口业务的需要而产生的一种信用证。它是指出口人(中间商)收到进口人开来的信用证后,要求该证的通知行或其他银行以原证为基础,另开一张内容近似的新证给另一受益人(实际供货人)。这另开的新证就是对背信用证。

对背信用证常为中间商所使用,因为这种做法能保证他们获得的差价收入要比佣金收入高,而且可以较长期地保持这种较高的收入(由于进口人与供货人会在较长时期内互不了解)。对供货商来说,只要供货商作为背对背信用证的受益人,按照证内的规定将货物装出并提供与信用证要求相符的全套单证,开证行便承担付款的责任。供货人对这样的信用证,毫无疑问是可以接受的。但是,有的对背信用证内有类似规定:"只有收到开证行(指第一份信用证)的付款时,才支付本证项下的款项(大意)"(Payment of this L/C will be effected upon our receipt of funds from L/C opening bank and at our discretion, upon negotiation of the documents)。换言之,供应商即使提供符合信用证规定的全套单据,也不能拿到货款,必须等中间商更换他本身的单据去索款。在收到后,才扣除差价将余款付给供货人。如中间商未能及时更换他提供的单据,或更换的单据不符合第一份信用证的规定,将会使供货人面临不能及时获得货款甚至会有货款落空的风险。因此,对上述证内规定的条款,供货人应该慎重考虑是否接受。

七、对开信用证

对开信用证(Reciprocal Credit)是买卖双方各自开立的以对方为受益人的信用证。对开信用证多用于易货贸易和加工贸易。它的特点是:第一张信用证的开证人是第二张信用证的受益人,而第一张信用证的受益人就是第二张信用证的开证人;根据贸易方式的不同,两张信用证的金额可以相等或有一定差别;两张信用证可以同时生效,也可以分别生效。

八、预支信用证

预支信用证(Anticipatory Credit, Prepaid Credit)也称为预付信用证、红条款信用证、绿条款信用证(Anticipatory Credit/Red Clause Credit/Green Clause Credit),指受益人可以在装船之前先开具汇票向指定付款行(通常为通知行或转递银行)提前支取货款的信用证。它与远期信用证刚好相反，是开证人付款在先，受益人交单在后。开证人所以愿意开出预支信用证，是因为进口地市场货源紧缺，或进口人求购心切，或是进口人为了其出口地的代理人能够掌握一笔资金，以便随时在出口地收购货物等。事实上，预支信用证是开证人利用通知银行或转递银行资金的一种方式。应该指出的是，受益人预先获得款项的利息由谁负担的问题，以前总是认为应该由受益人负担，其实在实际业务中，有时开证人会主动提出预支款项，以换取受益人早日交货。这种情况下，受益人肯定不愿支付利息。因此，利息究竟由何方支付，双方应该事先协商，在取得共识后再开出预支信用证。

拓展阅读

以前为醒目起见，预支信用证的预支条款常用红字或绿字打出，因此习惯上称其为"红条款信用证"或"绿条款信用证"。现在预支信用证的预支条款并非都用红字或绿字打出，同样也起预支款信用证的作用。

第五节　有关信用证的合同条款

当买卖双方商订采用信用证方式付款时，为了明确责任，在买卖合同中一般都会对信用证支付条款的主要内容作出有关规定。合同中的信用证条款主要包括以下几个方面的内容。

一、规定开证时间

根据国际贸易惯例和有关法律规定，信用证支付条件下，按时开立信用证是买方履约的一项主要义务，也是卖方按时交货的前提条件。所谓按时开证，是指按照合同规定的时间开立信用证，以便卖方进行备货、装运等项工作。如合同规定了开证时间，而买方没有按期开证，则构成违约，卖方有权提出索赔。

开证时间的规定方法主要有以下几种。

1. 签订合同后……天内开证。

2. 在装运月前……天内开到卖方。

3. 不迟于某月某日开到卖方。

4. 接到卖方货已备妥的通知后……天内开证。

二、规定信用证的种类

由于信用证种类繁多，且随着具体交易的不同情况，对信用证种类的要求也有不同。因此，交易双方应根据具体交易的情况，合理选择信用证的类型，并在合同中明确规定。

在我国出口业务中，通常只接受不可撤销的信用证。贸易双方在磋商交易时还要规定信用证是即期的还是远期的。我国外贸实践中大多使用即期信用证。在有些需由其他单位办理交货的业务中，应明确规定开立可转让信用证。在一些金额较大的交易中，如果了解到开证银行的偿付能力有限，或有其他原因，也可在合同中规定开具保兑信用证。在长期分批交货的交易中，也可酌情使用循环信用证。

三、有关开证行的规定

信用证方式下开证行承担第一付款责任,因而它的资信好坏对受益人安全收汇至关重要。为保险起见,卖方在买卖合同中往往对开证行作出必要的要求。最常见的规定方法是"应通过卖方可接受的银行开证"。

四、对开证金额的规定

信用证金额是开证行承担付款责任的最高金额,一般要在合同中有所体现。在通常的交易中,要求开立足额信用证,即信用证金额为发票金额的 100%。但如预计履约时可能发生额外费用而需要在信用证项下超额支付时,则必须在合同和信用证中明确规定。例如,按 CFR 或 CIF 条件出口,港口拥挤费由卖方负担时,则可规定卖方在信用证中列入有关港口拥挤费可超出信用证的金额的条款。在合同中则可订明:"在装运时,如有港口拥挤费,由开证申请人负担,可凭受益人开具的发票和船公司表明实际已付附加费的正本收据,在信用证金额外支付给受益人。"

五、规定信用证有效期和到期地点

信用证有效期是指银行承担议付、承兑或付款责任的期限。较普遍的做法是规定到期日,如"议付有效期至装运期后第 15 天"。信用证的到期地点是指信用证有效期在何地终止。信用证到期地点有三种情况:议付到期、承兑到期和付款到期。议付到期地点一般在出口地;承兑和付款到期的地点则为开证行或付款行所在地。在我国出口合同中,一般都规定信用证的到期地点在我国,如"在中国议付有效期至……"。

拓展阅读

链接

识别和防范信用证的软条款

一些带有开证行免责或对信用证受益人设置陷阱条款的信用证,我们通常称其为软条款信用证(Soft Clause L/C)。这些软条款通常包括:

变相可撤销信用证条款。当开证行在某种条件下得不到满足时,可随时单方面解除其保证付款的责任。

限制生效条款。开出的信用证标有"不可撤销"字样,而在该信用证中又规定:只有在开证人获得进口许可证后方能生效,而这种生效还需经开证申请人的授权。

开证申请人控制条款。信用证规定一些非经开证申请人指示而不能按正常程序进行的条款。如,发货需等开证申请人通知,运输工具和起运港口需申请人确认等。

要求受益人提交无法或难以获取的单据。如"货物检验证明或货运收据由进口商或开证人授权的人出具和签署,其印鉴应由开证行证实方可议付"等类似条款。

开证行的限制付款条款。例如,信用证规定必须在货物运至目的地后,货物经检验合格后或经外汇管理机构核准后才能付款,或规定以进口商承兑汇票为付款条件。

六、合同中的信用证支付条款举例

信用证支付条款的订法因进出口合同种类的不同而各异,又因信用证种类的各异而不同。仅选择几例来示范出口合同中信用证支付条款的具体订法。

1. 即期信用证支付条款:"买方应于装运月份前××天通过卖方可接受的银行开立并送达卖方不可撤销的即期信用证,有效期至装运月份后 15 天在中国议付。"(The Buyers shall open through a bank acceptable to the Sellers an Irrevocable Sight Letter of Credit to reach the Sellers ×× days before the month of shipment,valid for negotiation in China until the 15th day after the month of shipment.)

2. 远期信用证支付条款:"买方应于××年×月×日前(或接到卖方通知后×天内或签约后×天内)通过××银行开立以卖方为受益人的不可撤销(可转让)的见票后××天(或装船日后××天)付款的银行承兑信用证,信用证议付有效期延至上述装运期后 15 天在中国到期。"(The Buyers shall arrange with ×× Bank for opening an Irrevocable (Transferable)banker's acceptance Letter of Credit in favor of the Sellers before …(or within … days after receipt of Seller's advice; or within … days after signing of this contract),The said Letter of Credit shall be available by draft (s) at sight (or after date of shipment) and remain valid for negotiation in China until the 15th after the aforesaid time of shipment.)

3. 循环信用证支付条款:"买方应于第一批装运月份前通过卖方可接受的银行开立并送达卖方不可撤销即期循环信用证,该证在 19××年期间,每月自动可供××(金额),并保持有效至 19××年 1 月 15 日在北京议付。"(The Buyers shall open through a bank acceptable to the Sellers an Irrevocable Revolving Letter of Credit at sight to reach the Sellers ×× days before the month of first shipment. The Credit Shall be automatically available during the period of 19×× for ×× (value) per month,and remain valid for negotiation in Beijing until Jan.15,19××.)

第六节　信用证及其单据审核

一、审核信用证

(一)银行审证主要内容

信用证一经开证行开立,议付银行和出口公司都分别进行审证。银行审查信用证与出口公司审查信用证重点各有不同。银行审证的主要内容如下。

1. 开证行所属国家是否与我国有来往,对我国的政治态度如何,这作为是否能接受信用证的首要条件。

2. 对开证行的政治背景要进行审查,该行对我国是否保持友好态度。

3. 审核信用证是否有对我国歧视内容,对我国的国名误称及类似问题,要根据我国政策处理。

4. 审查开证行的经营作风和资信情况。金额过大,要考虑该行资力是否与金额相称,或由另外一家银行保兑,同时还要看保兑行的资信情况。

5. 偿付路线是否合理,偿付条款是否恰当。

6. 信用证的大小写金额是否一致。

7. 开证行对开立信用证应负担的付款责任是否明确。如果由第三者银行保兑或付款,承担的保兑或偿付责任条款是否明确。

8. 开立信用证的进口方所属国家是否和我国签有支付协定,审查信用证是否与支付协定有不一致的地方。

9. 开证行的印鉴、密押是否相符。

10. 信用证要求的单据是否符合我国政策许可。

11. 信用证有效期的地点如在国外到期,不能接受。

信用证一般有效期是这样规定的:"Expiry date 15th Jun., 2009 in country of beneficiary for negotiation"或"Expiry date 15th Jun., 2009 for payment in your counters"。如果信用证规定:"Valid until 15th Jun., 2009 for negotiation of documents in London",就不能接受。因为6月15日在伦敦到期,我们对准确的邮程时间无法掌握。如果开证行资信不好,可以借口到达单据已过期,拒付货款,对安全收汇很不利。如果船期拖延,临近装运期装船,这样就可能来不及在有效期前将单据寄达国外。

12. 审核信用证条款之间有否互相矛盾。如CFR价格条件,要求出具保险单;信用证号码与出具汇票根据条款中规定证号不一致;装运期晚于有效期等。

(二)出口企业审证主要内容

进口商申请开证时以合同条款为基础,信用证应该反映合同的内容。但是,进口商开来的信用证往往与合同条款不一致或互相矛盾。受益人一旦接受了信用证条款,无形中变成开证行与受益人之间成立了新的契约,也意味着双方开始受"新合同"的约束,以"新合同"即信用证作为能否付款的主要依据。出口企业审证的主要内容如下。

1. 审核信用证的种类

我方能够接受的国外开来的信用证必须是不可撤销的信用证。按照UCP500第6条的规定,信用证上明确标明是"不可撤销的"或未列明"可撤销"字样的,均视为不可撤销信用证。值得注意的是,有时候国外开来的信用证虽然注有"不可撤销"的字样,但是开证银行对其应负责任方面却附加了一些与"不可撤销"相矛盾的条款。例如,"信用证下的付款要在货物清关后才支付""开证行需在货物到达时没有接到海关禁止进口的通知才承兑汇票""货物到达时没有接到配额已满的通知才付款""货物在到达目的地并经主管当局检验合格后可支付",等等。这实际上使"不可撤销"名不副实。

2. 审核信用证中商品描述的内容

信用证经常由于笔误出现商品名称、规格等字母拼写错误，所以应逐条、逐词、逐字一一核对。严格地说，一旦有类似错误都应该提出修改。如果不修改，单据只得将错就错地照样缮制，才能算单证一致。但主要单据如货运单据和保险单等，商品名称错误会产生许多麻烦。如果须出具商品检验证书，我国商品检验局一般不能接受出具错别字的证书。如个别字母笔误，不修改信用证，单据按错字打，后面再加正确字并加括号，有时国外也接受。

3. 审核信用证中货物数量

货物数量虽然与合同规定一致，应考虑货源足够的情况和装运条件是否可能。如果装运可能要溢短装，应该有允许溢短装条款。尤其大宗商品或整条船散装货物，由于货物的积载系数和装载技术差异或船方为了不产生空舱损失等原因，都会发生溢短装的情况。如果数量已有允许溢短装条款，如允许数量增减 5％，同时要检查总金额是否也有允许增减 5％ 的幅度。按国际商会《统一惯例》（UCP500 号出版物）规定：除非信用证规定货物的指定数量不得有所增减，在所支付的总金额没有超过信用证所规定的总金额的条件下，货物数量准予在增减不超过 5％ 限度内伸缩。但信用证已规定货物数量按包装单位或个体计数时，此项伸缩则不适用。所以审证时注意信用证总金额如果足够，数量不是以包装单位或按个体计数时，数量则可以增减 5％。例如："Covering shipment of 50M/tons of Cement @ USD500.00 per M/ton, Total amount USD 26 250.00 partial shipment not allowed."如果实际货装 52.500 公吨，总金额应为 USD 26 250符合信用证要求。如果信用证规定："Covering shipment of 500 cases of Brushes at USD15.00 per case. Total amount USD 7 875.00 partial shipment not allowed"，这样条款因规定 500 箱数量，是以包装单位和以个体计数，按国际商会《统一惯例》规定不能再伸缩，只能 500 箱整数。

数量前如有"大约"或其类似字样（如 about, circa），按国际商会《统一惯例》可以解释为增减 10％。该惯例第 39 条 a 项是这样规定的："凡'约''大约'或类似意义的词语用于信用证金额或信用证规定的数量或单价时，应解释为允许较有关金额或数量或单价有不超过 10％ 的增减幅度。"

在商品数量或价值过大的情况下，如果开证行资力与信用证总值不相称，必要时可以采取分批装运，用分批付款办法分散风险。

4. 审核信用证中的价格条件

价格条件应与合同规定相一致。如合同规定为 CFR 条件，而开来信用证却为 CIF 条件，同时要求我们出具保险单。对于这样的信用证，我们可以代为投保并办理保险手续。但信用证应加注条款说明其保费可在信用证项下与货款一起收取。如果信用证总金额不够，信用证应允许超证额支付或修改增额。

5. 审核信用证采用的货币

合同规定支付用什么货币，信用证也应该使用什么货币。因为在经济危机时期，货币汇率动荡不定，有时开证行投机取巧，以软货币代替硬货币开证（这里所谓软货币是指汇率趋于下跌的倾向，硬货币是指汇率比较稳定或可能趋于上涨的倾向），企图把从成交到付款这段时间的汇率下跌的风险转嫁给出口方。但是，也不是所有开来信用证的使用货币与合同不一致时都是由于上述原因造成的。有时是由于开证申请人为了方便结算,以及便于开证申请人的资金使用等原因,使用与合同规定不同的另一种货币。出于前者原因,我们不应该接受。如果出于后者原因,虽然开证申请人不是出于恶意,但应该调查信用证所使用的货币是硬货币还是软货币。根据当时的国际金融市场的趋势,对我们有利,还有考虑的余地,否则以不接受为妥。假使接受了,要看其汇率是从合同签订日期开始折算,还是从信用证开出日期折算。根据当时汇率情况以哪一种折算方法对我们有利而决定。还有一种情况,信用证所使用的货币和合同规定虽然一致,但在信用证特别条款中又规定议付时按当时等值的另外一种货币付款。这也要看从议付日期到付款日期这一阶段的汇率的趋势情况,再决定是否接受。

6. 审核信用证中的付款期限

在汇票条款中规定受益人出具汇票的付款期限一般有两种:即期和远期。即期付款除了在汇票条款中规定"凭受益人出具即期汇票按发票价值 100% 支款"外,有时在偿付条款中也规定"Upon receipt of the drafts and shipping documents. We will effect payment in accordance with your instructions." 如果是远期付款,例如信用证规定"Available against your drafts drawn on us at 120 days after sight.",这就是见票后 120 天的远期付款的条款,应与合同核对是否符合。如合同是即期付款,不应接受。

合同为即期付款,信用证条款规定为远期的期限,但在偿付条款中规定,汇票期限可以按即期付款,其贴现息由开证人负担。如"The negotiating bank is authorised to negotiate the usance drafts on sight basis, as acceptance commission, discount charges and interest are for account by buyer." 此类条款受益人仍可以即期取款,一般人把此类条款叫作假远期条款,因假远期信用证对受益人来说完全是即期取款。开证人开立这种信用证的目的是利用金融市场的资金进行贸易,实际也就是国外银行向开证申请人贷款。如果开证行或其他付款行资信良好,这样的条款是可以接受的。接受假远期条款要注意两点:第一,信用证应明确受益人可即期收款;第二,信用证应明确其贴现总额和有关费用由对方负担。这两项条款明确后才能接受。

（三）信用证一般条款的审核

信用证中各种条款都应该逐条审核和落实,稍有差错,就会造成单证不符,都有被开证行拒付的可能。所以有问题的条款不应该接受;或同有关部门和人员研究解决,确实能做到没有什么问题才能考虑接受。否则就应该及时向开证申请人提出修改。

1. 船只限制条款

（1）有些地区往往在信用证中规定对装运船龄加以限制。如信用证规定:"The Bills of Lading or shipping agent's certificate must certify that the carrying steamer is not over 15 years of age."这样的信用证大都来自伊拉克、卡塔尔、约旦、沙特阿拉伯、尼日利亚等国家。在装期内确实有直达该目的港不超过 15 年船龄的船只则可以考虑接受。如果没有直达船,一般外轮代理公司对二程船是否确实为 15 年船龄以下把握不大,所以外轮代理公司不愿意做这样的保证,也不愿意在提单上证明。据目前情况,这些航线很少有15 年以下船龄的船只,因为上述地区多是发展中国家,设备条件差,装卸效率低,而且港口拥挤,所以船公司不愿意以新船航行这些港口。因此在该条款下要具体了解该船期内的船只情况并及时与有关单位联系。如果达不到信用证中规定的船只限制条款的规定,则不能接受。

(2) 有的信用证要求货物必须装某班轮公会船只等。如:"Shipment must be made by conference linevessels and documents must include shipping Co.'s or their agent's certificate to that effect."有的信用证要求货物必须装某某国某某船公司的船只。如"Shipment must be made by APL or USL vessel"(APL 系美国总统轮船公司 American President Lines。USL 系美国轮船公司 United States Lines Inc.)。在有限的船期内是否能租到这样船只的舱位是很难设想的,所以这样的条款都很难做到。没有十分把握就不能接受。在 CIF 或 CFR 价格条件下,按照国际航运惯例,出口方有权选择合适的船只装运,买方无权加以限制。

(3) 货到阿拉伯地区,信用证经常要求不装黑名单船和不靠某某港口等。这样的条款是可以接受的。实际上,我们目前也不可能租用黑名单船只。

(4) 限制船舱部位条款。有的信用证对货物装运船舱的部位加以限制,这要看具体情况而定。有些由于商品性质要求而限制船舱部位,是合理的。事先与承运人联系妥还是可以接受的,如易燃、易爆货物,鲜果、蔬菜等要求不准靠近锅炉或机舱。对于不是由于商品的性质原因的不合理要求,不能接受。

2. 分批装运,转船和目的港条款

(1) 信用证如果没有规定是否可以分批和转船,而且该信用证有规定:本证以国际商会《跟单信用证统一惯例》为依据,如"This credit issue subject to Uniform Customs and Practice for Documentary Credits International Chamber or Commerce(Publication NO.500)",则认为可允许分批装和转船。

(2) 如果信用证规定"Several Shipments",应该理解为分 3 批以上的分批装运。

(3) "One or Several Shipments"以"partial shipments are allowed"掌握。

(4) 如果信用证规定,5 月装 100 吨、6 月装 100 吨、7 月装 100 吨、8 月装 100 吨,必须按月备货装运。如果其中有一个月未照办,以后全部失效。例如 5 月照装 100 吨,6 月未装,则从此后信用证余额全部失效。如果无法确定该条款的可行性则立即改证。

(5) 如果信用证规定"50M/tons of Bee Honey. Shipment for 25M/tons to Rotterdam,25M/tons to Antwerp,partial shipment,not allowed",50 吨两个港口应同时装一条船,制单分两套单据。如果这两个港口在规定装期内不可能租到这样的船舱,应注意修改。

(6) 如果信用证规定不许分批装运,原证规定 50 公吨货物,后又改证增额加装 20 公吨货物,应该 70 公吨货一起装出。如果 20 公吨增额修改未到以前,原证的 50 公吨货物已装运出去并已议付完毕,以后才来修改增额 20 公吨,则可以再装运 20 公吨。如果 50 公吨货物正在进行装运并且还未办理议付手续,收到修改增额,应向银行提出原证 50 公吨已装运,不能接受这次修改,把修改退回银行,或另向开证申请人提出修改为允许分批装运。

(7) 按《统一惯例》第 40 条规定,从多份运输单据的表面上标明以同一运程的同一个运输工具装运,即使运输单据载有不同出单日期或不同的装运地或受监管地,只要证明同一目的地,将不视为分批装运。如果属于邮包运送,其邮寄收据已用信用证上所规定的发货地名的邮局戳印证实在同一日期中多次邮寄,也不视为分批装运。

(8) 信用证规定如转船时必须在提单上注明二程船名。(In case transshipment to be effected,port of transshipment and the second carrying vessel's name should be indicated on the relative Bill of Lading.)这样的条款很难做到。在装货港装货时,对于转船虽然预先有所安排,但二程船公司对于具体船名有时要临时改变,在装货港的外轮代理公司一般不同意在提单上预先注明第二程船名。

(9) 信用证规定不许转船,要看具体目的港而定。凡是没有直达的港口或两三个月以上才有一个航次的港口都应该考虑允许转船。或在装运期限内确实有到该港的船只者才接受不允许转船的条款。

(10) 有的信用证要求在目的港的指定码头卸货。尤其大宗商品出口,指定在对方专用码头靠船卸货。对这种条款要从两个方面考虑。第一,要了解承运人能否在该码头卸货;第二,应该了解该码头的情况,如设备条件、装卸效率、水深度和费用情况等。其中有一项存在问题,承运人也不愿意在该码头卸货。如小批货物,承运人也不能同意另外再靠一个码头卸货,要考虑修改。

(11) 几个港口的变更:对阿曼出口,主要港是马斯喀特(Muscat),该国已经宣布把马斯喀特变为城市名称。所以来证目的港都改为"米那克布斯"(Mina Qaboos)。该国宣布统一使用这个名称。有时信用证中的目的港这样规定:"Mina Qaboos/Muttrah/Muscat",实际不是三个地方,更不是选港。Mina Qaboos 是港口名称,Muttrah 是商业中心,Muscat 是城市名。遇到这种情况,以 Mina Qaboos 掌握,提单只填 Mina Qaboos 即可。纽约港当局规定 Newark(纽华)和 Jersey City(泽西城)二港已合并为 New York。墨西哥最近宣布,Acapulco(阿卡普尔科)已被封闭改为旅游港,并集中由 Manzanillo(曼萨尼路)和 Ensenada(恩塞纳达)港卸货。

3. 装运期和有效期条款

(1) 信用证如果没有规定装运期(Latest date for shipment),以信用证的有效期(Latest date for negotiation)掌握装运期,即俗称"双到期"。

(2) 信用证必须有交单议付有效期,不能单独只有装运期。按《统一惯例》第 42 条 a 项规定:"一切信用证必须规定一个付款、承兑交单的到期日及地点。"如果没有该到期日,应通过通知行向开证行提出。

(3) 信用证有效期的地点应该在我国国内,如果在国外到期不能接受。

(4) 在日期前冠以"to""until""till""from"及类似字词,应理解为包括其所提及的日期在内;而"after"则认为不包括其所提及的日期在内。

(5) 对于"first half of May"应理解为从 5 月 1 日开始至 15 日,而"Second half of May"应为 5 月 15 日至 31 日,"Beginning of May"应理解为 5 月 1 日至 10 日,"Middle of May"应为 5 月 11 日至 20 日,"End of May"应为 5 月 21 日至 31 日。"before"这个词或类似这样意义的词冠于日期前,应理解为不包括该日期在内。"on or about"或同义的词被指定在装运期前时,应认为所要求的日期前后各 5 天之内,起讫日包括在内。

（6）有时个别信用证对装运期使用"Prompt""Immediately"或"As soon as possible"等词，银行对这类词语可不予理会。

（7）有的信用证对有效期使用"1 个月"（for One Month）或"6 个月"（for Six Months）等类似规定，并未明确从哪一天起算，应从开证行的开证日期起算。

（8）一般信用证除议付有效期外，大部分还规定一个在运输单据装运日期后必须提交单据办理议付或付款的特定期限。如"Documents to be presented within 15 days after the iussuance of the shipping documents but within the validity of the credit."如果没有这样的特定期限，应以货运单据装运日期后 21 天内交单议付有效，但也不能超过信用证原规定议付有效期。超过 21 天，银行可拒绝议付单据。

以上各项关于期限用词的解释，均根据《统一惯例》（UCP600 号出版物）有关部分的解释，如果信用证规定以该《惯例》为依据，则以上解释对该信用证均有效。

（9）如果信用证修改时只延展装运期，可以理解为议付有效期也跟着延展。如果信用证修改时只延展议付有效期并未修改延展装运期，则不能理解为装运期也相应延展。

（10）土耳其政府规定许可证自开出信用证日起生效，有效期为 5 个月，信用证有效期为 4 个月，货须在信用证有效期内到达土耳其港口，逾期失效不能展期。所以要特别注意，如遇到人力不可抗拒的原因，须出具证书证明原因，才能展证 3 个月。

（11）有的信用证对装运期和有效期有自动延展的条款。如信用证规定："If the shipment to be unable to be effected within the specified time of shipment, both shipment and validity date may be automatically extended for 15 days."在该条款下如果受益人不能在有效期内装运，其装运期和有效期可以自动延展 15 天。这种条款对双方都有利，卖方可避免要求展期的电报费和一些麻烦，买方可以节省展期修改的银行手续费。所以在签订买卖合同时，应争取这样的条款。

4. 前后条款的一致性

（1）装效期颠倒。信用证的议付有效期比装运期要长，这是合乎常规的。反之，装运期比议付有效期长，如装运期为 6 月 30 日，而议付有效期为 6 月 15 日时，应修改或与银行联系，由其向开证行声明代改。

（2）大小写金额不一致。信用证大写与小写的金额具有同等效力。如果发生大小写金额不一致或货币符号不一致时应提出修改。

（3）价格条件与运费支付条款矛盾。CFR 和 CIF 的价格条件其运费支付由受益人支付，所以运费支付条款应该是"Freight Prepaid"。如果信用证规定"Freight Collect"，或者 FOB 价格条件而运费支付条款却规定为"Freight Prepaid"等，这样互相矛盾，应修改。

（4）信用证号码前后不一致。有的信用证在汇票出票根据条款中规定的信用证号码与信用证开端所规定的信用证号码互相不一致，可通过通知行向开证行要求澄清。

（5）FOB 价格条件要求出具保险单，两个条件是矛盾的，应按照合同规定向开证申请人提出修改。

（6）货物数量规定有增减幅度（如 5% more or less），而金额未规定增减幅度，而且也并不多余。如果要增装则应修改，否则就不能增装。如果不许分批装运，也不能少装超过 5%。

5. 银行费用问题

一般信用证关于银行费用多数是这样规定："All banking charges are for applicant's account."但个别信用证却规定："All banking charges in China are for beneficiary's account."信用证是由开证行或开证申请人的委托开立的,开证行又指示或委托通知行、议付行等进行信用证业务活动。所以通知行或议付行所发生的费用应由委托人或指示者(即开证行和开证申请人)负担。根据国际商会《统一惯例》(UCP 500 号出版物)第 18 条 c 项作如下规定:首先,一方指示另一方提供服务,指示方有责任负担被指示方因执行而发生的一切费用,包括手续费、费用、成本费或开支。其次,即使信用证上规定这些费用由指示方以外的人负担,而这些费用不能收取时,指示方有支付的最后责任。所以按上述规定,由于开证行指示通知行和议付行为其提供服务,或开证行又受开证申请人的指示而进行信用证业务活动,则开证行或开证申请人应负担由其所引起的费用。一般信用证大都规定银行费用由开证申请人负担,如果规定由受益人负担,应提出修改。

二、审核出口单据

随着国际贸易的不断发展,国际贸易区域的不断扩大,加之现代通信技术的进步,国际贸易交易双方之间的地理距离也在不断拉大。同时,随着贸易术语在国际货物买卖中的普遍采用以及信用证制度的不断发展完善,在人类历史上延续多年的"一手交钱,一手交货"的交易方式更多地被以单据买卖为核心的"象征性交货"所代替。在这种"象征性交货"条件下,卖方以提交规定的单据作为其履行交货义务的象征和收取货款的依据,而买方则需凭合格的单据履行其付款的义务。因此,单据在国际贸易中就越发显得重要。了解国际货物买卖中的常见单据,熟悉它们的基本填制方法和流转程序也成为从事国际贸易的人员所应必备的知识和技能。

(一)出口制单的基本要求

1. 单证、单单一致

在采用信用证交易的条件下,出口人(即信用证受益人)必须明确:第一,信用证业务中,各有关当事人处理的是单据,而不是与单据有关的货物、服务或其他行为。第二,受益人提交的单据必须表面上与信用证条款相符,单据之间表面互不一致,即视为表面与信用证不符。对于这个条款应该从两方面去理解。一方面,受益人提交的单据要做到"单证一致"和"单单一致"。议付单据的内容首先要与信用证的有关规定一致,同时单单之间不能自相矛盾。举个简单的例子,提单上的重量与装箱单上所列的货物重量必须一致,不能因为信用证上面没有规定具体的货物重量就可以在提单上与装箱单上显示不一样的重量。此外,需要引起重视的是,"单证一致"不仅指单据的内容与信用证一致,还包括单据提交的份数、提交的方式以及提交的时间要与信用证的规定一致。另一方面,本条款提到了"表面相符"这个概念。这就是说,银行在审核与信用证有关的单据时无须调查单据的真实性,只凭单据表面上显示的内容与信用证条款一致即可付款。当然,即使受益人实际履行了有关的义务,如果在单据上没有按信用证规定显示出来,也会被银行视为单证不符而拒付。这意味着开证银行给予受益人的只是一项有条件的付款保证。这个条件就是，受益人必须在信用证规定的期限内向信用证指定的银行或开证行提交与信用证规定相符的单据。

2. 单同一致

信用证是买方(开证申请人)依照买卖合同及有关贸易惯例向银行申请开立的，作为银行审核单据以决定是否付款的依据。因此，一般买方都会要求开证银行在信用证中加列一些关于货物描述的条款，以便约束受益人单据上所列的货物与买卖双方在合同中约定的一致。但是，信用证毕竟不能代替买卖合同。特别是对于一些比较复杂的货物买卖，比如，大型的成套设备，信用证中没有也不可能详细规定货物的具体规格型号、技术指标、单价以及包装情况。对于这些内容，受益人在制单时只能按照合同的有关规定缮制，但须注意，这些内容不能与信用证的规定相抵触。

3. 单据本身内容正确、完整，符合有关法规及商业习惯

虽然议付单据的填制有信用证的规范以及买卖合同的制约，但是就单据制作本身来说，信用证和合同的规定也不能包罗万象。例如，在信用证及合同中一般都不会规定汇票必须由出票人签署。但是，一张没有出票人签署的汇票肯定是不符合各国关于票据法律的有关规定的。一般国家票据法律都规定：汇票要由出票人签署，否则视为无效。其次，单据的制作还需要符合有关国家的行政规定。比如，法国海关规定，法国进口的商品在进口清关时所提交的商业发票必须是法文的，至少品名应用法语书写。所以，制单时一定要做到这一点，否则就会给进口商提货造成很大不便。再次，单据的填制还要符合有关商业习惯的做法。比如，保险单的出单日期通常不迟于提单日期，而商业发票的日期都早于保单、提单的日期等。

4. 及时制单

货物出口所涉及的单据多达几十种，各种单据之间的关系又是错综复杂的，而单据的制作又是一项和发货装运联系在一起的综合性工作。出口货物的认证、商检、托运、报关、装运等诸方面工作的进行都需要提供一定的单据给有关部门。比如：申领出口许可证、原产地证书都需要提供商业发票；向承运人订舱需要填制托运单；向保险公司办理保险需要提交投保单等。单据制作的延误会影响这些工作的正常进行。而出口业务中的任何一项工作都是和其他工作联系在一起，它们相互制约，牵一发而动全身。举一个例子来说，属于法定检验的商品如果没有及时填写商检报验单，向商检机构报验，就无法向海关报关，因为属于法定检验的商品的报关单上面必须事先由商检机构盖上商检放行章，海关才受理此类商品的报关。没有商检放行章就不能报关，不能报关就不能装货，也就无法取得已装船提单凭以结汇。由此可见，议付单据的制作一定要及时。

(二) 信用证项下议付单据概述

1. 汇票

(1) 汇票的概述。汇票(Draft, Bill of Exchange, Exchange)是一人向另一人签发的无条件的书面付款命令。要求受票人(Drawee)按照汇票上所列的期限、金额向汇票规定的收款人(Payee)或其指定的人或持票人进行支付。在信用证中，汇票主要是起一个付款凭证的作用。

（2）信用证汇票条款示例。

☆ Drafts to be drawn at 30 days' sight on us for 100％ of invoice value.

☆ You are authorized to draw on Royal Bank of Canada，Vancouver at sight for a sum not exceeding CAN ＄ 120 000.

☆ Drafts in duplicate at sight bearing the clause "Drawn under DBS Bank Singapore Documentary Credit No. 748236 dated January 15th，1998".

☆ We open this Irrevocable Documentary Credit favouring yourselves for 95％ of the invoice value available against your draft at sight by negotiation on us.

☆ This credit is available with any bank by negotiation of Beneficiary's Drafts at 60 days date drawn on Issuing bank.

2. 商业发票

（1）商业发票概述。商业发票是由出口商填制并开给进口商的一种商业单据，是进出口交易中最重要的单据之一。在商业发票中表明了所交易商品的品质、数量、价格、包装等条款。有时，商业发票还记载着一些卖方所做的证明、声明的内容。同时，商业发票还是进口国海关审查进口商品以确定相应的进口关税税率的重要文件。

（2）信用证商业发票条款示例。

☆ Signed commercial invoice in 6 copies.

☆ Beneficiary's manually signed commercial invoice in five folds.

☆ Commercial Invoice in 8 copies price CIF Bangkok showing FOB value，freight charge and insurance premium separately.

3. 装箱单/重量单

（1）装箱单/重量单的概述。装箱单/重量单是商业发票的一种补充单据，主要是显示货物的包装、毛重、净重以及尺码方面的情况。其主要栏目的填制可参照商业发票。需要引起注意的是第9栏"C/NOS."应填写不同货号商品的包装序列号。例如，某商品有两个货号，包装件数分别为 100 件和 50 件，则填写该栏时对应的货号应分别填入"1～100"及"101～150"。另外第 15 栏"尺码"（15. MEAS M³）的计量单位是立方米，且数值通常需要保留三位小数。

（2）信用证中装箱单/重量单条款示例。

☆ Packing/weight list in quadruplicate，detailed，showing the gross and net weight as well as exact contents of each individual package.

☆ Packing list in 3-fold showing the gross weight，net weight and measurement of each package.

4. 海运提单

（1）海运提单概述。海运提单是货物采用海运时当承运人或其代理收到货物后签发给托运人的货物收据，同时它又是代表货物所有权的一种物权凭证，也是承运人与托运人之间运输契约的证明。提单不仅是托运人凭以结汇的重要单据之一，也是收货人在目的港换取提货凭证以提货的依据。

（2）信用证提单条款示例。

☆ Full set of 3/3 originals plus 3 non-negotiable copies clean on board ocean B/L， consigned to order and blank endorsed. Marked "Freight Prepaid" showing shipping agency at destination. Notify Applicant and evidence the goods have been shipped by full container load.

☆ Full set of "clean" shipped on board marine bills of lading stamped "berth terms" issued or endorsed to the L/C issuing bank marked "Freight to collect", notify openers evidencing shipment from any Chinese port to Long Beach port, CA. U.S.A.

5. 产地证

(1) 产地证概述。一般原产地证书(商会产地证)和普惠制原产地证书都是一种证明商品的原产国别的一种证书。其中,普惠制原产地证书是当商品出口到给予普惠制的国家时所应提供的原产地证书。在我国一般原产地证书(商会产地证)是由中国国际贸易促进委员会(China Council for the Promotion of International Trade,CCPIT,简称贸促会)签发的。而普惠制原产地证书则一般由商检局(即现在的出入境检验检疫局)签发。

(2) 信用证中产地证条款示例。

☆ 一般原产地证:"Certificate of Origin issued by China Council for Promotion of International Trade."

☆ 普惠制原产地证(GSP FORM A):"G.S.P. Certificate of Origin Form A showing importing country."

6. 保险单

(1) 保险单概述。保险单(Insurance Policy)是保险人(即保险公司)与被保险人(即投保人,一般为出口商)之间订立的保险合同。当承保货物发生保险合同责任范围内的损失时,保险单又是被保险人索赔、保险人理赔的重要依据。

(2) 信用证中保险单条款示例。

☆ Insurance Policy covered for 110% of total invoice value against All Risks and War Risk as per and subject to the relevant Ocean Marine Cargo Clause of the People's Insurance Company of China dated 1/1/1981.

☆ Policy of Insurance in duplicate issued or endorsed to the order of ABC Co. Ltd., in the currency of the credit for the CIF value of the shipment plus 10 percent covering All Risks, War Risk and S.R.C.C. clause of the people's Insurance Company of China.

☆ Insurance Policy covered for 110% of total CIF value against Institute Cargo Clauses (A) and Institute War Clauses (Cargo) of 1982, showing claim payable at destination in the same currency of the draft.

7. 商检证书

(1) 商检证书概述。进出口商品经商检机关检验、鉴定后由商检机关出具、签发的各类证书统称商检证书。商检证书是进出口交易中一种重要的证明文件。

(2) 信用证中商检证书条款示例。

☆ Inspection Certificate of Quality and Weight issued by China Commodity Inspection Bureau.

☆ Clean Report of Finding issued by Societe Generale de Survillance (SGS) Hong

Kong, evidencing that quality, and packing of goods in full compliance with the requirement of L/C.

☆ Certificate of Analysis in duplicate in English version, issued by manufacturer with detailed specification.

案例回放与分析

一般而言,这种小的问题是不应当造成拒付这样严重的后果的。那么到底是怎么回事呢? 于是 S 公司就联系在国外的代理商进一步调查,结果代理商发现问题的关键在进口商 H 公司身上。由于市场行情转变,H 公司不想再进口这批服装,就想办法取消订单。当开证行看出这个微小不符点的时候,就按照惯例征求进口商 H 公司的意见,后者坚决要求拒付,因此开证行才对单据拒付。

了解到这一背景之后,我方的寄单行就据理力争,认为在开来的信用证上面并没有明确指出要求在生产厂家的厂长和车间主任签名前面加上职务。现在出现这种情况,只是由于双方对这种品质证明书签名的理解不同,并不构成单据不符,更不应当成为对方拒付的理由。我方希望开证行以自己的信誉为重,灵活掌握尺度,妥善处理这一纠纷。

经过反复交涉,国外的开证行终于承认我方银行的观点,由生产厂家的厂长和生产车间主任签名的品质证明书上面的这一点不足并不能构成单证不符点,自然也不能因此拒付。见此情景,我方的银行主动表示只要开证行同意付款,自己愿意放弃由于付款耽搁而导致的利息损失。S 公司虽然损失了少量的利息收入,但是顺利地收回了货款,应当说在我方银行的积极努力下最后的结果还是令人满意的。

从此案中我们看到,信用证条款的理解和掌握是安全收汇的重要保证,也是进出口交易的核心内容。

篇末点述

信用证支付方式是当今国际贸易中最常用的结算方式,它以银行信用为基础,使买卖双方的权利和义务都能得到保证。但信用证业务涉及的当事人多、手续烦琐、关系复杂,对每个环节、每种单据都有较高的要求,因而操作中必须严格执行国际商会的《跟单信用证统一惯例》(UCP600)的有关规定,做到"单证一致,单单一致"。同时,要根据不同的贸易方式和购销意图灵活运用不同方式的信用证,发挥信用证的作用,提高市场份额和对外贸易效益。

专业词汇

Letter of Credit,L/C 信用证　　　　Applicant 开证申请人

Issuing Bank 开证行　　　　　　　Advising Bank 通知行

Beneficiary 受益人　　　　　　　　Negotiating Bank 议付行

Paying Bank 付款行　　　　　　　　Documentary Credit 跟单信用证

Clean Credit 光票信用证　　　　　　Revocable Letter of Credit 可撤销信用证

Unconfirmed L/C 不保兑信用证　　　Irrevocable Letter of Credit 不可撤销信用证

Usance L/C 远期信用证　　　　　　　Transferable L/C 可转让信用证

Non-transferable L/C 不可转让信用证　Revolving L/C 循环信用证

UCP《跟单信用证统一惯例》

ISBP《关于审核跟单信用证项下单据的国际标准银行实务》

本章习题

一、名词解释题

即练即测

1. 跟单信用证
2. 不可撤销信用证
3. 可撤销信用证
4. 即期信用证

二、案例分析题

1. 某公司自德国进口一批化学品，所开出的信用证中规定以青岛为目的港，但由开证行转来的单据中发现下列各点：(1)装箱单不是由信用证受益人签发的而是由包装公司签发的；(2)集装箱提单指示的目的港是大连港不是青岛或青岛附近的集装堆积场；(3)发票和装箱单在一起；(4)提单上的被通知人不正确；(5)提单上的重量大于装箱单上的重量。

请问：进口商欲以上各点拒付有无道理？

2. 我方公司接到客户发来的订单上规定交货期为今年 8 月，不久收到客户开来的信用证，该信用证规定："Shipment must be effected on or before September,1997." 我方乃于 9 月 10 日装船并顺利结汇。约过了一个月，客户却来函要求因迟装船的索赔，称索赔费应按国际惯例每逾期一天，罚款千分之一，因迟装船 10 天，所以应赔款百分之一。

问：(1)我方为什么能顺利结汇？(2)客户的这种索赔有无道理？我公司是否得赔？

三、操作题

审核下列信用证，请指出：(1)L/C 的主要当事人；(2)L/C 的种类；(3)L/C 的错误。

汇丰银行

致：中国达远进出口公司　　　　　　　日期　2019 年 9 月 8 日

号码　472/6388

开证金额　US＄4250

不可撤销信用证

本证通过北京中国银行通知受益人

　　兹开立以贵行为受益人，以 Ban Thong Co.Ltd. 为开证申请人，总金额为 US Dollars Four Thousand Two Hundred and Fifty Only。由受益人开立见票后 30 天付款的汇票，以我行为付款人，支取 100％发票金额的货款，并随付下列货运单据。

　　商业发票一式三份；全套清洁已装船提单；保险单；以电报副本证明装运下列货物：

　　5000 公斤好运牌染料，每公斤 US＄8.5CFR 香港，不许分批，不许转船。

　　交单日期：2019 年 10 月 8 日前　　　　装船不迟于 2019 年 10 月 6 日

汇丰银行
经理×××

第九章

国际贸易其他支付方式

🌿 开篇导读

在上一章我们学习了信用证支付方式,从而对国际贸易的支付过程有了部分了解。实际上,国际贸易支付因贸易商品和贸易条件的不同而表现为多种方式,既有基于商业信用的支付方式——汇付和托收,也有用于某些贸易方式下的银行保函和备用信用证,还有国际保付代理这种综合性的支付方式以及各种支付方式的结合使用。本章就这些支付方式方法进行讲解分析,从而完成自第六章至第八章有关国际贸易支付的全部内容。

🖐 引导案例

对进口国远期付款交单(D/P after Sight)惯例不清致损案

DT 进出口公司对拉美地区出口一批黄豆,买方为 G 贸易有限公司,合同商定支付方式为 30 天付款交单。支付条款为:"The Buyer shall duly accept the documentary draft drawn by the Seller at … days' sight upon first presentation and make payment in its maturity. The shipping documents are to be delivered again payment."(买方应凭卖方开具的见票后 30 天付款的跟单汇票,在第一次提示时即予承兑,并应予汇票到期日即予付款,付款后交单。)DT 进出口公司遂根据合同规定的 5 月份装运的要求,于 5 月 13 日办理装船完毕,14 日备齐一切单据向托收行办理 30 天远期付款交单托收手续。

7 月 3 日 DT 进出口公司接到托收行转来的代收行来电,写着:"第……号托收单据于 5 月 21 日收到。我行当天即向付款人 G 贸易有限公司第一次提示,21 日经付款人承兑。6 月 20 日汇票到期日我行第二次向付款人提示要求其付款,但付款人拒付。据称因货物水分严重超标,甚至发现部分霉变,所以不肯接受。请电复处理意见。"

DT 进出口公司接到代收行的上述电文觉得非常奇怪,既然是远期 30 天付款交单,就意味着国外买方 G 贸易有限公司须履行付款义务后才能取得货运单据提取货物,而买方尚未付款的情况下是如何得到单据的? 未得到单据又如何能提取货物? 如果没有看到货物又如何发现货物水分超标,甚至部分货物发生霉变? 在这种情形下,DT 进出口公司判断一定是国外代收行私自将货运单据借给买方,所以买方才能在没有付款的情况下就先行提货。如果是这样,那么买方不付款,则代收行须承担全部责任。

DT 进出口公司为证实收货人是否已经提货,即通过承运人进行查询,得知收货人确实早已提走货物。DT进出口公司即于7月5日向代收行提出："你3日电悉,我第……号单据是以见票30天远期付款交单方式办理托收,应于6月20日汇票到期日付款人付清货款后才能取单提货。既然付款人拒付货款,为何付款人能得到单据而提货?是否付款人向贵行以'信托收据'借单提货?因据我查询,船方称收货人已提取货物。请告真实情况。谢谢合作!"

代收行于7月5日复电："你5日电悉。第……号单虽然是30天远期付款交单,但我国当地商业习惯做法是:我行接到单据时即向付款人提示,付款人承兑后即可取得单据而提取货物。待汇票到期日再付款。这就是我国对远期付款交单的做法。本托收付款人在承兑取得单据后又拒付,需委托人向付款人直接联系解决。"

DT进出口公司最后经我国驻外商务参赞处了解到,该国对远期付款交单托收一律按承兑交单方式处理,而在当年我国已有4笔出口业务遭遇同样的情况。最后,经我国商务参赞处几次与这个国家的银行进行磋商和协调,DT进出口公司才收回85%的货款。

通过这个案例,我们发现哪些问题呢?对比信用证,托收方式有哪样的特点,又如何理解和应用呢?

第一节 汇 付

一、汇付的含义和性质

汇付(Remittance)是债务方或付款方通过银行,将款项汇交债权方或收款方。汇付方式的当事人有4个,即汇款人(Remitter)、收款人(Payee or Beneficiary)、汇出银行(Remitting Bank)和付款银行(Paying Bank)。债务方或付款方处于汇款人的银行称作汇出银行,受汇出银行委托办理支付款项的银行称作付款银行。

汇付方式虽然通过银行汇出、付款或签发汇票,但银行只是提供服务,收取手续费,不承担买方或卖方在交易中所产生的风险,不参与由于债权、债务不清而出现的纠纷。所以汇付方式是商业信用。同时,由于汇付方式的结算工具(委托付款通知、银行汇票等)的传递方向与资金的流向相同,故而属于顺汇。

二、汇付的分类

汇付方式分电汇、信汇、票汇三种。

1. 电汇(Telegraphic Transfer,T/T)。汇款人填好"汇款申请书"(Application for Remittance),连同将要汇出的款项及汇款手续费交付汇出银行,汇出银行根据汇款人的指示,将汇款金额,收款人姓名、地址,汇款人姓名、地址(有时还列有汇款用途及汇款人附言)等内容,用电信方式(如加押电报、电传或SWIFT)通知汇款银行,委托该行付款。付款银行经过核实双方约定的"密押"无误后,即刻付款。而汇出银行向付款银行发出电信通知后,为了防止在传递上有错误,一般还要用航空函件发出"电报证实书"(Cable Confirmation),供付款银行核查。

电汇方式交款迅速,但汇款人要负担较为昂贵的国际电信费用。因此,通常只有在较大金额的汇款或有紧急用途时，才采用电汇方式。对于银行来说，由于电汇交款迅速，汇出银行要立即用电信方式通知对方银行付款，汇出银行无法利用客户的资金，因此，电汇的手续费要比其他汇款方式高。

2. 信汇（Mail Transfer，M/T）。信汇方式与电汇相似，只是汇出银行不用电信方式而是用付款委托书（Payment Advice）或付款命令（Payment Order）通过航空邮寄交付银行，银行据以付款。信汇的特点是费用较电汇低，但付款较慢。信汇或电汇的收款人可以在接到付款银行的通知后亲自到银行取款，或委托往来银行代为收款后存入其存款账户内。

3. 票汇（Demand Draft，D/D）。票汇方式一般指汇出银行应汇款人的申请（开具汇票申请书）和办完相关的手续（如交付全部金额和开票手续费等）的基础上，签发以汇款银行的分行或其代理银行为付款银行的银行汇票。汇票上列明收款人名称、汇款金额等内容，交由汇款人自行寄给收款人或自行携带出境，凭以在境外从付款银行取款。票汇方式下的汇票是银行汇票。所以它都是"见票即付"，是即期的。汇票所使用的汇票，一般只开出单份（Sole）。为了防止投递延误或延误付款，在申请人的特别要求下，也可以将汇票做成一式两份。付款银行凭其中一份付款后，另一份就自动作废。

三、汇付方式在国际贸易中的应用

国际贸易中，汇付方式主要用于进出口货物及其从属费用的结算，有以下几种。

（一）预付货款

预付货款（Payment in Advance），又称为"先结后出"，指出口人在发货前就已经收到货款。一般又分为以下几种。

1. 随订单付现（Cash with Order，C.W.O）。指买方在发出订单时，或买卖双方订立买卖合同后，买方须将全部货款用汇付方式付给卖方。

2. 全部货款预付和部分货款预付。在一般进出口合同中，当使用预付方式时，通常使用全部预付。而在进行生产资料商品的交易时，如大型机械设备、成套设备和飞机等，习惯上从生产开始时，进口人要预付部分货款。也有的把这种预付的部分货款称作订金（Down Payment）。如果预付金额过大，进口人一般要求出口人提供担保，多数由银行担保，以保证预付货款的安全。

（二）发货后汇付货款

发货后汇付货款又称作"先出后结"，指出口人先将货物装出，买方再用汇付方式支付货款，一般有以下几种做法。

1. 交货付现（Cash on Delivery，C.O.D.），又称"货到付款"。指货物运到目的地后，进口人立即用汇付方式将货款交付出口人。但也有双方协议规定，货到后若干时间才汇付货款，或者经过检验货物合格后才汇付货款的。目前，甚少使用这种支付货款的办法。

2. 寄售（Consignment）。是一种委托代售的贸易方式。它是按照事先协议好的寄售条件，由寄售人（Consignor）先将货物运往国外寄售地，由代销人（Consignee）在当地市场代为销售。货物售出后,所得货款扣除代销人的手续费和其他费用后交付寄售人。

3. 记账交易(Open Account Trade),也称为赊销。采用这种方式时,是按照买卖双方协议,由卖方根据买方订单或双方订立的买卖合同,将货物发运给买方。有关货运单据也由卖方直接寄给买方,货款则在货发后的一定时期,由买方汇给卖方。

4. 先出后结(Collected Trade)。我国内地不少城市及毗邻港澳地区的一些地方供应香港、澳门地区鲜活商品,如活牛、活羊、活猪、家禽、塘鱼、新鲜蔬菜及鲜花等。因为这些商品时间性强,必须及时出口,进口商在货到时又要及时提货,而这些商品在运输交接过程中损耗极大,数量和质量都比较难以固定。因此,在长期的实践中,逐渐形成一套由出口方先行发货,提货单据随车、船交给进口方,待进口方提货后,按实收货物的质量和数量以及原订价格核算货款汇付给出口方。这种先出后结的做法是在内地进出口公司港、澳地区总代理的配合监督下进行的,是一种特殊的做法。

(三) 用于贸易从属费用的结算

属于贸易项下的从属费用有很多种,主要有运费、保险费、佣金、退款和赔款等项。

1. 运费、保险费。这是贸易从属费用中最主要项目,也是汇出与汇入笔数最多、最经常的项目。如货物由外轮装运出口的,需向外国轮船公司支付运费,经常由出口公司汇出。有的 FOB 出口合同,国外进口人要求我方代为租船订舱或投保,我方代付了运费、保险费,国外客户将所垫付的费用汇还。在 FOB 进口合同中,凡是经由外国轮船装运的货物,我方进口公司都需向船方汇付运费。

2. 其他费用。包装费,客户要求特别包装所产生的费用。退款,将多于国外预支的款项退回。如国外要求我方代为租船订舱,预先汇来一笔费用。最后结算时,将余下的款项退回;赔款,如货物质量或数量确有问题,经买卖双方协商,卖方退回部分货款。佣金,将佣金商应得的佣金汇给佣金商。

四、使用汇付的注意事项

由于汇付方式属商业信用,完全是买卖双方之间的关系。因此,使用这种方式时,必须特别注意以下问题。

1. 使用汇付方式前,应先了解对方资信情况,做到心中有数;

2. 汇付方式的金额不宜过大,因为金额一旦过大时,风险也会随之增大;

3. 畅销货物一般不宜采用寄售或赊销方式。

第二节　托　　收

一、托收的含义和性质

托收(Collection)是债权人委托当地银行转托其债务人所在地的分行或代理行向债务人收款的方式。银行在这种方式中提供服务并收取手续费用,不涉及债务人是否付款,债权人是否确实履行其合同规定的责任问题,也不参与到债务人与债权人的纠纷中去。

因此,托收方式是商业信用。又因为托收方式是结算工具(托收委托书、汇票等)的传送与资金的流动呈相反方向,所以这种方式属逆汇。

二、托收方式的当事人及其关系

(一)托收的当事人

托收方式最主要的当事人有 4 个。

1. 委托人(Consignor/Principal),也就是债权人。由于委托人通常需要开出汇票(个别例外)委托银行向国外债务人收款,所以委托人通常也称作出票人(Drawer)。

2. 付款人(Payer),通常是合同的买方即进口方,是汇票的受票人。

3. 托收银行(Remitting Bank),又称寄单银行,即接受委托人委托代为收款的银行。

4. 代收银行(Collecting Bank),即债务人所在地的银行,它接受托收银行的委托向付款人收款。

托收的"提示银行"和"需要时代理"

除了以上必不可少的 4 个当事人外,有时还可能有提示行。提示行(Presenting Bank)是负责向付款人提示单据的代收银行。通常情况下,向付款人提示单据和汇票的银行就是代收行本身,但如果代收银行与付款人没有往来关系,而另一家银行与付款人有业务关系,则代收行就会主动或应付款人的要求,委托该银行充当提示行。如果发生拒付的情况,委托人就可能需要有一个代理人为其办理货物在目的港的存仓、保险、重新议价、转售或运回等事宜,这个代理人必须有委托人在托收委托书中写明,这个代理人就是"需要时的代理"(Representative to Act as Case-of-need)。

内地 A 公司与香港 B 公司决定成立一家合资企业 C 公司。在合资企业 C 公司的领导层中,在董事长研究资金如何拨到合资企业的问题时,港方代表称:为了节省汇款手续费,可在港方派数十名技术工人到新企业培训工人时随身分别携带港币。经过几次往返,港方的资金可以全部带过来。这样做既不违反有关外币管理条例,同时由于往返人多,结队而行,安全方面没有问题。由此可以节省使用汇付方式的费用。不知这个建议对合资企业 C 公司是否有利?试谈谈你的看法。

(二)托收当事人之间的关系

在托收方式下,4 个主要当事人之间的关系表现如下。

1. 委托人与付款人。两者的关系是以他们之间所订立契约的债权债务关系为依据的。如委托人与国外付款人订立的是国际货物买卖合同,则委托人是卖方(出口人),付款人是买方(进口人),双方的关系是买卖关系。卖方的主要义务是按合同规定向买方如期交运货物和提交必要的单据。买方的主要义务是支付必要的款项。

2. 委托人与托收银行。双方建立的关系是依据委托人给托收银行的托收申请书（Application for Collection）确定的。申请书的主要内容是本笔托收业务的具体事项，也涉及双方的责任范围。例如付款方式是付款交单（D/P）、承兑交单（D/A）还是其他方式，如承诺付款（Promissory Payment）等；是否允许分批付款，货物到达目的地后，如遭到付款人拒付时，银行是否可代为将货物存仓并投保火险，当付款人拒付时是否做出拒绝证书，货款收妥后如何通知有关方等。当托收银行接受申请书后，双方委托与被委托的关系就告成立。双方均应根据申请书内容，各自承担规定的责任和义务。如有违反或产生争议，均以托收申请书为依据。

3. 托收银行与代收银行。双方的关系也是委托代理关系。代理关系的依据是托收银行给代收银行签发的托收委托书（Collection Advice）。委托书中的委办指示，应与委托人对托收银行所签发的托收申请书的内容完全一致。代收银行接受委托书后，双方对一笔托收业务的委托代理关系即告成立。代收银行应按照委托书的指示内容办事，如有违反，则一切责任由代收银行承担。例如，委托书中委办的内容是付款交单，代收银行却擅自在进口人付清货款之前，将单据借给了付款人。如付款人不付款或不及时付款，代收银行就须承担到期付款的责任。

4. 代收银行与付款人。这两方并不存在契约关系。付款人对于代收银行是否付款，并非根据他对代收银行应负的责任，而是根据付款人与委托人之间订立契约所承担的债务，即对于托收单据或票据的付款责任。例如，对于托收汇票，虽然出票人在汇票上写明了付款人的名称，但付款人在同意偿付款项（即期汇票）或承兑汇票（远期汇票）之前，并没有必须付款的绝对义务。之所以同意偿付款项或承兑汇票，是由于付款人与出票人原订契约所约定的债权、债务关系。

三、托收方式的分类及业务程序

托收方式是委托人委托银行代为收回款项的一种结算方式。托收的单据可以分为资金（Financial Documents），又称金融单据和商业单据（Commercial Documents）两类。资金单据是指代表一定资金货币的单据，如汇票、本票、支票以及债券、存折等。商业单据是指发票、货运单据、保险单及货物收据等一切不属于资金单据的其他单据。应该注意的是，能提取货物的货运单据如海运提单、承运货物收据以及保险单等是具有价值的，委托人必须妥善保管。

根据托收随附的票据不同，托收方式可以分为光票托收和跟单托收两大类。

（一）光票托收

光票托收（Clean Collection）一般指资金单据的托收，不包括货运单据。或仅附有商业发票但不包括货运单据、保险单等商业单据，即所谓"非货运单据"。

1. 光票托收的付款期限。光票托收业务中的汇票和商业本票，可以是即期付款的，也可以是远期付款的。在实际业务中，由于金额一般不太长，所以大多数是即期付款。至于支票，只有即期而无远期，存单、存折也无远期。至于债券、息票等债权凭证是即期还是远期,则要看托收凭证规定的期限而定。

2. 光票托收的收付程序。光票托收时,只要由委托人(出票人或持票人)将票据、单据、凭证交到银行办理委托收款手续(包括缴纳托收手续费)即可。当托收银行收到代收银行的收妥通知后,便可通知委托人来银行取款或贷记委托人账户。

为什么在使用跟单托收方式前,要了解进口人所在国(地区)有关商业习惯、有关外汇管制的规定和进口地银行的有关惯常做法?

(二)跟单托收

按照出口人向进口人交付货运单据的条件不同,跟单托收(Documentary Collection)可以分为付款交单、承兑交单和其他三类。

1. 付款交单(Documents Against Payment—D/P)。指出口人的交单以进口人的付款为条件,即出口人委托银行向进口人收款时,指示银行只有在进口人付清货款时,才能向进口人交出货运单据。付款交单按付款时间分为即期交单和远期付款交单两种。

☆ 即期付款交单(Documents against Payment at Sight,D/P at Sight),是指出口人发货后开具及其汇票连同货运单据,通过银行向进口人提示,进口人见票后立即付款换取货运单据。即期付款交单的业务程序如图 9-1 所示。

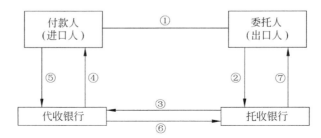

图 9-1　即期付款交单示意图

说明:
① 合同规定采用即期付款交单方式。
② 出口人按合同规定发货后,填写托收申请书,签发即期汇票,连同全套
　货运单据送交出口地托收银行,委托银行代收货款。
③ 托收银行根据托收申请书内容填写托收委托书,连同汇票及货运单据
　一并送交进口地代理银行(即代收银行)代收货款。
④ 代收银行收到汇票及货运单据后,即向进口人作出付款提示。
⑤ 进口人付清全部货款,赎取全套单据。
⑥ 代收银行通知托收银行,告之货款已收妥。
⑦ 托收银行将货款交付出口人。

☆ 远期付款交单(Documents Against Payment after … Days Sight,D/P after Sight),是指出口人发货后开具远期汇票连同货运单据,通过银行向进口人提示,进口人

审单无误后即承兑汇票,而在汇票到期日再付清货款换取货运单据。远期付款的业务程序如 9-2 图所示。

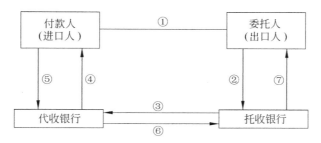

图 9-2 远期付款交单示意图

说明:

① 合同规定采用远期付款交单方式。

② 出口人按合同规定发货后,填写托收申请书,开出汇票,连同全套货运单据,送交托收银行代收货款。

③ 托收银行根据托收申请内容,填写托收委托书,连同全套货运单据,寄交进口地代收银行代收款项。

④ 代收银行收到汇票及货运单据后,即向进口人作出承兑提示。

⑤ 进口人承兑汇票后,代收银行保留汇票及全套单据。到期日进口人付清货款,赎取汇票及全套单据。

⑥ 代收银行通知托收银行,告之货款已收妥。

⑦ 托收银行将货款交付出口人。

2. 承兑交单(Documents Against Acceptance,D/A)。指出口人的交单以进口人在远期汇票上的承兑为条件,即出口人在按照买卖合同的有关规定发运货物后,开具远期汇票并连同货运单据,通过银行向进口人提示,进口人审核单据无误后,在汇票上承兑。进口人在承兑汇票后即可从银行取出货运单据提取货物,再于汇票日到期时付款。由于承兑交单仅限于远期汇票的托收,进口人办妥承兑手续后就可以取出货运单据,于汇票到期时才支付款项,而在这时,货物往往已经到达。因此,使用承兑交单方式时,进口人可以利用出口人的资金来做买卖。承兑交单业务程序如图 9-3 所示。

需要注意的是,承兑交单只适用于远期汇票托收,而且进口人只要承兑汇票就可以获得货运单据。也就是说,进口人取得货物所有权凭证在前,而实际付款在后,因而出口人在接受承兑交单支付条件时必须十分谨慎,对进口方的资信一定要很有把握,否则,若进口人到期不付款,出口方就会落得货款两空。

3. 其他交单方式。承诺付款(Promissory Note/Promissory Payment),这是跟单托收方式中除付款交单和承兑交单以外其他交单方式。这种交单方式的最大特点是远期、没有汇票。因为远期付款交单(D/P after … Days Sight)在一些国家的银行往往被当作 D/A 来处理。也就是说,只要进口人承兑了汇票,便可以从银行将全套货运单据取走,至于到期是否付款,则完全取决于进、出口方的商业信用,这样就加大了出口人的风险。而在这种交单办法中,取消了汇票,进口人接到代收银行的提示后,即到银行查看单据并作出付款承诺(因为没有汇票,所以用书面甚至口头承诺也可以)。进口人于到期日到代收

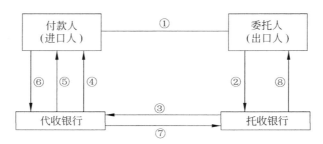

图 9-3　承兑交单示意图

说明：

① 合同规定采用即期付款交单方式。

② 出口人按合同规定发货后，填写托收申请书，开出远期汇票，连同全套货运单据，送
交托收银行代收货款。

③ 托收银行根据托收内容，填写托收委托书，连同全套货运单据，寄交代收银行代收
款项。

④ 代收银行收到汇票及货运单据后，即向进口人作出承兑提示。

⑤ 进口人根据代收银行的承兑提示，在汇票上承兑。代收行在收回汇票的同时将货运
单据交给进口人。

⑥ 到期日进口人付清货款，取回汇票。

⑦ 代收银行通知托收银行，告之货款已收妥。

⑧ 托收银行将货款交付出口人。

银行付清货款取回全套单据。如进口人打算在未付清货款前取得全套单据，则须向代收
银行提供相应担保或抵押，由银行酌情处理。一旦银行允许进口人在未付清货款前取走
单据，银行便承担按时支付货款责任。该种方式的业务程序如图 9-4 所示。

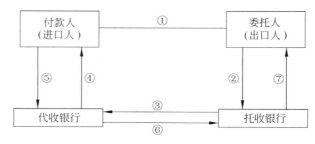

图 9-4　承诺付款示意图

说明：

① 合同规定采用远期承诺付款方式。

② 出口人按合同规定发货后，填写托收申请书，连同全套货运单据，送交托收银行代收
货款。

③ 托收银行根据托收内容，填写托收委托书，连同单据一并寄交代收银行代收货款。

④ 代收银行收到托收委托书及全套单据后，向进口人作出承诺提示。

⑤ 进口人承诺付款（书面承诺甚至口头承诺）后，银行保留全套单据，到期日付款人到
代收银行付清全部货款，取回全套单据。

⑥ 代收银行通知托收银行，告之货款已收妥。

⑦ 托收银行地将货款交付出口人。

《托收统一规则》(URC522)简介

国际商会于 1967 年拟订《商业单据托收统一规则》,并建议各国银行采用;1978 年制定了《托收统一规则》(*Uniform Rules for Collection*),1993 年着手对原《托收统一规则》进行修订。最终于 1995 年 5 月由国际商会银行委员会一致通过,定名为国际商会第 522 号出版物(ICC Publication No.522),简称"URC522",并决定于 1996 年 1 月 1 日起实施。

它全文分为:总则及定义,托收的方式及结构,提示方式,义务与责任,付款,利息手续费及其他规定等七大部分,共计 26 条。以下是该规则所涉及的部分内容。

1. 在托收业务中银行除了检查所收到的单据是否与委托书所列一致外,对单据并无审核的责任。但银行必须按照委托书的指示行事,若无法照办,应立即通知发出委托书的一方。

2. 未经代收银行事先同意,货物不能直接发给代收银行。如未经同意就将货物发给银行或以银行为收货人,该行无义务提取货物,仍由发货人承担货物的风险和责任。

3. 远期付款交单下的委托书,必须指明单据是凭承兑还是凭付款交单。如未指明,银行只能凭付款交单。

4. 银行对任何传递中发生的遗失或差错概不负责。

5. 提示行对任何签字的真实性或签字人的权限不负责任。

6. 托收费用应由付款人或委托人负担。

7. 委托人应受国外法律和惯例规定的义务和责任的约束,并对银行承担该项义务和责任负赔偿责任。

8. 汇票如被拒付,托收行应在合理时间内作出进一步处理单据的指示。如提示行发出拒绝通知书后 60 天内未接到指示,可将单据退回托收行,而提示行不再承担进一步的责任。

需要说明的是,由于《托收统一规则》是一项国际惯例,没有强制性,因而只有在当事人事先在托收指示书中约定以该规则为准时,才受其约束。倘若指示书的内容与该规则不一致,就应按托收指示书的规定办理。我国银行在进出口业务中,使用托收方式时,也参照这个规则的解释办理。

四、托收方式在国际贸易中的应用

(一)光票托收的应用

光票托收大多数用于费用的托收。对于货款的收取,多采用跟单托收,但也有采用光票托收的。如欧洲一些国家之间的贸易,货物到达目的地的时间,往往早于单据到达的时间,这样就给进口人及时报关(有的国家不用报关)、提货等方面带来不便,甚至造成不必要的经济支出。为了免除这些麻烦,这些国家之间的贸易很多使用的不是代表货物所有权的货运单据,如空运运单、铁路运单、汽车运单和邮包收据等。这些货运单据不能通过背书转让,提货时也不以单据为条件,这就导致一些国家间的贸易大量采用光票托收的方式。当出口人发货后,即签发汇票,连同发票和其他必要的单证如装箱单、重量单及检验证书等委托银行向进口人收取货款(也有出口人在发货后,即将汇票和其他必要的单据直接寄给进口人)。由进口人通过银行以汇付方式将货款汇给出口人)。光票托收对出口人风险很大,只有出口人确信进口人能遵守买卖合同和及时付款的条件下,才能采用这种办法收取货款,如果不具备这个条件,还是以跟单托收为好。我国采用光票托收方式时,通常只用于收取货款的尾数、索赔款、样品费、佣金、代垫费用及贸易从属费用等。

（二）跟单托收的应用

这种方式对于增加进口商品的竞争能力,促进成交和扩大出口,具有一定作用,对出口企业有较大风险。所以,必须在加大调查研究的基础上,根据不同商品、不同交易对象和不同国家(地区)的具体情况,适当和慎重地使用。应当注意的是,在出口交易中尽量不要采用承兑交单付款方式。因为这种支付方式下,只要进口人承兑了远期汇票,银行便留下汇票并将全套单据交与进口人。待远期汇票到期时,进口人付清货款,将汇票取回。如果进口人到期不付货款,银行不承担责任。因此,这种支付方式对出口人有一定风险,如果不得已采用这种方式时,宜考虑加上一些安全措施为好。具体措施有:承兑交单加上备用信用证;承兑交单加上保付代理;承兑交单加上出口信用保险。如果单独使用承兑交单方式时,货款不宜过大,以免进口人一旦将单据取走后到期不付货款而给出口人造成损失。

（三）托收方式中贸易风险的防范

按惯例,托收方式收取货款的出口业务要尽力争取采用 CIF(或 CIP)贸易术语。因为如果不是这样而是用 CFR(或 CPT)、FOB(或 FCA)贸易术语,当出口方装船或交货后,必须用最快方式(一般使用电信方式)通知进口方办理投保手续。如果市场上该种货物价格下跌,售价低于成交价,这时,进口人必然对已装出的货物不感兴趣,完全可能不去投保。一旦货物在运输途中发生货损,由于没有投保而得不到赔偿。再加上进口人由于价格下跌而不去银行付款赎单,出口人最后可能什么也拿不回来。所以,应尽量采用由出口人保险的贸易术语,如 CIF(或 CIP)。但有的国家规定,当本国进口货物时,保险由本国办理,即不允许采用 CIF(或 CIP)贸易术语时,我国出口人可以投保"卖方利益险"(Seller's Interest Risk),以便一旦货物遭受损失而进口人又漏保时,则出口人可以投保人的身份向保险公司索赔,经保险公司审核无误后,出口人可以获得赔偿。如进口方已投保,则进口方可直接向保险公司提出赔偿要求。有的单位担心投保"卖方利益险"保险费率过高,其实不然,这个险别的费率比一般基本险的费率要低不少。

链　接

托收方式下,海运提单、陆运、空运和邮包运输
货运单据上收货人应该如何填写

在托收方式下,海运提单上的收货人宜写为"凭指定"(Order)或"凭发货人指定"(Order of Shipper)为好。这两种收货人写法,须经过发货人背书后才能生效提货。如果进口人拒绝支付货款接受全套单据,发货人可以自行或委托"需要时代理"将运到目的地的货物提出另外销售或运回。这样出口人相对灵活一些。如果写上收货人名,一旦进口人拒付货款,而出口人打算提出供货,还需收货人背书,非常被动,甚至还会造成经济损失。

采用陆运、空运或邮包运输时,由于货运单据不是提货依据,运输单位凭货运单上的收货人通知提货或直接将货送到收货人处,因此,进口人收货后,很有可能不理会银行的付款提示而拒绝付款。所以,填写何方是收货人是个关键。建议收货人填写:

1."需要时代理",即由代理人收货,待进口人付款后才将货物交出。

2.出口人在发货前通过托收银行与代收银行联系,征求代收银行意见,是否可将代收银行作收货人(出口人可能要付点费用),由银行收下货物,待进口人付清货款后,银行才将货物交出。

3.托收与其他方式结合运用时,如托收与备用信用证结合(即出口人用托收,进口人开来备用信用证)、托收与出口信用证保险结合、托收与保付代理结合等,出口人最好提前就单据上收货人的填写征求相应机构如出口信用保险公司、保理公司等单位的意见,避免因意见相左而影响收回货款。

五、托收方式下的贸易融资

我们讲过在信用证支付方式下,进出口人有可能利用信用证获得贸易融资,如打包贷款等。而在托收方式下,如果付款期限较长,出口商就会面临资金占压的问题。那么,有什么方法能够解决托收方式下的融资问题吗? 实践中确实有融资途径,那就是押汇。

链　接

何　谓　押　汇

押汇是指银行对进出口商提供的一种贸易融资方式。在跟单托收业务中有托收出口押汇和托收进口押汇两种业务。

(一)托收方式下的出口押汇

这是指托收银行采用买入出口商向进口商开出的跟单汇票的办法,向出口商融资的一种银行业务。具体做法是:出口商按照合同规定发运货物并开具以进口商为付款人的汇票，然后将汇票及全套货运单据交托收银行，这时可以由托收银行买入跟单汇票，按照汇票金额扣除从付款日（买入汇票日）到预计收到票款日的利息及手续费，将余款先行付给出口商。

这种先付的款项，实际上是托收银行对出口商的一种垫款，也是以汇票和单据作为抵押的一种放款。此时，托收银行即作为汇票的善意持票人，将汇票和单据寄至代收银行，向进口商提示，票款收到后，即归还托收银行的垫款。

托收出口押汇有利于出口商加速资金周转和扩大业务量。当然，做出口押汇的托收银行就要承担风险了，银行一般对进口国的外汇情况较好、进口商资信状况和所销商品在国际市场上销售状况较好的业务，才同意押汇。此外，出口押汇时一般只发放汇票金额的部分货款，很少发放全额货款。

（二）托收方式下的进口押汇

另一种常用的方法是进口押汇，是指代收银行凭进口商"信托收据"（Trust Receipt，T/R）给予进口商提货便利，从而向进口商融通资金的银行业务。具体做法是：由进口商出具"信托收据"向代收银行借取货运单据，先行提货。"信托收据"是进口方借单时提供的一种书面担保文件，用以表示出据人愿意以代收银行的受托人身份代为提货、报关、存仓、保险、出售；同时承认货物所有权仍属于银行，货物售出后所得货款在汇票到期日偿还代收银行。托收进口押汇实际上是代收银行自己向进口商提供的信用便利，与出口人和托收银行无关，所以对代收银行来说有一定风险，一旦进口商提货后到期不付款，托收行就要承担后果。

在贸易中，还有一种称为"付款交单凭信托收据借单"（D/P·T/R）的做法，这种做法是出口人在办理托收申请时，指示银行允许进口商承兑汇票后可以凭信托收据借单提货，即凭信托收据向进口商借单是由出口商授权的；日后进口商到期拒付时，则与银行无关，一切风险由出口人自己承担。

六、合同中的托收条款

在业务中采用托收方式时，交易双方应就使用的汇票类型、交单条件、付款时间等问题加以约定。托收有多种方式，采用不同的托收方式，在合同条款的规定上有所不同。

☆ 即期付款交单：买方凭卖方开具的即期跟单汇票，于第一次见票时立即付款，付款后交单。（Upon first presentation the buyers shall pay against documentary draft drawn by the sellers at sight. The shipping documents are to be delivered against payment only.）

☆ 远期付款交单：买方对卖方开具的见票后××天付款的跟单汇票，于第一次提示时即予承兑，并应于汇票到期日即予以付款，付款后交单。（The buyers shall duly accept the documentary draft drawn by the sellers at ××days sight upon first presentation and make payment on its maturity. The shipping documents are to be delivered against payment only.）

托收方式下产生的费用应由何方承担

在托收方式下,委托人方所产生的托收费用,应由委托人支付。至于付款人方所产生的费用,如属正常费用,应由付款人在应付款项之外另行支付。如遇付款人拒付款项而产生的费用,如退单费、通知托收银行的电信费用与"需要时代理"的联系费用等,一般应由出口人承担。为了明确责任,出口人最好在托收申请书内的备注栏注明"代收银行的正常费用,如提示费等,应由付款人承担"字样,避免付款人擅自让代收银行在应付款内扣除正常费用,使委托和付款产生争议。

第三节　银行保函和备用信用证

一、银行保函

(一)银行保函的含义和性质

保函(Letter of Guarantee),又称保证书,是指银行、保险公司、担保公司或担保人应申请人的请求,向受益人开立的一种书面信用担保凭证,保证在申请人未能按双方协议履行其责任或义务时,由担保人代其履行一定金额、一定时限范围内的某种支付或经济赔偿责任。

银行保函是由银行开立的承担付款责任的一种担保凭证,银行根据保函的规定承担绝对付款责任。银行保函大多属于"见索即付"(无条件保函),是不可撤销的文件。

(二)银行保函的主要当事人

银行保函的当事人主要有委托人、受益人和担保人。

1. 申请人又称委托人(Principal),是向银行提出申请,要求银行开立保函的一方。其主要责任是履行合同的有关义务,并在担保人履行担保责任后向担保人补偿其所作的任何支付。申请人在不同的业务中,分别为:在投标保函中,为投标人;在履约保函项下,如为出口保函,是货物或劳务的提供者;如为进口保函,是价款的付款人;在还款保函项下,一般为预付款或借款的受款人。

2. 受益人(Beneficiary),即受到保函并有权按保函规定的条款凭以向银行提出索赔的一方。受益人的责任是履行有关合同的义务。在投标保函项下,受益人通常为招标人;在承包工程的履约保函和预付款保函项下,通常为工程的业主。

3. 担保人(Guarantor)又称保证人,即开立保函的银行。担保人的责任是在收到索赔书和保函中规定的其他文件后,如果认为这些文件表面上与保函条件一致,即支付保函中规定数额的经济赔偿。

(三)银行保函的主要内容

根据《见索即付保函统一规则》(UGD458)的规定,保函主要内容如下。

1. 有关当事人的名称与地址。

2. 开立保函的依据。保函开立的依据是基础合同,应列明合同或标书等协议的号码和日期。

3. 担保金额和金额递减条款。担保金额保函的核心内容,是保函中必须明确规定确定的金额,担保人即依据保函规定的金额向受益人负责。

4. 要求付款的条件。担保人在收到索赔书或保函中规定的其他文件后,如果认为这些文件表面上与保函条件一致,即支付保函中规定的款项。反之,则拒绝付款。保函项下的任何付款要求都要以书面方式作出,保函规定的其他文件也应是书面文件。

(四) 银行保函的种类

银行保函的种类按用途可分为以下三种。

1. 投标保证书。指银行、保险公司或其他保证人向招标人承诺:当申请人(投标人)不履行其投标所产生的义务时,保证人应在规定的金额限度内向受益人付款。

2. 履约保证书。保证人承诺:如果担保申请人(承包人)不履行他与受益人(业主)之间订立的合同时,应由保证人在约定的金额限度内向受益人付款。此保证书除应用于国际工程承包业务外,同样适用于货物的进出口交易。

3. 还款保证书。指银行、保险公司或其他保证人承诺:如申请人不履行他与受益人订立的合同的义务,不将受益人预付、支付的款项退还或还款给受益人,银行则向受益人退还或支付款项。还款保证书除在工程承包项目中使用外,也适用于货物进出口、劳务合作和技术贸易等业务。

二、备用信用证的含义及应用

(一) 备用信用证的含义和性质

备用信用证(Standby Letter of Credit)又称担保信用证与保证信用证(Guarantee Letter of Credit)。它是一种特殊形式的光票信用证。备用信用证起源于美国。由于美国法律曾经禁止商业银行为客户办理担保业务,作为应对之举,一些商业银行即以商业信用证的派生形式——备用信用证,变相提供担保服务。其后,备用信用证的适用范围逐步扩大,迅速演化为一种国际性的金融工具。

1977 年,美国联邦储备银行管理委员会首次对其作出了界定:不论其名称描述如何,备用信用证是一种信用证或类似安排,构成开证人对受益人的下列担保:

(1) 偿还债务人的借款或预支给债务人款项;

(2) 支付由债务人所承担的负债;

(3) 对债务人不履行契约而付款。

由于备用信用证中的付款银行处于第一性的地位,当开证申请人未能履约(如交货,付款等)时,受益人只要凭备用信用证的规定向开证行开具汇票,并随附开证申请人未履行义务的声明或证明文件即可得到开证行偿付。受益人提供的说明或证明,就成为获得款项的重要依据和凭证。因此,受益人要对来证的有关付款规定特别注意,确定当开证人一旦未能履约时,是否能提供该种说明或证明取得款项。

（二）备用信用证有关付款的规定

备用信用证关于付款的规定,通常有以下三种形式。

第一种：只要受益人提出的声明中指出申请人没有履约,就可以得到款项。如来证规定："… available by your（指受益人）draft(s) at sight on opening bank accompanied by your sighed statement that ××（申请人） has failed to complete with the terms of the contract No. ×× between ××（受益人）and ××（开证人）。"来证这种规定办法,对受益人最为有利。

第二种：受益人提供的声明,必须由议付银行（或出口地的银行）加以证实。如来证规定："… available by sight draft(s) accompanied by beneficiary's claim in writing that hey（指受益人）have effected shipment(s) of …（商品品名）to Buyers on a D/A … days basis and the amount claimed has become due and remain unpaid, the statement certified by negotiating bank(or remitting bank)。"来证的这种规定,对受益人来说,一般是可以接受的。因为受益人的单据,要通过银行对外寄出。单据经银行寄出后未收到款项,银行同样也知悉。所以银行一般是可以证明的。

第三种：受益人提供的声明,必须由申请人和受益人共同签署。如来证规定："This credit is available by your draft(s) at sight drawn on us（开证银行）accompanied a mutually agreeable statement of default of the contract No. … signed by both parties。"来证这种规定,对受益人来说,执行起来是困难或较困难的。因为开证人既已违约,现在还要让其表态并签署承认违约声明,可能性不会大。因此,受益人应该要求开证人修改信用证,取消上述规定后才能接受来证。

（三）备用信用证的特点

备用信用证和商业信用证两者之间有相同之处,但又有各自的特点。

1. 备用信用证和商业信用证的相同点表现为：(1)都是银行信用；(2)付款银行都处于第一性付款人地位；(3)都受国际商会制定的《跟单信用证统一惯例（1993 年修订本）》第 500 号出版物约束。

2. 备用信用证和商业信用证的不同点主要有：(1)适用的贸易方式不同。商业信用证用于货物的买卖,备用信用证用于货物的买卖、招标投标、信贷还款、技术贸易和劳务合作等。(2)开立方式不同。商业信用证必然是买方开给卖方。而备用信用证用于货物的买卖时,可能由买方开给卖方（如托收方式）,也可能由卖方开给买方（如买方预付货款）。(3)从是否需要随附单据看,商业信用证要求受益人提供货运单据,而备用信用证无此要求。(4)费用有差异。开立商业信用证手续较麻烦,一般要交付开证押金。开立备用信用证手续较简便,即使交付开证押金也较少,费用也较商业信用证低。

（四）备用信用证的国际惯例

有关备用信用证的国际性法律法规出现在 20 世纪 90 年代末期。尽管国际商会分别将备用信用证纳入了《跟单信用证统一惯例》1983 年修订本（《UCP400》）和 1993 年修订本（《UCP500》），但其只是将备用信用证作为"信用证"的类别之一，且"只在适应范围内"予以适用。随着备用信用证的推而广之，其与商业信用证在功能上的差异日趋凸显，误解及纠纷日渐增多，迫切需要对其进行专门规范。1995 年 12 月，联合国大会通过了由联合国国际贸易法委员会起草的《独立担保和备用信用证公约》。1999 年 1 月 1 日，国际商会的第 590 号出版物《国际备用信用证惯例》（简称《ISP98》）作为专门适用于备用信用证的权威国际惯例，正式生效实施。

根据《ISP98》所界定的"备用信用证在开立后即是一项不可撤销的、独立的、要求单据的、具有约束力的承诺"，备用信用证具有与普通信用证相似的特点。

（1）不可撤销性（Irrevocable）。备用信用证一经开立，除非有关当事人同意或备用信用证内另有规定，开证人不得撤销或修改其在该备用信用证项下的义务。

（2）独立性（Independent）。备用信用证一经开立，即作为一种自足文件而独立存在。其既独立于赖以开立的申请人与受益人之间的基础交易合约，又独立于申请人和开证人之间的开证契约关系；基础交易合约对备用信用证无任何法律约束力，开证人完全不介入基础交易的履约状况，其义务完全取决于备用信用证条款和受益人提交的单据是否表面上符合这些条款的规定。

（3）单据性（Documentary）。备用信用证亦有单据要求，并且开证人付款义务的履行与否取决于受益人提交的单据是否符合备用信用证的要求。备用信用证的跟单性质和商业信用证并无二致，但后者主要用于国际贸易货款结算，其项下的单据以汇票和货运单据为主；而备用信用证则更普遍地用于国际商务担保，通常只要求受益人提交汇票以及声明申请人违约的通常只要求受益人提交汇票以及声明申请人违约的证明文件等非货运单据。

（4）强制性（Enforceable）。不论备用信用证的开立是否由申请人授权，开证人是否收取了费用，受益人是否收到、相信该备用信用证，只要其一经开立，即对开证人具有强制性的约束力。

备用信用证的四个法律性质相辅相成，共同造就了这一金融产品的优异特质："不可撤销性"锁定了开证人的责任义务，进而更有效地保障受益人的权益；"独立性"传承了信用证和独立性担保的"独立"品格，赋予其既定的法律属性；"单据性"则将开证人的义务限定于"凭单"原则的基准之上，有益于"独立性"的实施；"强制性"则是对开证人义务履行的严格规范，它与"不可撤销性"的融合充分体现了开证人责任义务的约束性和严肃性，有助于杜绝非正常因素的干扰。基于这些关键的法律性质，备用信用证融合了商业信用证和独立性担保之特长，在实践中体现出独特的功能优势。

 知识卡

出口信用保险与商业性保险的区别

1. 经营目的不同。出口信用保险不以保险单位本身盈利为目的，而以实现国家经济、外交和外贸的发展目标为目的。而后者是追求本企业的利润为目的。

2. 风险的承担者不同。出口信用保险的保险基金来源于财政,以国家财政为后盾。而后者以经营机构自身资金力量来承担风险。

3. 管理政策不同。国家对出口信用保险制定有专门管理办法,如国别限额、风险的审批制度及保险费用等,往往还有减免税措施支持。国家对后者只进行政策引导和法律监督,后者的经营举措,受市场规律的影响和制约。

4. 标的不同。出口信用保险的标的是债权。商业性保险承保的标的是物,对物资的损坏和灭失承担保险责任。

5. 保障的风险不同。出口信用保险除承保商业风险外,还承保国家政治风险。商业性保险只是承保自然灾害和意外事故。

6. 业务依据及当事人不同。出口信用保险根据保险机构自己对出口合同风险的判断进行承保,当事人有两方,即出口企业和出口信用保险机构。商业性保险承保其保险范围内的投保业务,当事人一般有保险机构、出口商和进口商三方。如 CIF 贸易术语,出口商投保后将保险单背书转让,当事人为三方。如 FOB、CFR 贸易术语,买方自行投保,当事人为进口商和保险机构两方,如卖方代为投保,则当事人有三方。

第四节　多种结算方式的选择应用

为保证安全,迅速收取外汇,加速资金周转,扩大市场份额,进出口双方进行贸易结算时,可以使用一种支付方式,也可以根据需要,将不同的支付方式结合起来使用。如将信用证与恢复、托收以及备用信用证、银行保函等结合使用。对成交额大、交货时间长的成套设备、飞机、船舶等大型交易中,还可以结合使用分期付款、延期付款的支付方法。

一、影响支付方式选择的因素

选择支付方式时,应考虑以下因素。

1. 客户信用。一笔交易是否能顺利完成,很大程度上取决于客户信用。因此,在交易洽商之前,必须对客户资信进行调查研究。对资信好或较好的客户,可考虑在支付方式上放松一些,如出口采用即期付款交单(D/P at Sight)甚至远期付款交单(D/P after Sight),但不要轻易使用承兑交单(D/A)或赊销(O/A)方式。对于资信一般的客户,通常还应强调采用信用证方式为好。

2. 贸易术语。采用不同的贸易术语,应配合使用相应的支付方式。如果用 CFR、CIF、CPT、CIP 等象征性贸易术语时,转移货物所有权以单据为依据,因而可采用跟单信用证,关系好的客户和金额不大的交易,也可考虑采用跟单托收方式。如使用实际交货的贸易术语,如 EXW、DDU、DDP 等,由于卖方或通过承运人向买方直接交货,卖方一般控制不了货物,所以,不能采用托收方式。

3. 出口商的经营意图。出口商为了推销积压货物,盘活资金,可采用托收甚至赊销方式。对紧俏、热销货物,应采用信用证甚至要求对方预付货款。

4. 运输单证。对于出口人能控制货物所有权的运输单据,如海上运输的海运提单(Ocean B/L)、陆运输港的承运货物收据(Cargo Receipt)等,可考虑采用信用证或跟单托收。对运输单据不能控制货物所有权的运输方式,如邮寄方式的邮包收据(Parcel Post Receipt),航空运输的航空运单(Air Waybill)等,一般应以采用汇付预付方式为宜。

5. 成交数量及金额。如成交数量大、金额大,宜采用信用证或预付货款为宜。如成交数量少、金额小,可采用托收甚至小额赊销。

以上几个因素,应综合分析,考虑各方面情况,不要单独考虑某一个因素。

二、多种支付方式的结合方法和注意问题

(一) 汇付与信用证相结合

这是指一笔交易的货款,部分用信用证方式支付,余额用汇付方式结算。这种结算方式的结合形式常用于允许其交货数量有一定机动幅度的某些初级产品的交易。对此,经双方同意,信用证规定凭装运单据先付发票金额或在货物发运前预付金额若干成,余额待货到目的地(港)后或经再检验的实际数量用汇付方式支付。

采用部分汇付和部分信用证结合的支付方式时,在买卖合同中要明确规定,绝大部分货款,如 90% 或 90% 以上用信用证方式付款,其余 10% 或不到 10% 的货款,待货物运抵目的地,经过核实货物数量没有短缺亏损或检验货物质量符合合同规定后,由进口方将余额以汇付方式支付给出口商。

(二) 托收与信用证相结合

这是指一笔交易的货款部分用信用证方式支付,余额用托收方式结算。这种结合形式的具体做法通常是:信用证规定受益人(出口人)开立两张汇票,属于信用证项下的部分货款凭光票支付,而其余额则将货运单据附在托收的汇票项下,按即期或远期付款交单方式托收。这种做法,对出口人收汇较为安全,对进口人可减少垫金,易为双方接受。

采用部分托收部分信用证相结合的支付方式时,注意在信用证中将托收内容结合在一起。即信用证内规定:受益人只需开具光票,即可从议付银行/付款银行获得信用证内的货款(通常是整个货款的 50%)。而信用证内规定的全套单据,和托收的单据放在一起办理托收事宜。当托收业务的付款人付清托收的款项后,代收银行则将信用证项下及托收项下的两套单据,全部交给付款人(进口人)。付款人未付清托收的款项前,代收银行保留信用证及托收的两套单据。

(三) 托收与备用信用证相结合

有人说,在进出口货物的业务中,选用托收和备用信用证相结合的方式,要比托收和商业信用证相结合的方式简便、容易达成交易。这种说法有一定道理。在进出口货物业务中,如单独使用托收,对出口人会有一定风险。如能加上信用证结合使用,则会将风险降低到最低程度。当托收与备用信用证结合使用时,对进口人来说手续较简单,即使交付

开证押金,也是很低的。而当托收与商业信用证结合使用时,虽然两者各占成交金额一定比重,例如50％,但进口人开证手续较麻烦,手续费一般较高,并且还要交付需开证货款的押金。即使如此,该押金也比开立备用信用证的押金高。所以,如能将托收和备用信用证结合使用,要比托收和商业信用证结合使用容易达成交易。

在合同中,对于信用证与托收结合方式的条款通常可作如下规定:"买方通过卖方可接受的银行于装运月份前××天开立并送达卖方不可撤销的即期信用证,规定发票金额的××％凭即期光票支付,下余××％用托收方式即期付款交单。发票金额100％的全套货运单据随附托收项下,于买方付清发票全部金额后支出。如买方未付清全部发票金额,则货运单据须由开证行掌握凭卖方指示处理。"(The Buyers shall open through a bank acceptable to the Sellers an Irrevocable sight Letter of Credit to reach the Sellers ×× days before the month of shipment, stipulating that ××％ of invoice value available against clean draft at sight, while the remaining ××％ on documents against payment at sight on collection basis. The full set of the shipping documents of 100％ invoice value shall accompany the collection draft and shall only be released after full payment of the invoice value. If the Buyers fail to pay the full invoice value, the shipping documents shall be held by issuing bank at the seller's disposal.)

(四) 汇付与银行保函或信用证结合

汇付与银行保函或信用证结合使用的形式常用于成套设备、大型机械和大型交通运输工具(飞机、船舶等)等货款的结算。这类产品,交易金额大,生产周期大,往往要求买方以汇付方式预付部分货款或定金,其余大部分货款则由买方按信用证规定或开加保函分期付款或迟期付款。

1. 分期付款(Payment by Installments, Progressive Payment)是指在产品投产前、卖方提供出口许可证影印本和银行保函的情况下,买方用汇付方式先向卖方交付部分货款或定金;其余货款可按生产(或工程)进度和交货进度分期偿付,买方开立不可撤销信用证,即期付款。在分期付款条件下,最后一笔货款,一般在卖方完成全部交货责任或承担质量保证期满,经检验合格后再予以付清。

2. 迟期付款(Deferred Payment)是指买方先用汇付方式支付一定比例的货款或订金,其余货款可迟期偿付;有的还可规定,按生产(或工程)进度和交货进度分期支付部分货款,其余大部分货款在交货(或完工)后若干年内分期付清。分期付款和迟期付款虽然在做法上颇为相似,但却有很大区别:第一,分期付款是在交货时付清或基本付清货款,是一种即期付现,因此买方不存在利息负担问题;而迟期付款中的大部分货款是在交货后的一个较长时期内分期付清,是一种赊销,等于卖方提供一笔商业信贷,因此,买方要向卖方支付利息。第二,采用分期付款,货物所有权是在付清最后一笔货款时随即转移;而迟期付款的货物所有权一般是在货物交付时转移,但这对卖方有一定风险。此外,还有汇付与托收结合、托收与备用信用证或银行保函结合等形式。我们在开展对外经济贸易业务时,究竟选择哪一种结合形式,可酌情而定。

案例回放与分析

我们学习过有关托收和其他支付方式的知识后重新看引导案例，就会发现 DT 进出口公司在这笔业务中存在下列不足，值得其他从事对外贸易经营的公司引以为戒。

1. 采取托收支付方式时，卖方首先要做好对国外买方的资信情况调查工作。因为托收方式的性质是商业信用，卖方是否能够及时收回货款，全凭买方的信誉，而与银行无关。银行在托收中只是接受客户委托代为收款，至于能否按时收到货款，能否收到全额货款，银行一概不负责。

2. 以托收支付方式结算货款还要了解进口国的商业惯例和银行的通常做法。例如，有些国家，如中南美洲的厄瓜多尔、圭亚那，欧洲的芬兰和希腊等国，通常将付款交单按承兑交单处理。还有的国家按本国的习惯将远期付款交单视同承兑交单处理，本案就是这种情况。DT 进出口公司对这方面的情况缺乏了解，并因而招致货款损失。

3. 采取托收支付方式要建立管理和定期检查制度。本案例中，出口方于 5 月 14 日向托收行办理托收，因条件为见票 30 天付款，假设邮寄时间需要一星期，则 6 月 20 日汇票就应到期。这时公司的财务部门就应及时查询是否收到货款。而从本例看，直到 7 月 3 日代收行来电通知付款人拒付时，该公司财务部门才有所警觉，而此时已超过汇票到期日近半个月。因此，每笔托收都应由专职人员负责管理、监督并催收清理。

篇末点述

本章我们讲了除信用证之外的多种国际贸易支付方式。其中汇付和托收是以商业信用为基础的结算方式，出口方是否能够安全收汇，与银行无关。因而，贸易实践中应根据情况慎重选择使用，并事先采取措施防范支付的风险。而银行保函、备用信用证以及国际保付代理业务，常用在大宗商品和成套设备的交易中，在支付条件和方式上与一般贸易有所区别。这些交易方式通常能提供融资、信用保障等服务。随着我国贸易的发展，这些方式会日益变得重要，所以我们也许认真掌握。在国际贸易结算中，我们不仅可以选择一种支付方式，也可以将两种或两种以上的支付方式结合起来使用。总之，在坚持国际贸易惯例、保证我国贸易利益的原则的前提下，科学而灵活地应用支付方式，是我们主要的学习目的。

专业词汇

Remittance 汇付

Telegraphic Transfer T/T 电汇

Collection 托收

Principal 委托人

Collecting Bank 代收银行

Mail Transfer，M/T 信汇

Payment in Advance 预付货款

Payment after Arrival of Goods 货到付款

Remitting Bank 托收银行

Presenting Bank 提示行

Standby Letter of Credit 备用信用证   Letter of Guarantee 银行保函

Performance Guarantee 履约保函   Advanced Payment Guarantee 预付款保函

Installment 分期付款   Deferred Payment 延期付款

Trust Receipt T/R 信托收据

Documents Again Payment,D/P 付款交单

Documents Again Acceptance,D/A 承兑交单

本章习题

一、名词解释题(如系英文,先译成中文,然后就其含义作解释)

1. 托收

2. D/P·T/R

即练即测

二、案例分析题

我某贸易有限公司向国外某客商出口一批,合同规定的装运期为 2018 年 6 月,D/P 支付方式付款。合同订立后,我方及时装运出口,并收集好一整套结汇单据及开出以买方为付款人的 60 天远期汇票委托银行托收货款。单证寄抵代收行后、付款人办理承兑手续时,货物已到达目的港,且行情看好,但付款期限未到。为及时提货销售取得资金周转,买方经代收行同意,向代收银行出具信托收据借取货运单据提前提货。不巧,在销售的过程中,因保管不善导致货物被火焚毁,付款人又因其他债务关系倒闭,无力付款。

问:在这种情况下,责任应由谁承担?为什么?

第十章

进出口商品的价格与核算

开篇导读

国际贸易术语是我们在国际贸易中确定商品价格的条件,但是价格的确定还涉及商品作价的办法以及商品的成本、费用与利润的核算,还与佣金、折扣有关。本章重点讲授如何正确掌握进出口商品价格的核算方法,以及如何合理运用各种作价办法和怎样订好买卖合同中的价格条款。

在交易磋商中,价格自始至终是买卖双方最为关心的问题,价格条件当然是买卖合同中最主要的一项交易条件。价格不仅关系到贸易利益在买卖双方之间的分配,它还与其他交易条件有着密切的关系。在贸易实践中,合理运用价格制定方法,选用有利的计价货币,采用与价格有关的佣金和折扣,正确制定进出口商品价格和订立合同中的价格条款,对做好进出口贸易、提高经济效益,具有十分重要的意义。

引导案例

国内某公司向国外出口女式衬衫,单价为每件 2.10 美元,共 2 000 件。国外开来的信用证中规定的金额为"about USD 4 200, CIF London, less 5% commission and 5% discount"(约 4 200 美元,CIF 伦敦,减 5% 的佣金和 5% 的折扣)。该公司将衬衫装船发运后、向银行交单议付时,需要缮制出口商业发票。该公司的经办人员认为信用证规定了"减 5% 的佣金和 5% 的折扣",那么 CIF 净价就是在 4 200 美元的总价上直接减 10% 就可以了,于是将发票缮制如下。

Ladies Blouses 2 000 pieces Less 5% commission and 5% discount	Unit Price USD 2.10	Amount USD 4 200.00 USD 420.00
	CIF London net:	USD 3 780.00

该公司蒙受了损失,为什么?

第一节 商品价格制定的基本原则和方法

价格制定是指在国际贸易中经过核算后,向对方报价或接受对方的报价,确定商品的成交价格。价格制定是一个复杂的问题,必须遵循一定的原则,采用科学的方法。

合同中的价格条款,一般包括商品单价和总值两项基本内容,单价(Unit Price)是指单位商品的价格,总值(Total Value)是单价与成交商品数量的乘积,即成交总金额或合同总金额。我们在本章中所讲的进出口商品的价格,是指单价。在国际贸易中单价包括四项必不可少的内容,即计价货币名称、单价金额、计量单位、贸易术语。

例如：每公吨 100 美元 CIF 伦敦。

USD	100	Per Metric Ton	CIF London
计价货币	单价金额	计量单位	贸易术语

这四个项目中,关于计量单位和贸易术语在前面已经讲过了。如何确定单价金额呢? 100 美元是怎样计算出来的? 进出口商品价格的确定,有一些基本原则可以遵循。

一、价格制定的基本原则

我国进出口商品的作价原则是：在贯彻平等互利的原则下,根据国际市场价格水平,结合国别(地区)政策,并按照我们的购销意图确定适当的价格。

1. 参考国际市场价格水平作价。大宗商品或主要商品在国际贸易中主要的集散地或交易场所是我们通常说的国际市场,国际货物买卖应按照国际市场价格水平作价。国际市场价格是以国际价值为基础,反映国际市场供求关系,在市场竞争中形成并为交易双方所接受的价格。有些国际市场是无形的,只能通过一些机构或组织了解商品价格的水平和变化趋势。我们可以将商品交易所的价格、国际组织或国际公司在媒体上公布的价格、各国外贸部门和海关统计的价格作为参考依据。

2. 要结合国别、地区政策作价。在参照国际市场价格水平的同时,还应结合我国的外贸政策,恰当地运用国别、地区政策作价。

3. 要结合购销意图作价。进出口商品价格受供求关系影响。价格是一种营销的手段,因此可根据购销意图来确定成交价格的大致水平,如低价多销、高价少销以获利等。例如,独一无二的高科技产品、紧俏商品等可略高于市场价格水平,库存商品、专项商品或新商品等可低于市场价格出售。其次,在参照国际市场价格水平的基础上,适当考虑国别、地区政策,使外贸配合外交。要面对市场的竞争状况,灵活掌握价格。需要提醒大家的是,为了防止倾销,不要一味地压低出口或进口价格。

影响商品价格的主要因素

国际市场上的商品价格变化多端,影响价格变动的因素很多。

1. 产品因素。价格与商品的质量和档次有直接关系,质优价必优,此外包装装潢也是提高售价的重要因素;新产品按照市场的需求情况价格会不同。

2. 季节因素。有些商品因为生产、消费有季节性或受节日的影响,价格高低差别很大。适销旺季要适当卖高价,增加利润,过季商品只好低价甩卖。在贸易中一定要根据销售季节,合理安排装运。

3. 地区因素。由于货源、贸易习惯、运输距离、交货地点和其他因素的差异，由于不同国家或地区货物价格中所包含的相应的费用水平不同，所以价格也有一定的差别。

4. 成交数量因素。原则上订货数量大可适当给予减价优惠，以鼓励客商多订货。

5. 支付条件因素。好的结算条件如即期信用证付款，可以考虑价格的优惠，反之，远期付款或跟单托收方式，价格水平要相应调高。

6. 汇率变动因素。做贸易有"进软出硬"的说法，即出口应争取选用保持上浮趋势的硬币结算；进口则应当选择有下浮趋势的软币支付。如争取不到，则可以通过适当加价或要求降低的方式，或者采用订立"保值条款"的办法来避免汇率变动可能产生的风险或损失。

7. 客户关系因素。新客户、老客户的关系不同，也是制定价格要考虑的因素。

此外，交货期的远近、市场销售习惯和消费者爱好的不同、产品所处生命周期的不同阶段、国际市场经营策略的选择等，均对价格的确定有不同程度的影响。

二、价格制定的方法

如何规定进出口商品的价格，有多种作价方法可以选择。常用的方法是固定价格、非固定价格，此外还可以将这两种方法结合起来作价。

1. 固定价格作价。固定价格即固定作价法。通常是指货物的单价，也叫"死价""一口价"。买卖双方订立合同后，任何一方不得擅自改动。双方都要承担从订约到交货付款期间国际市场价格变动的风险。即使市场价格发生很大变化，该价格也不再变动，买卖双方必须按该价格进行货款结算。如果合同中没有其他特殊约定，一般应理解为固定价格。

固定作价法举例：

单价为每套 100 美元 CIF 伦敦。此价格不得调整。

Unit price USD 100 per set CIF London. No price adjustment shall be allowed.

固定价格的做法明确具体，便于核算，因此是一种常规做法。但由于国际市场行情多变，采用固定价格方式会使买卖双方承担从订约至交货乃至销售期间价格变动的风险。有时，在价格剧烈波动下，还会影响到合同的顺利执行。为了减少价格风险，在采用固定价格作价法时，应事先认真确定市场供求关系变化的趋势，并对价格前景作出判断，以此作为定价的依据。另外，还应对客户的资信情况进行了解和研究，慎重选择交易对象。

这种固定作价的办法比较适合交易量不大、市场价格变动不大、交货期较短的商品交易，在大宗商品交易时要慎重选用。

2. 非固定价格作价。非固定价格即一般业务上所说的"活价"，适用于行情频繁变动、价格涨落不定但交货期较长的合同，可以使买卖双方避免承担市价变动的风险。从我国进出口合同的实际做法看，主要有以下几种。

☆ 具体价格待定。它是指是价格条款中不规定出具体价格，而是规定定价时间和定价方法或只规定作价时间而不规定作价方法。例如：在合同中规定，以某月某日某地的有关商品交易所中该商品的收盘价为准或以此为基础再加或减若干美元。待定价格的使用,主要是由于某些货物的国际市场价格变动频繁,浮动幅度较大,或者交货期较远,买卖双方对市场趋势难以预测。

☆ 暂定价格。订立一个初步价格,作为开证和初步付款的依据,双方确定最后价格之后再进行清算,多退少补。在我国的出口业务中,有时在与信用可靠、业务关系密切的客户洽商大宗货物的远期交易时,偶尔也有采用这种暂定价格的做法。例如,在合同中规定如下:

每公吨 200 美元 CIF 纽约。备注:该价格以装船月的 3 个月期货平均价加 8 美元计算,并以此开立信用证。

☆ 部分固定价格,部分非固定价格。近期交货的商品采取固定价;远期交货的商品采取非固定价,可以在交货前一定时期内由双方另行商定。这种方法主要用于分期分批交货或者外商长期包销的商品。相对于固定价格来说,非固定价格是先订约后作价,双方均不承担市场变动的风险,这给合同的履行带来了较大的不稳定性。

非固定作价方式对于交货期长、市场行情上下波动的商品交易而言,有利于减少风险,促成交易。但是,由于这种方式是先订约后作价,带有较大的不确定性,如果事后双方在作价时不能取得一致意见,就有可能导致合同无法执行。因此,合理明确规定作价标准是一个关键问题。

☆ 价格调整条款。价格调整条款(Price Adjustment Clause)通常适合加工周期较长的机械设备合同,双方在订约时只规定初步价格(Initial Price),同时规定如原料价格、工资发生变化,卖方保留调价格的权利。例如,有的合同规定:

如交货前所使用的原料或零部件成本发生变化,卖方保留调整合同价格的权利。

The seller reserves the right to adjust the contract price if prior to delivery there is any substantial variation in the cost of raw materials or component parts used.

最后价格与初步价格之间的差额不超过约定的范围(如 5%),初步价格可不作调整。例如,如果卖方与其他客户的成交价高于或低于合同价格的 5%,对本合同未执行的数量,双方可协商调整价格。此种做法旨在把价格变动的风险固定在一定范围之内,联合国欧洲经济委员会已将此项条款订入一些标准合同,且应用范围已从加工周期较长的机械设备交易扩展到一些初级产品交易。

 **知识卡**　　　　**固定作价和非固定作价的优缺点**

固定作价:

优点:明确、具体,便于成本的控制和核算。

缺点:交易者需要承担从订约到交货付款以至转售时价格变动的风险,当行市发生剧烈变动时,信用不好的商人可能寻找借口撕毁合同,从而影响合同的履行。

非固定作价:

优点:可暂时解决交易双方在价格方面的分歧;可解除客户对价格不确定问题的顾虑;可使交易双方排除价格风险。

缺点:先订约后定价的做法,给成本的控制和核算带来一定的难度,并使合同的履行带有一定的不稳定性和不确定性,万一双方在作价时无法达成一致意见,合同就会面临无法履行的风险。

链 接   **采用固定价格与非固定价格的注意事项**

在实际业务中,针对固定价格的不足,应注意以下两点。

1. 必须对影响商品供求的各种因素进行细致的研究,并在此基础上,对价格的走势作出判断,以此作为决定合同价格的依据。

2. 要通过各种途径了解客户的资信情况,慎重选择订约对象。

为防止非固定价格对合同带来的不稳定因素出现,在采用非固定价格时应注意:

1. 明确规定作价标准。合同中明确订立了作价标准,有利于在将来双方协商价格时取得一致意见,从而保证合同的执行。

2. 谨慎选择作价时间。为了使出口方安全收汇,保证合同顺利履行,应谨慎选择作价时间,尽量在装船前或装船时作价。

3. 充分考虑采用非固定价格时,合同有效成立的条件是要规定作价办法或原则,因此,在采用非固定价格时,应尽可能将作价方法订得明确具体。

第二节   计价货币的选择及风险防范

国际货物买卖的交货期通常都比较长,从订约到履行合同,往往需要有一个过程。在此期间,计价货币的市值是要发生变化的,甚至会出现大幅度的起伏,其结果必然直接影响进出口双方的经济利益。因此,如何选择合同的计价货币就具有重大的经济意义,是买卖双方在确定价格时必须注意的问题。

一、计价货币

计价货币(Money of Account)是指合同中规定用来计算价格的货币。这些货币可以是出口国或进口国的货币,也可以是第三国的货币,但必须是自由兑换币(见表8-1)。具体采用哪种货币,由双方协商确定。对那些与我国签订支付协定并限定使用某种货币的国家,可使用规定的货币。

表   8-1

货币名称	货币符号	简写
英镑	£	GBP
美元	US $	USD
港元	HK $	HKD
瑞士法郎	SF	CHF
日元	J¥	JPY

在国际上普遍实行浮动汇率的情况下，买卖双方都要承担一定风险。在选择计价货币时，对所要选用的硬币和软币分别进行比较、确定使用哪一种货币更合算，达到对方可以接受，我方又能减少风险的目的。同时还要注意订立外汇保值条款，以减少汇兑损失。一般情况下，在出口贸易中，计价和结汇争取使用硬币（Hard Currency）（即币值稳定或具有一定上浮趋势的货币）；在进口贸易中，计价和付汇力争使用软币（Soft Currency）（即币值不够稳定且具有下浮趋势的货币）。

拓展阅读

二、计价货币的选择

计价货币的选择，一般来说有三种情况：使用卖方国家货币；使用买方国家货币；使用第三国货币。对任何一方来说，使用本国货币，承担的风险较小，但如果使用外币则可能要承担外汇汇率变动所带来的风险，因为当今国际金融市场普遍实行浮动汇率制，汇率上下浮动是必然的，任何一方都有可能因汇率浮动造成损失。

如果我国与对方国家之间有贸易支付协定，则应使用协定中的货币。如我国与一些发展中国家订有贸易支付协定，协定货币为瑞士法郎。如果我国与对方国家无支付协定，一般应选用"可兑换性货币"，即可以在国际外汇市场上自由买卖的货币，也称自由外汇。可兑换性货币根据币值是否稳定，也有软、硬之分。所谓硬货币，是指币值比较稳定且呈上浮趋势；软货币是指币值比较疲软且呈下浮趋势。我国出口商品原则上应选用硬货币，而进口商品原则上应争取用软货币支付。当然在选用货币问题上，我国还是应遵循平等互利的原则，双方协商，按照促进出口或进口交易的实际情况，全盘考虑，灵活机动。在选择计价货币时要注意以下几个问题。

（一）使用可自由兑换的货币

除双方国家订有贸易协定和支付协定，而交易本身又属于上述协定的交易，必须按规定的货币进行清算外，一般进出口合同都是采用可兑换的、国际上通用的或双方同意的货币进行计价和支付。

（二）把握"进软出硬"的原则

在合同规定用一种货币计价，而用另一种货币支付的情况下，因两种货币在市场上的地位不同，其中有的坚挺（称硬币），有的疲软（称软币），这两种货币按何时的汇率进行结算，是关系到买卖双方利害得失的一个重要问题。

在出口贸易中应选择硬币或具有上浮趋势的货币作为计价货币，在进口贸易中应选择软币或具有下浮趋势的货币作为计价货币，以减缓外汇收支可能带来的价值波动损失。

在国际市场上，货币之间的软硬程度不同，发展趋势也不一致。因此，具体到某一笔交易，都必须在深入调查研究的基础上，尽可能争取把发展趋势对我方有利的货币作为计价货币。"进软出硬"是从理论上说的，在实际业务中，以什么货币作为计价货币，还应视双方的交易习惯、经营意图以及价格而定。

（三）多种货币组合

"多种货币组合"亦称"一揽子货币计价",是指在进出口合同中使用两种以上的货币来计价,以消除外汇汇率波动的风险。当公司进口或出口货物时,假如其中一种货币发生升值或贬值,而其他货币的价值不变,则该货币价值的改变不会给公司带来很大的外汇风险,或者说风险因分散开来而减轻;若计价货币中几种货币升值,另外几种货币贬值,则升值的货币所带来的收益可以抵消贬值的货币所带来的损失,从而减轻或消除外汇风险。如果为达成交易而不得不采用对我方不利的货币,则可以采用这种办法。

（四）利用保值条款以避免计价货币汇率变动的风险

在出口贸易中,可以使用外汇保值条款(Exchange Clause)办法来减少汇率风险。外汇条款有三种类型,可根据业务具体情况,选择一种使用。

1. 计价用硬币,支付用软币。支付时按计价货币与支付货币的现行牌价进行支付,以保证收入不致减少。

2. 计价与支付使用软币,但签订合同时明确该货币另一硬币的比价,如支付时这一比价发生变化,则原货价按这一比价的变动幅度进行调整。

3. 确定一个软币与硬币的"商定汇率",如支付时软币与硬币的比价超过"商定汇率"一定幅度时,才对原比价进行调整。

三、计价货币风险防范

目前,国际金融业务已相当发达,为货币风险的防范提供了多种途径。结合我国的实际情况,比较实用和简单易行的方法主要有以下几种。

（一）选择适当的货币

选择何种货币计价和结算是产生外汇风险的开始,我们应在选择货币时就尽量避免产生外汇风险。

1. 争取以本币作为结算货币。

2. 进口选择软币,出口选择硬币。理论上进口选择软币,出口选择硬币经营者可以从中获利,但应注意的是货币的软硬是相对而言的,且有一定的时间性。在某一时期是软币,而过一时期可能会变成硬币,这种变化是难以预料的,因此,经营者在正确选择了货币之后还应在有利时机通过金额交易将汇率固定下来,才能达到最终避免外汇风险的目的。

3. 如果出口时使用了"软币",应相应提高报价;进口时使用"硬币",应相应压价。

4. 进口选择高利率货币,出口选择低利率货币。

5. 以多种外币软硬搭配报价。

（二）通过金融交易进行保值

金融交易是指通过银行作外汇买卖,以避免外汇变动所带来的风险。目前银行为进出口商提供的用于保值的外汇交易主要有即期、远期和期权交易。

（三）通过业务分散化来减少汇率风险

经营者可通过业务分散化，如在扩大出口业务的同时兼营进口业务、进出口国别地区分散、增加高附加值产品出口以及资产和负债货币币种分散化等措施来减少汇率变动的风险。

（四）通过支付时间的"提前错后"减少汇率风险

在进口业务操作中，如企业预计外币对本币汇率将上升时，则应设法加速支付货款的时间，这样，在外币正式升值前，企业就可以以较少的本币换成外币支付货款，这就叫"提前"。在出口业务操作中，如一出口商预计本币的汇率将上升时，他就设法将收款期限延长，诸如以承兑交单（D/A）或远期信用证方式代替原先的付款交单（D/P）或即期信用证方式下办理出口。这样，待外汇汇率正式上升时，企业按新的汇价结算，每一单位外币，就可换到比原先多的本币，这就是所谓的"错后"。

除此之外，还有不少减少外汇风险的方法，如订立黄金保值条款，特别提款权保值条款等。由于这些内容属于国际金融范围，这里不作介绍。

链　接

多种外币搭配报价法

其方式主要有两种：一是软硬搭配。交易双方对报价僵持不下时，可考虑提出"软币和硬币实行搭配的方案"，使软币和硬币各占一半，或以合理的比例混合而成；另一种是"一揽子货币"报价。这是比较稳妥的办法。因为货币的软硬是相对的，且是不断变化的，由几种货币或若干货币组成的"一揽子货币"（如特别提款权、欧元等），其最大的优点在于其比价比较稳定，即使国际外汇市场发生剧烈变动，其组成货币的强弱地位也可相互抵消。

第三节　计价货币的汇率折算

汇率是用一个国家的货币折算成另一个国家货币的比率。汇率的折算有直接价格与间接标价两种方法，我国采用直接标价法，即用本国货币来表示对外货币的价格（外币是常数，本币是变量）。例如，100 美元＝681.33 人民币元。

国家外汇管理总局对外公布的外汇牌价，一般列有买入价和卖出价两栏，买入价是银行买入外汇的价格，卖出价是银行卖出外汇的价格。出口结汇是银行付出本国货币，买入外汇，用买入价；进口付汇是银行买入本国货币，卖出外汇，用卖出价。

由于银行公布的外汇汇率的买入价与卖出价之间一般相差 1‰～3‰，进出口商在折算时应计算精确，并在合同条款中明确规定，否则会遭受损失。业务中，有时需要把本币折成外币，有时需要把外币折成本币，还有时需要将一种外币折成另一种外币。

一、将本币折成外币用买入价

本币折外币时,应该用买入价。在进出口业务中,如果出口商原来以本国货币为计价货币对外报价或计算应该获得的收入,但外国进口商要求将本币报价改为外币报价,以便于他计算成本比较可接受的价格,这就要求出口商准确报出外币价格。这时出口商应该用银行公布的外汇牌价中的买入价将本币折成外币。银行买入价就是银行买入外汇的价格。

已知本币价格和银行的外币/本币买入价时,外币价的计算公式为

外币价=本币价÷外币/本币买入价

出口商将本币折外币按买入价折算的道理在于:出口商原收取本币,现改收外币,则需将外币卖给银行,换回原本币;出口商卖出外币,即是银行买入外汇,应按买入价折算。

例如,某公司出口一批玩具,价值人民币 40 000 元,客户要求以美元报价。当时外汇汇率为买入价 100 美元=681.33 人民币元,卖出价 100 美元=684.07 人民币元,那么,对外美元报价应为 40 000÷(681.33/100)=5 870.87(美元)。

互动演练

某设备公司出口一台仪器原报价为 10 000.00 人民币元/套,假设当天的外汇牌价美元/人民币为 6.813 3/6.840 7(前一个数字 6.813 3 为买入价,后一个数字 6.840 7 为卖出价),现外国进出口商要求改美元报价,该如何报?

根据公式:外币价=本币价÷外币/本币买入价

外币报价=10 000.00÷6.813 3=1 467.72(美元)。

二、外币折本币时,应该用卖出价

这种情况适用于出口商原来的商品底价为外币报价,现在根据外国客户的要求改报本币。出口商将外币折算为本币报价或核算本币收入时,应根据银行牌价的卖出价来计算。其公式为:

本币报价=外币报价×外币/本币卖出价

例如,某公司进口一批价值 4 835.53 美元的货物,当时外汇汇率为买入价 100 美元=681.33 元,卖出价 100 美元=684.07 元,那么,付汇时需向银行支付的人民币为 4 835.53×(684.07/100)=33 078.41(元)。

互动演练

我国某公司设在香港地区的机床厂出口设备,原报价为 10 000.00 美元,现美国商人要求改港币报价,假设当日美元/港元汇率为 7.791 0/7.795 0。该机床厂的美元报价应该这样计算:

已知美元报价为 10 000.00 美元,美元/港元卖出价为 7.795 0。

根据公式：本币报价＝外币报价×外币/本币卖出价

港币报价＝10 000.00×7.795 0＝77 950（港币）。

出口商将外币折本币按银行卖出价计算的道理在于：出口商原希望收外币，现改收本币，则需用本币向银行买外币。出口商的买入外汇，即银行的卖出，故按银行卖出价折算。

在以上计算中，需要特别指出的是，它只适用于直接标价法。用间接标价法时，要想改变货币报价，则需将间接标价法改为外汇市场所在国的直接标价法。

三、以一种外币折算成另一种外币（按国际外汇市场牌价折算）

这种情况是指在国际贸易中，当一国出口商报出一种外币（设为 A 国货币），外国进口商可能要求出口商改用其所希望的货币报价（设为 B 国货币）。这时出口商遵循的原则是：无论是在直接标价法下还是间接标价法下，将外汇市场 A 国货币视为本币，然后根据前面已讲过的方法来计算，即外币折本币，均用卖出价，本币折外币，均用买入价。

链接

即期汇率下的外币折算

1. 已知外币/本币，如何折算为本币/外币

在对外贸易及国际经济活动中，经常遇到这样的问题，已知一个外国货币对本国货币的汇率（即直接标价法），但并没有本币与外币比价正式牌价。要想折算这种本币对外币报价，就需要将外币/本币的报价用倒数来求，即用 1 除以具体的外币/本币的数字就是本币/外币的价格。例如，已知中国银行某日牌价 USD 1＝CNY 6.813 3，则 CNY 1＝1/6.813 3＝USD 0.120 8；如果中国某项产品出口，原报 1 元人民币的价格，现在就可报 0.146 8 美元折算价格。

2. 已知外币/本币的买入价与卖出价，折算本币/外币的买入价与卖出价。

这种情况适用于银行有两个报价时，进出口商要根据具体情况来选择。由于外币/本币的标价对于本币所在国是"直接标价法"，而现在改为以本币/外币，则将标准货币换为本币的情况下，对本币而言是"间接标价法"。所以在求解时，要将已知的买入与卖出价易位，然后再置于分母上，分子为 1，计算出数值。具体如下：

例如：已知中国银行某日牌价 USD 1＝CNY6.813 3/6.840 7。求：人民币/美元的买入价/卖出价？

解：先将 6.813 3 与 6.840 7 易位，置于分母之上，分子为 1，计算出数值，则

CNY/USD＝(1/6.840 7)/(1/6.813 3)＝0.146 2/0.146 8。

第四节　佣金与折扣

佣金和折扣是国际贸易中普遍采用的习惯做法。在价格条款中，有时规定佣金与折扣，用来达到促销的目的。

一、佣金

(一)佣金的含义与表示方法

佣金(Commission)又称手续费(Brokerage),是买方(如由他委托第三者采购)或卖方(如由他委托第三者推销)付给"第三者"的报酬。佣金分"明佣"和"暗佣"两种,在价格中体现佣金的为明佣,在价格中看不出含佣,但实际上含佣的为暗佣,两者通称为含佣价。

含佣价(Price including Commission)是指包括佣金在内的价格。在合同中表示含佣价时有两种方法。

1. 在价格条件后加上代表佣金的缩写字母"C"和佣金率。例如:

每公吨 200 美元 CIFC 3%伦敦。

这就是表示每公吨 200 美元,但价格中包含了 3%的佣金。

2. 以文字说明来表示。例如:

每公吨 200 美元 CIF 伦敦,包括 3%佣金。

USD 200 per metric ton CIF London, including 3% commission.

净价(Net Price)是指不包括佣金(或折扣)的实际价格,为了明确说明成交的价格是净价,可在价格条款中加上净价字样。例如:

每件 25 美元 CIF 纽约净价。

USD 25 per piece CIF New York net.

暗佣表面上与净价没有区别,除非买卖双方事先另有约定,如果有关价格对含佣未作表示,通常应理解为不含佣的价格。不含佣金的价格称为"净价",即卖方可照价全数收款,不另支付佣金。有时为了明确起见,一般在净价的贸易术语后加"net"字样。例如:

每箱 25 美元 CFR 鹿特丹净价。

USD 25 per case CFR Rotterdam net.

(二)佣金的计算方法

佣金计算有关应用在实际业务中,一般按成交额为计算佣金的基数,用公式表示:

$$佣金＝含佣价×佣金率$$

由此又可得出两个公式:

$$净价＝含佣价×(1-佣金率)$$

$$含佣价＝净价÷(1-佣金率)$$

具体到某一贸易术语:

$$FOB 含佣价＝FOB 净价÷(1-佣金率)$$

$$CFR 含佣价＝CFR 净价÷(1-佣金率)$$

$$CIF 含佣价＝CIF 净价÷(1-佣金率)$$

但 CIF 有其特殊性,所以上述 CIF 含佣价的公式也可以表示如下:

$$CIF\ 含佣价＝CFR\ 净价÷(1-佣金率)-(1+投保加成率)×保险费率$$

1. 净价改报含佣价

例：某商品 CFR 价 2 000 美元,试改为 CFRC 4％价,并保持卖方的净收入不变。

解： 含佣价＝净价÷(1-佣金率)＝2 000÷(1-4％)＝2 083.33(美元)

2. 调整含佣价的佣金率

例：已知 CFRC3％为 1 200 美元,保持卖方净收入不变,试改报为 CFRC5％。

解：先把 CFRC3％价改为 CFR 价,

佣金＝含佣价×佣金率＝1 200×3％＝36(美元)

CFR 价＝CFRC3％价-佣金＝1 200-36＝1 164(美元)

再把 CFR 价改为 CFRC5％,

因为 CFR 含佣价＝CFR 净价÷(1-佣金率)

所以 CFRC5％＝CFR 净价÷(1-5％)＝1 225.26(美元)

二、折扣

（一）折扣的含义及表示方法

折扣(Discount)是指卖方按原价给予买方一定百分比的减让,一般由卖方在付款时预先扣除。国际贸易中常用的折扣形式有品质折扣、数量折扣、季节折扣、现金折扣、特别折扣等。

在合同中,通常用文字说明的方法表示折扣,例如：

每公吨 2 500 港元 CIF 香港减 2％折扣。

HKD 2 500 per M/T CIF Hong Kong less 2％ Discount.

与佣金一样,如果有关价格对折扣未表示,通常应理解为不给折扣的价格。有时为明确起见,特地加列"净价"字样。

例如：

每公吨 2 500 港元 CIF 香港净价。

HKD 2 500 per M/T CIF Hong Kong net.

（二）折扣的计算方法

$$折扣＝金额×折扣率$$
$$折实售价＝原价×(1-折扣率)$$

例：某出口商品对外报价为 FOB 上海价每打 50 美元,含 3％折扣,如出口该商品 1 000 打,试计算其折扣额和实收外汇各为多少？

解： 折扣＝含折扣总金额×折扣率＝1 000×50×3％＝1 500(美元)

折实售价＝原价×(1-折扣率)＝50×(1-3％)＝48.5(美元)

实收外汇＝1 000×50-1 500＝48 500(美元)

第五节　出口货物价格核算

一、出口货物的价格构成

在国际货物买卖中，货物的价格包括成本、费用(人民币费用、外币费用)和预期利润三大要素。

(一) 成本(Cost)

出口货物的成本主要是指采购成本。它是贸易商向供货商采购商品的价格，也称进货成本。它在出口价格中所占比重最大，是价格中的主要组成部分。

(二) 费用(Expenses/Charges)

出口货物价格中的费用主要是指商品流通费。比重虽然不大，但内容繁多，且计算方法不尽相同，因此，是价格核算中较为复杂的因素。业务中经常出现的费用有如下几种。

1. 包装费(Packing Charges)：通常包括在进货成本中，如果客户有特殊要求，则需另加。

2. 仓储费(Warehousing Charges)：提前采购或另外存仓的费用。

3. 国内运输费(Inland Transport Charges)。装货前发生的内陆运输费用，如卡车、内河运输费、路桥费、过境费及装卸费等。

4. 认证费(Certification Charges)：出口商办理出口许可、配额、产地证以及其他证明所支付的费用。

5. 港区港杂费(Port Charges)：货物装运前在港区码头支付的各种费用。

6. 商检费(Inspection Charges)：出口商品检验机构根据国家有关规定或出口商的请求对货物进行检验所发生的费用。

7. 捐税(Duties and Taxes)：国家对出口商品征收、代收或退还的关税费，通常有出口关税、增值税等。

8. 垫款利息(Interest)：出口商买进卖出期间垫付资金支付的利息。

9. 业务费用(Operating Charges)：出口商经营过程中发生的有关费用，也称经营管理费,如通信费、交通费、交际费等。出口商可根据商品、经营、市场等情况确定一个费用率,这个比率为 5%～15% 不等,一般是在进货成本基础上计算费用定额率。定额费用＝进货价×费用定额率。

10. 银行费用(Banking Charges):出口商委托银行向国外客户收取货款、进行资信调查等所支出的手续费。

11. 出口运费(Freight Charges):货物出口时支付的海运、陆运、空运及多式联运费用。

12. 保险费(Insurance Premium):出口商向保险公司购买货运保险或信用保险支付的费用。

13. 佣金(Commission):出口商向中间商支付的报酬。

(三) 预期利润(Expected Profit)

预期利润是出口商的收入,是经营好坏的主要指标。

二、出口货物的价格核算内容及要点

(一) 成本核算

成本对出口商而言,即为进货成本,也就是贸易商向供货商购买货物的支出。但该项支出含有增值税。为了降低出口商品成本,增强产品竞争力,我国同其他国家一样,也实行出口退税制度,采取对出口商品中的增值税全额退还或按一定比例退还的做法,即将含成本中的税收部分按照出口退税比例予以扣除,得出实际成本。

例如,某公司出口陶瓷茶杯,每套进货成本人民币 90 元(包括 17% 的增值税),退税率为 8%,实际成本核算如下。

$$实际成本＝进货成本－退税金额$$
$$退税金额＝进货成本÷(1＋增值税率)×退税率＝90÷(1＋17\%)×8\%＝6.15(元)$$
$$实际成本＝90－6.15＝83.85(元)$$

陶瓷茶杯的实际成本为每套 83.85 元。

(二) 运费核算

我国出口货物绝大多数是通过海洋运输的,除了大宗初级产品采用租船运输外,多数采用班轮运输。采用班轮运输,根据货物是否装入集装箱分为件杂货与集装箱货两类。分别介绍如下。

1. 件杂货运费构成:基本费用＋附加运费。附加运费一般以基本运费的一定百分比计收。

2. 集装箱货海运费的构成:①件杂货基本费率＋附加费(拼箱);②包箱费率(整箱)。

以上运费在班轮运价表中可以查到,常见的计费标准为 W/M,表示重量和体积哪个数量大,船公司以重的或体积大的作为计收标准。

（三）保险费核算

采用 CIF 或 CIP 术语时,出口方要对保险费进行核算。计算方法如下：

$$保险费＝保险金额×保险费率$$
$$保险金额＝CIF(CIP)价×(1＋投保加成率)$$

一般投保加成率是 10%,保险金额的计算以 CIF(CIP)货价或发票金额为基础。

（四）佣金核算

佣金是付给中间商的报酬,佣金的计算通常以发票金额为准。其计算公式同前。

（五）利润核算

利润是商人的收入,它的核算方法可以某一固定数额作为单位商品的利润,也可用一定的百分比作为经营的利润率来核算利润额。采用利润率核算利润时,应注意计算的基数,这个基数可以是某一成本,也可以是销售价格。计算利润的依据不同,销售价格和利润额也不一样,现分别举例说明。

某公司实际成本为人民币 180 元,利润率为 15%,计算价格和利润额。

（1）以实际成本为依据

$$销售价格＝实际成本＋利润额＝实际成本＋实际成本×利润率$$
$$＝180＋180×15\%＝207(元)$$
$$利润＝实际成本×利润率＝180×15\%＝27(元)$$

（2）以销售价格为依据

$$销售价格＝实际成本＋利润额＝实际成本＋销售价格×利润率$$

等式两边移项得

$$销售价格－销售价格×利润率＝实际成本$$
$$销售价格×(1－利润率)＝实际成本$$
$$销售价格＝实际成本/(1－利润率)＝180/(1－15\%)＝211.77(元)$$
$$利润＝销售价格×利润率＝211.77×15\%＝31.77(元)$$

（六）盈亏核算

盈亏的核算实际是成本和收入的比较,成本小于收入则为盈利;成本大于收入则为亏损。外贸企业的盈亏核算也就是出口总成本与出口销售外汇净收入的比较,它是考核企业经营管理水平的重要指标。对外报价和磋商交易前,应做好盈亏核算,以便决定是否组织成交。盈亏核算的指标主要有以下几种。

1. 换汇成本:换汇成本即出口商品获得每美元的成本,也就是出口净收入 1 美元所耗费的人民币数额。换汇成本如高于银行外汇牌价,出口为亏损;反之则为盈利。其公式为：

$$换汇成本＝出口总成本(人民币)/出口销售外汇净收入(美元)$$

出口总成本是指实际成本加上出口前的一切费用和税金。出口销售外汇净收入是指出口商品按 FOB 价出售所得的外汇净收入。

2. 出口盈(亏)额：出口盈(亏)额为出口销售人民币净收入与出口总成本的差额,前者大于后者为盈利;反之为亏损。其公式为：

$$出口盈(亏)额=(出口销售外汇净收入\times银行外汇买入价)-出口总成本$$

例如,出口麻底鞋 36 000 双,出口价每双 0.60 美元 CIF 格丁尼亚(波兰),CIF 总价 21 600 美元,其中海运费 3 400 美元,保险费 160 美元。进货成本每双人民币 4 元,共计人民币 144 000 元(含 17％增值税),出口退税率 14％,费用定额率 12％。当时银行美元买入价为 1 美元=6.813 3 元人民币。麻底鞋换汇成本、盈利额的计算如下：

$$
\begin{aligned}
换汇成本&=出口总成本/出口销售外汇净收入(美元)\\
&=\{进货成本-[进货成本\div(1+增值税率)\times退税率]\\
&\quad+(进货成本\times12％)\}/(出口销售外汇收入-运费-保险费)\\
&=\{144\,000-[144\,000\div(1+17％)\times14％]\\
&\quad+(144\,000\times12％)\}/(21\,600-3\,400-160)\\
&=(144\,000-144\,000\div1.17\times0.14+17\,280)/18\,040\\
&=144\,049.23/18\,040=7.985(元/美元)
\end{aligned}
$$

麻底鞋换汇成本低于外汇牌价,亏损。

$$
\begin{aligned}
出口盈利额&=出口销售外汇净收入\times银行外汇买入价-出口总成本\\
&=USD18\,040\times6.813\,3-144\,049.23=-21\,137.30(元)
\end{aligned}
$$

麻底鞋出口亏损人民币 21 137.30 元。

三、FOB、CFR 和 CIF 对外报价核算

出口报价通常使用 FOB、CFR 和 CIF 三种价格。对外报价核算时,应按照如下步骤进行：明确价格构成,确定成本、费用和利润的计算依据,然后将各部分合理汇总。以下用实例说明三种贸易术语的对外报价核算。

吉信贸易公司收到爱尔兰公司求购 6 000 双牛粒面革腰高 6 英寸军靴(一个 40 英寸集装箱)的询盘,经了解每双军靴的进货成本人民币 90 元(含增值税率 17％),进货总价：90×6 000=540 000 元;出口包装费每双 3 元,国内运杂费共计 12 000 元,出口商检费 350 元,报关费 150 元,港区港杂费 900 元,其他各种费用共计 1 500 元。吉信公司向银行贷款的年利率为 8％,预计垫款两个月,银行手续费率为 0.5％(按成交价计),出口军靴的退税率为 14％,海运费：大连——都柏林,一个 40 英寸集装箱的包装费率为 3 800 美元,客户要求按成交价的 110％投保,保险费率为 0.85％,并在价格中包括 3％佣金。若吉信公司的预期利润为成交金额的 10％,人民币对美元的汇率为 6.813 3：1,试报每双军靴的 FOB、CFR、CIF 价格。

1. FOB、CFR 和 CIF 三种价格的基本构成

FOB 价格=成本+国内费用+预期利润;

CFR 价格=成本+国内费用+出口运费+预期利润;

CIF 价格=成本+国内费用+出口运费+出口保险费+预期利润。

2. 核算成本

实际成本＝进货成本－退税金额　（退税金额＝进货成本÷(1+增值税率)×退税率）

$$=90-90÷(1+17\%)×14\%=79.230\ 8(元/双)$$

3. 核算费用

☆ 国内费用＝包装费＋(运杂费＋商检费＋报关费＋港区港杂费＋其他费用)

　　　　　　＋进货总价×贷款利率/12×贷款月份

$$=3×6\ 000+(12\ 000+350+150+900+1\ 500)+540\ 000×8\%/12×2$$

$$=18\ 000+14\ 900+7\ 200=40\ 100(元)。$$

　　单位货物所摊费用＝40 100/6 000＝6.683 3(元/双)

　　(注：贷款利息通常以进货成本为基础)。

☆ 银行手续费＝报价×0.5%。

☆ 客户佣金＝报价×3%。

☆ 出口运费＝3 800÷6 000×6.813 3＝4.315(元/双)。

☆ 出口保险费＝报价×110%×0.85%。

4. 核算利润

利润＝报价×10%。

5. 三种贸易术语报价核算过程

☆ FOBC3 报价的核算

FOBC3 报价＝实际成本＋国内成本＋客户佣金＋银行手续费＋预期利润

　　　　　　＝79.230 8＋6.683 3＋FOBC3 报价×3%＋FOBC3 报价×0.5%

　　　　　　＋FOBC3 报价×10%

　　　　　　＝85.914 1＋FOBC3 报价×(3%＋0.5%＋10%)

　　　　　　＝85.914 1＋FOBC3 报价×13.5%

等式两边移项得

　　　　　FOBC3 报价－FOBC3 报价×13.5%＝85.914 1

　　　　　FOBC3 报价×(1－13.5%)＝85.914 1

　　　　　FOBC3 报价＝85.914 1/(1－13.5%)＝99.322 7(元)

　　　　　折成美元：FOBC3＝99.322 7÷6.813 3＝14.58(美元/双)

☆ CFRC3 报价的核算

CFRC3 报价＝实际成本＋国内费用＋出口运费＋客户佣金＋银行手续费＋预期
　　　利润

　　　　　　＝79.230 8＋6.683 3＋5.225 0＋CFRC3 报价×3%＋CFRC3 报价×
　　　　　　0.5%

　　　　　　＋CFRC3 报价×10%

　　　　　　＝91.139 1＋CFRC3 报价×(3%＋0.5%＋10%)

　　　　　　＝91.139 1＋CFRC3 报价×13.5%

等式两边移项得

　　　　　CFRC3 报价－CFRC3 报价×13.5%＝91.139 1

CFRC3 报价×（1－13.5％）＝91.139 1

CFRC3 报价＝91.139 1÷（1－13.5％）＝105.363 1（元）

折成美元：　CFRC3＝105.363 1÷6.813 3＝15.46（美元/双）

☆ CIFC3 报价的核算：

CIFC3＝实际成本＋国内费用＋出口运费＋客户佣金＋银行手续费＋出口保险费

　　　＋预期利润

　　＝79.230 8＋6.683 3＋5.225 0＋CIFC3 报价×3％＋CIFC3 报价×0.5％

　　　＋CIFC3 报价×110％×0.85％＋CIFC3 报价×10％

　　＝91.139 1＋CIFC3 报价×（3％＋0.5％＋110％×0.85％＋10％）

　　＝91.139 1＋CIFC3 报价×0.144 35

等式两边移项得

　　　　　CIFC3 报价－CIFC3 报价×0.144 35＝91.139 1

　　　　　CIFC3 报价×（1－0.144 35）＝91.139 1

　　　　　CIFC3 报价＝91.139 1÷（1－0.144 35）＝106.514 5

折成美元：　CIFC3 报价＝106.514 5÷6.813 3＝15.63（美元/双）

6. 三种价格对外报价

☆ USD 12.04/pair FOBC3 Dalian（每双 12.04 美元，包括 3％佣金，大连港船上交货）。

☆ USD 12.77/pair CFRC3 Dublin（每双 12.77 美元，包括 3％佣金，成本加运费至都柏林）。

☆ USD 12.91/pair CIFC3 /Dublin（每双 12.91 美元，包括 3％佣金，成本加运费、保险费至都柏林）。

四、不同贸易术语之间价格核算

在国际贸易中，有时候卖方报出某种贸易术语下的价格，而买方希望要求改报其他贸易术语下的价格。如将 CIF 价改报为 FOB 价。一般地，在保证出口方销售收入不变的情况下，报 CIF 价与报 FOB 价所要考虑的因素是出口方要支付运费和保险，因此，扣除这两种费用就是 FOB 价。现将最常用的 FOB、CIF 和 CFR 3 种贸易术语价格之间及下面推广使用的 FCA、CPT 和 CIP 3 种贸易术语之间的换算方法及公式介绍如下。

1. CIF 价换算为 FOB 价

$$FOB 价＝CIF 价－I（保险费）－F（运费）$$

2. CIF 价换算为 CFR 价

$$CFR 价＝CIF 价－I（保险费）$$

3. FOB 价换算为 CIF 价

$$CIF 价＝\frac{FOB＋F（运费）}{1－保险费率×（1＋投保加成率）}$$

4. FOB 价换算为 CFR 价

$$CFR 价＝FOB 价＋F（运费）$$

5. CFR 价换算为 FOB 价

$$FOB 价 = CFR 价 - F(运费)$$

6. CFR 价换算为 CIF 价

$$CIF 价 = \frac{CFR 价}{1 - 保险费率 \times (1 + 投保加成率)}$$

7. FCA 价换算为 CPT 价

$$CPT 价 = FCA 价 + F(运费)$$

8. FCA 价换算为 CIP 价

$$CIP 价 = \frac{FCA 价 + F(运费)}{1 - 保险费率 \times (1 + 投保加成率)}$$

9. CIP 价换算为 FCA 价

$$FCA 价 = CIP 价 - I(保险费) - F(运费)$$

10. CIP 价换算为 CPT 价

$$CPT 价 = CIP 价 - I(保险费)$$

11. CPT 价换算为 CIP 价

$$CIP 价 = \frac{CPT 价}{1 - 保险费率 \times (1 + 投保加成率)}$$

12. CPT 价换算为 FCA 价

$$FCA 价 = CPT 价 - F(运费)$$

第六节 买卖合同中的价格条款

一、价格条款的主要内容

在国际货物买卖中，进出口商通常采用固定作价方法，因此，价格条款一般包括两项内容：一是货物单价（Unit Price），二是货物总值（Total Amount）。

单价表述四要素包括货币名称、单价金额、计量单位和贸易术语。

总值是指单价同成交数量的乘积，即一笔交易的总金额。

二、制定价格条款的注意事项

（一）根据商品质量和档次定价

贯彻按质论价原则。优质优价，次质次价，良好的包装装潢及品牌的知名度直接影响着商品的价格。

（二）根据成交数量定价

成交数量的大小影响着价格的高低。一般来说，商品的价格随着购买数量的增加而下降；随着数量的减少而提高。因此，对外报价必须言明数量基础。

（三）根据时间差调整定价

交货的时间不同,直接影响着价格的高低。交货期越近,卖方加紧备货需要增加的费用越多,价格也必然高一些;相反,交货期越远,价格可适当下调(根据具体情况定夺)。另外,有些商品季节性很强,赶在节日之前交货,适应市场需求,能卖上好价;错过旺季,价格必然降低。例如,供应圣诞节用的火鸡,如果赶在节前供应市场可卖上好价;但如果货物在节后才到,不但卖不上好价,还有可能遭受买方拒收货物的厄运。

（四）根据付款方式调整定价

在出口业务中,汇付、托收、信用证是三种最主要的付款方式。采用不同的付款方式对双方的利益有不同的影响,在收款的安全性、及时性上均有所不同。比如,同一种商品出口,分别采用预付货款和托收两种方式,对卖方资金回流的快慢显然是不一样的,前者的卖价比后者的卖价要低一些。因此,不同的付款方式,应有不同的价格。

（五）根据品质、数量机动幅度制定相应条款

1. 品质增减价条款。经买卖双方协商同意,对品质机动幅度,按比例计算增减价格。例如,销售二氧化锰,合同规定最低含量为 80%,每降低 1% 单价减少若干美元,每提高 1% 单价增加若干美元。

2. 溢短装部分定价条款。一般来说,对溢短装条款规定的多装或少装部分均按合同价格计算。但是,有时为了避免当事人乘市价涨落之机,故意多装或少装(多收或少收),特规定溢短部分按照装运时的市价计算。

（六）根据汇率浮动情况制定保值条款

1. 软币计价,硬币保值。出口布缆船(Cable Layer)两艘,每艘报价 100 万港元,签约前一天美元与港元的汇率为 1 美元 = 7.76 港元。则 100 万港元 = 12.88 万美元。双方同意用软币港元计价,以硬币美元保值。按合同支付条件规定日期的前一天,若 1 美元 = 8 港元,港元贬值,按合同规定用美元保值。即:12.88×8 = 103.04 万港元。虽然签约时为 100 万港元,但由于采用了美元保值,就应支付 103.04 万港元。与此相反,若港元升值,也同理推算。这样双方的经济利益均得到了保障。

2. 软币计价,市场黄金保值。上例中,软币计价 100 万港元,签约前黄金市价为 1 盎司 = 4 901.10 港元,则 100 万港元 = 204.04 盎司黄金。支付日期前一天黄金市价 1 盎司 = 4 951.10 港元,则 204.04×4 951.10 = 101.02 万港元。签约时合同价为 100 万港元,支付时由于港元贬值,而合同又采用了市场黄金价格保值,因此,付款时就须支付 101.02 万港元。此种方法适用于固定汇率时期,现在很少使用。

（七）加列银行费用条款

银行费用主要有:寄单邮费和电报费、信用证通知费、修改通知费、议付费、单据处理费、不符点交单费等,这些费用一般占总货款的 1%~4%。此项费用在合同中确定下来,

便于价格的核算,对双方都有好处,避免日后产生纠纷。

(八)密切关注市场价格动态

随时掌握市场的变动趋势,供不应求时,该涨则涨;供过于求时,该降则降。既不要盲目要价,吓跑客户或让竞争者占先,错过成交机会,也不能随意砍价,影响出口收益。

价格条款举例:

☆ 每公吨 5 000 美元 CIF 香港。

USD 5 000 per metric ton CIF Hong Kong.

☆ 每打 200 美元 CFRC3% 纽约。

USD 200 per dozen CFRC3% New York.

☆ 每台 600 欧元 FOB 上海减 3% 折扣。

EUR 600 per set FOB Shanghai less 3% discount.

☆ 每件 1 000 港元 CIF 香港。

(注:上列价格为暂定价,于装运月份 15 天前由买卖双方另行协商确定价格。)

HKD 1 000 per bale CIF Hong Kong. (Remarks:The above is a provisional price, which shall be determined through negotiation between the buyer and seller 15 days before the month of shipment.)

🖋 案例回放与分析

这张发票是错误的。这个公司的经办人员由于对国际贸易中的商品价格表示方法以及计算方法缺乏了解,所以在这笔业务中该公司有损失。

按商业习惯做法,在缮制出口发票时,它在总金额(单价×数量)中先扣除 5% 优惠(折扣)得出一个毛净价;然后在此基础上再扣除 5% 佣金,得出净价。在既有折扣又有佣金的交易中,应先扣除折扣,然后再扣佣金,因为折扣部分是不应支付佣金的。

该公司应该缮制发票:

Ladies Blouses	Unit price	Amount
2 000 pieces	USD 2.10	USD 4 200.00
Less 5%		USD 210.00
		3 990.00
Less 5% Commission		199.50
	CIF London net:	USD 3 790.50

两种计算方法相比较,该公司由于业务员的业务不精,致使公司损失了 10.5 美元。

根据国际商会的《跟单信用证统一惯例》(UCP500)第三十九条 a 款规定,凡"约""大概""大约"或类似的词语用于信用证金额、货物数量和单价时,应解释为有关金额、数量或单价不超过 10% 的增减幅度。该公司发票金额没有超过信用证规定的 USD 4 200 增减 10% 的幅度,所以银行不会拒付,但使公司造成不该有的损失还是非常遗憾的。

📖 篇末点述

　　本章讲授国际贸易商品价格的构成,商品价格包括单价和总值两项基本内容,其中单价条款是重点。单价通常由计量单位、单位金额、计价货币和贸易术语四部分组成,根据贸易需要还可以包括佣金和折扣。在规定合同价格时要注意商品价格的作价原则、计价货币的选择、价格的换算方法以及出口价格的核算,以保障出口商品"有利可图"。在贸易中在制定价格条款时要注意结合经营意图、研究市场价格的变动情况并将价格条款正确表示。

📚 专业词汇

Money of Account 计价货币　　　　　Net Price 净价
Money of Payment 支付货币　　　　　Unit Price 单价
Commission 佣金　　　　　　　　　　Amount 金额
Discount,Allowance,Rebate 折扣　　　Total Value 总值
Price including Commission 含佣价　　Price including Discount 折扣价

🎯 本章习题

一、名词解释题

直接标价法

二、案例分析题

即练即测

　　我国某公司向德国出口一批机床,每台单价 600 欧元,当时汇率为:EUR1＝CNY 8.098 0,结汇时汇率为:EUR1＝CNY8.089 0。

　　问:(1)此计价法是本币计价法吗?(2)此计价法对哪一方有利?为什么?(3)出口商的最终收益比以前多了,还是少了?具体金额是多少?

三、计算题(要求列出计算公式和计算过程)

　　1. 某香港商人出口机器 100 台,原报价每台 50 000 港元,现国外进口商要求改报美元价格。当时,香港外汇市场美元兑港元的汇率是:买入汇率为 1：7.789 0,卖出汇率为 1：7.791 0。

　　请计算:(1)香港出口商应报出口商品供多少美元?(2)如果比这样报价,会损失多少美元?

　　2. 我某公司从瑞士进口商品,3 个月后支付,苏黎世外汇市场有关汇率如下表。

	即期汇率	3 个月远期
1 美元	2.000 0 瑞士法郎	1.980 0 瑞士法郎

如果对方报价如下：每单位商品美元价是 78，瑞士法郎价是 150。问：我方接受哪种报价？

3. 请按下列资料核算该出口交易的总利润和总利润率。

商品名称：电动玩具轿车

货号：ET316

成交量：2 000 辆

进货价：96 元人民币/辆

国内费用：3.20 元人民币/辆

外销价：USD14.00/PC CIF 新加坡

出口运费：USD1.22/PC

保险费率：1%

出口退税：9%

增值税：17%

汇率：8.26 元/美元

4. 我某公司出口 A 商品 1 000 箱，该货每箱收购价为 100 元人民币，国内费用为收购价的 15%，增值税额为 17 元，出口退税率为 9%，外销价为每箱 19.00 美元 CFR 某港口，每箱应付海运费 1.20 美元。试计算该商品的换汇成本。

5. 我某出口公司向国外中间商报价：A 商品数量 20 000 公斤，每公斤 10 美元 CIF 3% 伦敦，海运运费为每公斤 0.20 美元，收到货款后付佣金。但外商要求改报 CFR3% 价，我方应报价多少？若以此成交，我们应付佣金多少？(保险费率为 0.7%)

6. 某外贸企业与英商达成一笔交易，合同规定我方出口某商品 500 公吨，每公吨 450 美元 CFR2% 利物浦，海运运费每公吨 29 美元，出口收汇后出口企业向该英商汇付佣金。计算：(1)该出口企业向中国银行购买支付佣金的美元共需多少人民币？(2)该出口企业的外汇净收入为多少美元？(当时中行外汇牌价为 100 美元＝680.15 人民币元)

第十一章

索赔、不可抗力和仲裁

开篇导读

国际贸易中,一笔交易达成需要的时间较长,涉及的因素种类繁多,履行的手续较复杂,使用的语言各异,涉及的当事人众多,法律条文及惯例也各有不同,所有这一切都会造成买卖双方或各有关方面之间的误解或纠纷。如果交易双方中的任何一方违约,受害方都有权提出索赔;合同签订后,如果是由于人力不可抗拒事件致使合同不能履行或不能如期履行,可按合同中不可抗力条款的规定,免除违约方的责任;买卖双方在履约过程中产生的争议,如难以和解,可以通过仲裁方式加以解决。因此,买卖双方商订合同时,有必要在合同中订立索赔、不可抗力以及仲裁条款。本章我们就将分别学习索赔、不可抗力和仲裁条款。

引导案例

有一份 CIF 合同,合同规定在 9 月 15 日以前装船,但在同年 8 月 20 日,卖方所在地发生地震,由于卖方存货的仓库距震中较远,因此货物未受到严重损失,仅因交通受到破坏而使货物不能按时运出。但事后,卖方以不可抗力为由通知买方撤销合同,买方不同意。试分析:卖方的主张对否?

第一节　索　赔　条　款

一、索赔与理赔的基本概念

索赔(Claim)是指合同一方当事人因另一方当事人违约使其遭受损失而向对方提出要求损害赔偿的行为。理赔(Settlement of Claim)则是被认定为违约的一方受理并处理对方所提出的索赔要求的行为。因此,索赔与理赔是一个问题的两个方面。

在实际业务中,索赔通常发生在交货期、交货质量、数量或包装与买卖合同规定不符等违约情况中,因此,一般来说,买方向卖方提出的索赔较为多见。当然,有时也会发生买方不接货或不按时接货,不开证或不按时开证、无理拒付货款等违约情况,导致卖方向买方提出索赔。

知识卡

索赔的类型

国际货物买卖中所涉及的索赔,根据环节或责任的不同,可以分为三种类型:即由于运输过程中承运人的责任造成的损失,向运输承运人提出的运输索赔;由于贸易合同当事人任何一方的违约行为造成的损失,向责任人提出的贸易索赔;属于保险公司承保责任范围内的货物损失,向保险公司提出的保险索赔。

二、进出口合同中的索赔条款

进出口合同中的索赔条款可根据不同的业务需要做不同的规定,通常采用的有"异议与索赔条款"和"罚金条款"两种。

（一）异议与索赔条款（Discrepancy and Claim Clause）

异议与索赔条款一般是针对卖方交货质量、数量或包装不符合同规定而订立的,主要内容包括索赔依据、索赔期限等。有的合同还规定索赔金额和索赔方法。

1. 索赔依据。主要规定索赔时必须具备的证明文件以及出证的机构。索赔依据包括法律依据和事实依据两个方面。前者是指买卖合同和有关国家的法律规定;后者是指违约的事实真相及其书面证明。如果证据不全、不清,出证机构不符合要求,都可能遭到对方拒赔。

2. 索赔期限。是指受损害一方有权向违约方提出索赔的期限。按照法律和国际惯例,受损害一方只能在一定的索赔期限内提出索赔,否则即丧失索赔权利。索赔期限有约定的与法定的之分。约定的索赔期限是指买卖双方在合同中明确规定的索赔期限;法定索赔期限是指根据有关法律或国际公约受损害一方有权向违约方要求损害赔偿的期限。约定索赔期限的长短,须视货物的性质、运输、检验的繁简等情况而定。索赔期限的规定方法通常有:"货物到达目的港/地后××天内";"货物到达目的港/地卸离海轮或运输工具后××天内";"货物到达买方营业所或用户所在地××天内"等。如合同未规定索赔期限的,则按法定索赔期限。例如,根据《公约》规定,自买方实际收到货物之日起两年之内。我国《合同法》也规定,买方自标的物收到之日起两年中,但如标的物有质量保证期的,适用质量保证期。

买方的索赔期限实际上也就是买方行使对货物进行复验权利的有效期限,有些合同将检验条款与索赔条款结合起来订立,称为"检验与索赔条款"。

（二）罚金条款（Penalty）

罚金条款亦称违约金条款,主要规定一方未按合同规定履行其义务时,应向对方支付一定数额的约定罚金,以补偿对方的损失。

罚金条款一般适用于一方当事人迟延履约,如卖方延期交货、买方延期接货或延迟开立信用证等违约行为。罚金的数额通常取决于违约时间的长短,并规定罚金的最高限额。

关于合同中的罚金条款,各国法律有不同的解释。例如,英国法律认为,如属于预定的损害赔偿,可以承认和执行,如属于惩罚性质的,则不予承认。一旦发生违约,只能依法重新确定赔偿金额。我国《合同法》规定,当事人可以在合同中约定,一方违约时,向对方支付违约金;也可以约定因违约产生的损失赔偿额的计算方法。但约定的违约金低于或过分高于违反合同所造成的损失,当事人可以请求法院或者仲裁机构予以增加或适当减少。《合同法》还规定,当事人就迟延履行约定违约金的,违约方支付违约金后,还应当履行义务。

三、索赔和理赔时应注意的问题

外贸中的索赔、理赔工作是一项政策性、技术性十分强的重要工作,它不仅关系到国家的形象、声誉,而且对企业的权益、商业信誉至关重要。因此在处理索、理赔案件时,一定要慎重从事,多方考虑,权衡轻重、妥善解决。为了做好理索赔工作,要特别注意以下几点。

1. 注意索赔期限的掌握

提出索赔时,一定要特别注意索赔规定的期限如发现问题及时提出索赔,否则,过期提出索赔,对方可不予受理。如估计在索赔期内不能及时提出,则应在原约定的期限内,向对方要求延长期限或声明保留索赔权。

理赔一方接到对方索赔要求后,经查后,发现索赔时间、手续、证件等无问题,应及时处理;该赔则赔,不该赔则以充分的事实根据向对方申明理由,绝不可置之不理。

2. 注意提交有关文件

提出索赔时,必须提交各种有效文件,这些文件除装船及议付所需之有关文件外,如品质证明书、保险单、提单及报关证明书等,还要提供下列文件。

(1) 索赔函(Claim Letter)正式提出索赔要求,并说明损失货物情况和要求索赔的金额数目。

(2) 索赔细目表(Statement of Claim)在此细目表中要分别列出货物品质受损件数、公证费用以及索赔总金额等。

(3) 鉴定报告书(Survey Report)此报告书必须由公证行出具,要有一定的权威性。

理赔方在接到对方的索赔要求和有关文件时,首先对索赔的有效期、手续、文件等认真进行审核,是否属于索赔期限内的索赔案件,在手续上有无问题等。

3. 处理索赔时要坚持实事求是原则

双方当事人应该在平等互利基础上,严格按合同规定和违约事实,合理确定损害赔偿的金额,也应允许采用其他补救办法,如继续履行合同,或降低价格、或采用换货、修理、退货等手段加以补救。一般来说,一方当事人违反合同应负的损害赔偿额应与另一方当事人因对方违约而遭受的包括利润在内的损失额相等。

4. 灵活选择解决争议的方法,正确利用国际惯例及有关法律

解决争议的途径一般有友好协商、调解、仲裁和诉讼四种。一般说来,前两种即双方通过友好协商或第三者从中调解比较

拓展阅读

有利。因为这样不仅可省去仲裁或诉讼的一套复杂程序和许多费用，而且气氛也较为缓和、友好，有利于保持贸易关系。当然，我们也不能不讲原则，不顾自身利益，一味强调友好气氛。有理有据有节地主张权利，不仅不会破坏正常的贸易关系，还能赢得交易对方的尊敬和信任。

索赔的对象

对于索赔应该负责的对象主要有卖方、买方、船公司（或承运人）和保险公司。他们所负的责任根据造成损失的原因和有关合同的规定而有所不同：

属于卖方的责任：①货物品质规格不符；②原装货物数量短少；③包装不善致使货物受损；④延期交货；⑤卖方不符合合同条款规定的其他行为致使买方受到损失。

属于买方的责任：①付款不及时；②订舱或配船不及时（指按 F.O.B. 条款成交的合同）或延迟接货；③买方不符合合同条款规定的其他行为致使卖方受到损失。

属于船公司（或承运人）的责任：①数量少于提单载明的数量；②收款人持有清洁提单而货物发生残损短缺。

属于保险公司的责任：①在承保范围以内的货物损失；②船公司（或承运人）不予赔偿的损失或赔偿额不足以补偿货物的损失而又属承保范围以内的。

以上是各个索赔对象应负的单独责任。如果损失的发生牵涉到几方面，例如保险的货物到达目的港后发生短卸，由于船公司对每件货物的赔偿金额有一定的限制，往往不能赔足，其不足部分就应由保险公司负责。这里涉及船公司和保险公司两方面，因此收货人应向船公司和保险公司同时提出索赔。

第二节 不可抗力条款

一、不可抗力的含义

不可抗力（Force Majeure）或称人力不可抗拒，是指在合同签订以后，不是由于当事人的过失或疏忽，发生了当事人所不能预见的、无法预防的意外事故，以致不能履行合同或不能如期履行合同。遭受意外事故的一方可以据此免除履行合同的责任或延迟履行合同，对方无权要求损害赔偿。因此，不可抗力条款是一种免责条款。国际贸易中不同法律、法规对不可抗力的确切含义在解释上并不统一，叫法上也不一致，但其精神原则大体相同。主要包括以下几点：①意外事故必须发生在合同签订以后；②不是因为合同当事人双方自身的过失或疏忽而导致的；③意外事故是当事人双方所不能控制的、无能为力的。

不可抗力主要包括两种情况：①自然原因引起的，如水灾、旱灾、飓风、暴雨、大雪、地震等自然灾害；②社会原因引起的，如战争行为、政府封锁、禁运等。但不可抗力事故目前在国际上还没有统一的、确切的解释。对于那些意外事故应订入合同的不可抗力条款，买卖双方可自行商定。但不是所有意外事故都可以构成人力不可抗拒事故的，例如，合同签订后，物价的涨落、货币的升值、贬值等，这些是交易中常见的现象，除买卖双方另有约定外，不属于不可抗力的范围。

二、不可抗力的处理办法

不可抗力事故所引起的后果主要有三种：一是解除合同，二是部分解除合同，三是延迟履行合同。至于在什么情况下可以解除合同，在什么情况下只能部分解除合同或只能延迟合同的履行，要看意外事故对履行合同的影响，也可由买卖双方在合同中作具体规定。如合同中未有规定，一般解释为：如不可抗力事故使合同的履行成为不可能，则可解除合同；如不可抗力事故只是导致合同的部分条款无法得到履行，则只可部分的解除合同；如果不可抗力事故只是暂时阻碍了合同的履行，则只能延迟履行合同。

三、合同中的不可抗力条款

不可抗力条款对买卖双方都是同样适用的。在进出口合同中订立了不可抗力条款，一旦发生意外事故影响到合同的履行时就可根据合同规定确定发生的意外事故是否属于不可抗力，防止对方任意扩大或缩小对不可抗力的解释。这对于维护买卖双方正当利益是有好处的。

不可抗力条款的内容一般有：①不可抗力事故的范围；②不可抗力事故发生后，通知对方的期限；③出具证明文件的机构；④不可抗力事故的后果。

链接

如何界定不可抗力事件范围

在国际贸易中，买卖双方洽谈交易时对成交后由于自然力量或社会原因而可能引起的不可抗力事件是无法预见的、无法控制的。再加上，世界各国（地区）对不可抗力事件及其引起的法律后果的解释上存在差异。为了避免因发生不可抗力事件而引起不必要的纠纷，防止合同当事人对发生不可抗力事件的性质、范围作任意的解释，所以有必要在合同的不可抗力条款中首先明确哪些事件可以作为不可抗力事件，即界定不可抗力事件的性质和范围。对于不可抗力事件的性质和范围，通常可以通过以下三种不同方法加以规定。

1. 概括规定。在合同中不具体规定哪些事件属于不可抗力事件，而只是笼统地规定："由于公认的不可抗力原因，致使卖方不能交货或延期交货，卖方不负责任"；或"由于不可抗力事件使合同不能履行，发生事件的一方可据此免除责任"。应当指出的是，采用概括规定的方法对不可抗力事件进行界定时，由于含义模糊、解释的伸缩性大，仍然容易引起争议，在实际业务中不宜采用。

2. 具体规定。在合同中详列不可抗力事件。采用这种一一列举的办法，虽然明确具体，但是文字烦琐，且可能出现遗漏的情况，如果发生未列入其中的不可抗力事件,则无法保护因该不可抗力事件而违约的交易方的合法权益。因此,具体规定法也不是最好的办法。

3.综合规定。在合同条款中不仅列明经常发生的不可抗力事件(如战争、洪水、地震、火灾等),而且同时加上"以及双方同意的其他不可抗力事件"的文句。例如在订购成套设备的进口合同中规定:"由于战争、地震、严重的风灾、雪灾、水灾、火灾以及双方同意的其他人力不可抗拒事故,致使任何一方不能履行合同时,遇有上述不可抗力事故的一方,应立即将影响履行合同的不可抗力事故的情况以电报通知对方,并应在15天内,以航空挂号信提供事故的详细情况及影响合同履行的程度的证明文件。此项文件如由卖方提出时,应由发生不可抗力事故地区的商会出具;如由买方提出时,应由中国国际贸易促进委员会出具。"采用综合规定的办法界定不可抗力事件,既具体明确,又保持了一定灵活性,是一种可取的办法。在我国的进出口合同中,一般都采用这种规定办法。

四、援引不可抗力条款的注意事项

(1) 任何一方在遭受到不可抗力事故后,应立即按照合同规定通知对方,并提供有关机构的证明。出证机构如合同未予规定,在我国可由中国国际贸易促进委员会出证,在国外一般由当地的商会或合法的公证机构出证。

(2) 一方接到不可抗力事故通知和证明后,应及时研究所发生的事故是否属于不可抗力条款所包括的范围。如合同中已经列举了事故的种类,但发生的事故下属列举范围,一般就不能按不可抗力处理。如合同中附有"双方当事人所同意的其他意外事故"规定的,则必须经买卖双方协商同意才能作为不可抗力事故处理。如一方不同意即不能列入不可抗力事故。但不论同意与否,都应及时答复对方,不能沉默了之,以免被误认为"默认"。

(3) 对于不可抗力事故成立后,处理问题应按合同规定办理。如果合同没有规定,买卖双方应本着实事求是的精神根据事故发生的原因和情况与对方协商决定,是否解除合同或延迟履行合同。

互动演练

有一份合同,印度A公司向美国B公司出口一批黄麻。在合同履行的过程中,印度政府宣布对黄麻实行出口许可证和配额制度。A公司因无法取得出口许可证而无法向美国B公司出口黄麻,遂以不可抗力为由主张解除合同。问:印度公司能否主张这种权利?为什么?

第三节　仲　裁　条　款

在国际贸易中,买卖双方分处不同的国家或地区,贸易合同的履行在很大程度上受到有关国家和地区政治、经济和自然条件等因素的影响,情况复杂多变。特别是在市场行情逆转,或汇率发生对自身不利的变化时,某些客户往往会寻找各种借口,推卸责任、撕毁合同、挑起纠纷。因此,如何采取适当的形式,按照平等互利的原则,正确处理对外贸易过程中发生的各种争议,是直接关系到维护国家和企业的正当权益的重要问题。仲裁正是解决对外贸易争议的一种常用的方式。

一、仲裁的含义和特点

仲裁(Arbitration)又称公断,是指买卖双方在争议发生之前或发生之后,签订书面协议,自愿将有关争议提交双方所同意的第三者予以裁决(Award),以解决争议的一种方式。由于仲裁是依照法律所允许的仲裁程序裁定争端,因而仲裁裁决具有法律约束力,当事人双方必须遵照执行。

仲裁同司法诉讼方式相比较,有其自身的特点:

1. 受理争议的仲裁机构是属于社会性民间团体所设立的组织,对争议案件的受理,以当事人自愿为基础,不具有强制性管辖权。而诉讼则无须双方同意,是强制性的,只要一方起诉成立,另一方就得应诉。

2. 当事人双方通过仲裁解决争议时,必须先签订仲裁协议,双方均可推选仲裁员以裁定争议。而仲裁员多是以友好调解人的身份,按照公平与善良的一般原则依据合同规定和贸易惯例作出裁决,所以具有更大的灵活性和自由选择性。而不必像法官那样严格执法。仲裁比司法诉讼在审理案件时,气氛更友好,而且更有利于满足当事人对商情保密的需要。

3. 仲裁比诉讼的程序简单,处理问题比较迅速及时,而且费用低廉。

4. 仲裁机构的裁决一般是终局性的,对双方当事人均有约束力。败诉方不得上诉,必须执行裁决。否则,胜诉方有权要求法院强制执行。

二、合同中的仲裁条款

凡采用仲裁方式处理争议时,双方当事人必须订有仲裁协议(Arbitration Agreement)。仲裁协议是双方当事人表示愿意将他们之间的争议交付冲裁解决的一种书面协议。它是仲裁机构受理争议案件的依据,仲裁协议可在争议发生前订立,一般是包括在买卖合同的仲裁条款(Arbitration Clause)中的,但也可在争议发生后由双方达成。目前大多数国家都承认这两种协议具有同样的效力。仲裁协议的主要作用是使双方当事人发生争议时,只能用仲裁方式解决而不得向法院起诉,这就排除了法院对有争议案件的管辖权。这个原则是被国际上多数国家所承认的。国际贸易合同中的仲裁条款,主要包括仲裁地点、仲裁机构、仲裁程序、仲裁效力和仲裁费用等。

1. 仲裁地点

仲裁地点是进行仲裁的所在地。根据一些资本主义国家的法律解释,在哪个国家仲裁就适用哪个国家的仲裁规则或程序法。因此确定仲裁地点是仲裁条款的重要内容。国际上对仲裁地点的选择一般有以下几种情况:在买方国家,在第三国,在被诉方国家或原诉方国家,在货物所在地仲裁。我国各进出口公司在规定仲裁地点时主要有三种方式:①在我国仲裁;②在被诉方所在国仲裁;③在双方所同意的第三国仲裁。一般来说,首先应当争取在我国进行仲裁，其次才考虑在被诉方所在国仲裁，或在第三国进行仲裁。在选择第三国仲裁时，应注意所选择的国家必须在政治上对我方友好，仲裁机构有一定的业务能力，审理公平合理，我方对该国仲裁程序有所了解。

2. 仲裁机构

国际贸易仲裁机构有临时机构和常设机构两种。临时仲裁机构是为了解决特定的争议而组成的仲裁庭。争议处理完毕，临时仲裁庭即告解散。常设仲裁机构又可分为两种：一种是国际性和全国性的特设机构。国际性的如国际商会仲裁院、全国性的如英国伦敦仲裁院、英国仲裁协会、美国仲裁协会、瑞典斯德哥尔摩商会仲裁院、瑞士苏黎世商会仲裁院、日本国际商事仲裁协会等。中国国际贸易促进委员会（国际商会）附设的中国国际经济贸易仲裁委员会，也属于全国性的常设仲裁机构。另一种是附设在特定的行业组织之内的专业性仲裁机构，如伦敦谷物商业协会等。常设仲裁机构有负责组织和管理有关事项的人员，为仲裁提供方便，因此在仲裁条款中通常都选用适当的常设机构。

如双方同意在中国仲裁，合同内应订明争议由中国国际贸易促进委员会（国际商会）国际经济贸易仲裁委员会仲裁。该委员会受理的案件可分四类：

① 对外贸易契约和交易中所发生的争议，特别是外国商号、公司或者其他经济组织同中国商号、公司或者其他经济组织间的争议。

② 当事人双方都是外国商号、公司或者其他经济组织间的争议。

③ 中国商号、公司或者其他经济组织间的争议。

④ 有关中外合资经营企业、外国来华投资建厂、中外银行相互信贷等各种对外经济合作方面所发生的争执。

3. 仲裁程序

仲裁程序主要指进行仲裁的手续和做法，包括仲裁的申请、仲裁员的指定、仲裁条件的审理、仲裁裁决的效力和仲裁费用的支付等内容。各国常设的仲裁机构都订有自己的仲裁程序规则。为便于仲裁进行，仲裁条款应明确规定采用哪个仲裁机构的仲裁规则进行仲裁。我国各进出口公司的通常做法是规定在哪个国家的仲裁机构仲裁，就规定按哪个仲裁机构的仲裁规则办理。在资本主义国家，采用哪个仲裁规则则可由双方当事人自由选择。

链 接　　　　　　　　　　　**一般的仲裁程序**

仲裁程序是双方当事人自发生争议、订立仲裁协议、提交仲裁机构、按规定仲裁至争议裁决的过程。各国的仲裁法律、仲裁庭的仲裁程序并不一致。我国的《中国国际经济贸易仲裁委员会仲裁规则》规定其程序如下：

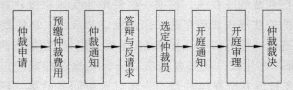

仲裁申请 → 预缴仲裁费用 → 仲裁通知 → 答辩与反请求 → 选定仲裁员 → 开庭通知 → 开庭审理 → 仲裁裁决

　　当事人一方申请仲裁时，应向仲裁委员会提交签名仲裁申请书。该申请书应包括：申请人和被申请人的名称、地址；申请人所依据的仲裁协议；申请人的要求及所依据的事实和证据。申请人向仲裁委员会提交仲裁申请书时，需预缴一定数额的仲裁费。仲裁费一般按争议价值的 $0.1\%\sim1\%$ 收取，最终由败诉方承担。仲裁机构对申请书进行审查，以确认仲裁手续是否符合要求，所需证件是否齐备，争议是否属于仲裁协议范围，该争议是否被处理过以及仲裁时效是否过期等。凡符合要求者，即可受理，否则不予受理。

　　收到申请人预缴的仲裁费用后，立即向申请人和被申请人发出仲裁通知，将仲裁规则、仲裁员名册寄送给双方当事人，并将仲裁申请书及证据材料寄送给被申请人，同时通知双方在规定的期限内选定仲裁员，要求被申请人在规定期限内提交书面答辩和反请求（如有的话）。被申请人应在仲裁通知规定的期限内提交书面答辩和有关的证明文件。如要提出反请求，被申请人也应在仲裁通知规定的期限内提出，并预缴有关仲裁费用，仲裁庭认为有正当理由的，可以适当延长此期限。

　　按照仲裁通知规定的期限，双方选定仲裁员后，仲裁委员会按仲裁规则组成 3 人仲裁庭（如一方或双方不选定，逾期则由仲裁委员会主任代指定）。适用简易程序的，则由双方当事人共同选择一名独任仲裁员组成仲裁庭。仲裁庭组成后，与秘书处协商开庭审理的日期，秘书处将开庭时间及开庭事项书面通知双方当事人。

　　案件一般应当开庭审理。若经各方当事人同意，或者根据仲裁规则适用简易程序的案件，仲裁庭可以只依据书面文件进行审理并作出仲裁裁决。

　　仲裁裁决依多数仲裁员意见作出。仲裁庭不能形成多数意见时，则依首席仲裁员意见作出。裁决一经作出即发生法律效力，裁决是终局的，对双方当事人均有约束力。任何一方当事人均不得向法院起诉，也不得向其他任何机构提出变更仲裁裁决的请求。

　　4. 仲裁效力

　　仲裁裁决是终局的，对双方当事人均有约束力。任何一方当事人不得向法院起诉，也不得向其他任何机构提出变更仲裁的请求。如败诉方不执行裁决，则胜诉方有权向法院起诉，请求法院强制执行。

　　5. 仲裁费用

　　仲裁费用由谁负担，应在仲裁条款中订明。通常由败诉方承担，也有的规定由仲裁庭酌情决定，我国仲裁规则规定，败诉方所承担的费用不得超过胜诉方所得胜诉金额的 10%。

　　知识卡　　　　　　　　　　　　　　**仲裁条款的表述**

　　我国对外贸易合同中的仲裁条款常用的有下列三种表述。

　　(1) 规定在我国仲裁的条款

　　"凡因执行本合同所发生的或与本合同有关的一切争议，双方应通过友好协商解决;如果协商不能解决,应提交北京中国国际贸易促进委员会对外经济贸易仲裁委员会根据该会的《仲裁程序暂行规则》进行仲裁,仲裁的裁决是终局的,对双方都有约束力。"(All disputes arising from the execution of, or in connection withthis contract, shall then be settled amicably through negotiation. In case no settlement can be reached through negotiation, thecase shall then be submitted to the Foreign Economic and TradeArbitration commission of the China Council for the Promotionof International Trade, Beijing for arbitration in accordance withits Provisional Rules of Procedure. The arbitral award is final and binding upoon both parties.)

(2) 规定在被诉方所在国仲裁的条款

"凡因执行本合同所发生的或与本合同有关的一切争议,双方应通过友好协商解决;如果协商不能解决,应提交仲裁。仲裁在被诉人所在国进行,如在中国,由中国国际贸易促进委员会对外经济贸易仲裁委员会根据该会《仲裁程序暂行规则》进行仲裁。如在某国(被诉人所在国家名称),由某仲裁机构(被诉人所在国家的仲裁机构的名称)根据该机构的仲裁程序规则进行仲裁。仲裁裁决是终局的,对双方都有约束力。"(All disputes arising from the execution of, or in connection with this contract, shall be settled ami-cably through negotiation. In case no settlement can be reachedthrough negotiation, the case shall then be submitted for arbitration. The locatio n of arbitration shall be in the country of the domicile of the sued party. If in China, the arbitration shall beconducted by the Foreign Economic and Trade Arbitration Commission of the China Council for the Promotion of international Trade, Beijing in accordance with its Provisional Rules of Procedure. If in the arbitration shall be conducted by. in accordancewith its arbitral rules of procedure, the arbitral award isfinaland binding upon both parties.)

(3) 规定在第三国仲裁的条款

"凡因执行本合同所发生的或与本合同有关的一切争议,双方应通过友好协商解决;如果协商不能解决,应提交某国(第三国名称)某仲裁机构(第三国某地的仲裁机构的名称)根据该仲裁机构的仲裁规定进行仲裁。仲裁裁决是终局的,对双方都有约束力。"(All disputes arsing from the execution of, or in connection withthis contract, shall be settled amicably through negotiation, incase no settlement can be reached through negotiation, the caseshall then be submitted to., in accordance with its arbitral rulesof procedure, The arbitral award is final and binding upon both parties.)

三、仲裁裁决的执行

仲裁裁决对双方当事人都具有法律上的约束,当事人必须执行。如双方当事人都在本国,一方不执行裁决,另一方可请求法院强制执行。如一方当事人在国外,涉及一个国家的仲裁机构所作出的裁决要由另一个国家的当事人执行的问题。在此情况下,如国外当事人拒不执行裁决,则只有到国外的法院去申请执行,或通过外交途径要求对方国家有关主管部门或社会团体(如商会、同业公会)协助执行。

为了解决在执行外国仲裁机构的裁决问题上所产生的矛盾,国际间曾经多方协商,签订了双边的和多边的国际协定和公约,专门对仲裁裁决的承认和执行问题,作出了规定。1958年6月10日,联合国在纽约召开了国际商事仲裁会议,签订了《承认和执行外国仲裁裁决公约》(*Convention on the Recognition and Enforcement of Foreign Arbitral Award*)。该公约强调了两点:一是承认双方当事人所签订的仲裁协议有效;二是根据仲裁协议所作的仲裁裁决,缔约国应承认其效力并有义务执行。只有在特定的条件下,才能根据被诉人的请求拒绝承认和执行仲裁裁决。

我国在与有关国家签订的双边协定中,曾经对相互间执行裁决问题做了明确规定,指明缔约双方应设法保证由被申请执行仲裁裁决国家的主管机构,根据适用的法律和规章,承认并执行仲裁裁决。1986年12月第六届全国人民代表大会常务委员会第18次会议决定,我国加入上述《承认和执行外国仲裁公约》并同时声明:

第一,中华人民共和国只在互惠的基础上,对另一缔约国领土内作出的仲裁裁决的承认和执行适用该公约。

第二,中华人民共和国只对根据我国法律认定为,属于契约性和非契约性商事法律关系所引起的争议,适用该公约。

案例回放与分析

卖方以不可抗力为由通知买方撤销合同的主张是不对的。本案例涉及不可抗力问题,所谓不可抗力是指买卖合同签订后,不是由于合同当事人的过失或疏忽,而是由于发生了合同当事人无法预见、无法预防、无法避免和无法控制的事件,以致不能履行或不能如期履行合同,发生意外事故的一方可以免除履行合同的责任或推迟履行合同;不可抗力的后果有两种,一种是延期履行合同:即不可抗力事件导致的后果并不是十分严重,有继续履行合同的可能性。另一种是解除合同:即不可抗力事件导致的后果严重,完全排除了继续履行合同的可能性。根据《联合国国际货物销售公约》规定:合同签订后,发生了合同当事人订约时无法预见和事后不能控制的障碍,以致不能履行合同义务,则可免除责任。

结合本案例:卖方存货仓库距震中远而未受严重损失,交通影响对合同所产生的实际影响程度尚不至于达到使合同完全履行的程度,只是暂时对合同履行造成一定影响,故卖方以不可抗力为由通知买方撤销合同,而只能同买方协商将合同延期履行。

篇末点述

在国际贸易交易中因交易一方违约而造成另一方当事人的利益受到损害,受损的一方当事人可以向违约方提出索赔的要求,以补偿自己的损失。但是如果是由于不可抗力事件的发生而造成违约,可以免除违约方当事人的违约责任。对于国际贸易中发生的争议,双方当事人可以采取多种途径解决纠纷,其中以仲裁方式处理国际贸易争议做法已经被普遍接受和采用。

📚 专业词汇

Disputes 争议   Discrepancy 异议

Claim 索赔   Settlement of Claim 理赔

Penalty Clause 罚金条款   Penalty Rule for Down Payment 定金罚则

Force Majeure 不可抗力   Arbitration 仲裁

Negotiation 友好协商   Conciliation 调解

Litigation 诉讼   Award 裁决

Interim Measure of Protection 保全措施

🎯 本章习题

一、名词解释题

即练即测

1. 违约
2. 不可抗力
3. 不可抗力条款

二、简答题

1. 办理索赔事件应注意些什么?

2. 对外贸易合同中的不可抗力条款有哪几种订法?哪一种较好?当我方和对方援引不可抗力条款时,我方应注意些什么问题?

三、案例分析题

我某外贸公司与某外商签订一份出口合同,合同中订有仲裁条款仲裁地点为北京,后来发生交货品质纠纷,外商不愿到北京仲裁,于是在当地法院起诉,当地法院向我外贸公司寄来传票。请问我公司应如何处理?

参 考 文 献

[1] 帅建林,王红雨. 案释国际贸易惯例[M]. 北京:中国商务出版社,2005.

[2] 袁永友,柏望生. 国际贸易实务案例评析[M]. 武汉:湖北人民出版社,1999.

[3] 陈国武. 新编进出口业务 300 题[M]. 北京:中国商务出版社,2004.

[4] 黎孝先,邱年祝. 国际贸易实务[M]. 北京:中国人民大学出版社,2000.

[5] 安徽. 国际贸易实务教程[M]. 北京:北京大学出版社,2005.

[6] 石玉川,张家瑾. 国际贸易实务[M]. 北京:对外经济贸易大学出版社,2005.

[7] 吴百福. 进出口贸易实务教程[M]. 上海:上海人民出版社,2003.

[8] 余世明. 国际贸易实务练习题及分析解答[M]. 广州:暨南大学出版社,2004.

[9] 张炳达. 国际贸易实务[M]. 上海:立信会计出版社,2005.

[10] 宫焕久,许源. 进出口业务教程[M]. 上海:上海人民出版社,2004.

[11] 中国电子口岸网：www.chinaport.gov.cn.

教师服务

感谢您选用清华大学出版社的教材！为了更好地服务教学，我们为授课教师提供本书的教学辅助资源，以及本学科重点教材信息。请您扫码获取。

≫ 教辅获取

本书教辅资源，授课教师扫码获取

扫描二维码
获取习题答案

任课教师扫描二维码
可获取教学课件

≫ 样书赠送

国际经济与贸易类重点教材，教师扫码获取样书

 清华大学出版社

E-mail: tupfuwu@163.com
电话：010-83470332 / 83470142
地址：北京市海淀区双清路学研大厦 B 座 509

网址：https://www.tup.com.cn/
传真：8610-83470107
邮编：100084